JN154956

福祉の哲学とは何か

ポスト成長時代の幸福・価値・社会構想

広井良典［編著］

What is
PHILOSOPHY OF WELFARE
?

ミネルヴァ書房

まえがき

〝危機〟といった表現や、あるいは人々の不安を増大させてしまうような言説を用いることに対して私は慎重なほうだが、それでも現在の日本社会は、〝危機〟という言葉を使わざるをえないような、かなり深いレベルでの困難な状況にあると思う。

それは外形的に見えやすい形では、たとえば政府の借金が一〇〇〇兆円という突出した規模に及び、かつそうした借金の累積を現在の若い世代そして将来世代にツケ回しているという、国際的に見ても極端に異例な現状という点がある。そして、それ以上に私がより深刻なことと感じるのは、そうした状況について、なお多くの人々が自分とは直接関わりのない「他人事」のように感じているという事実だ。〝わが亡きあとに洪水は来たれ〟という、（ルイ一五世の愛人ポンパドゥール夫人の言葉とされ、マルクスも『資本論』で言及した）よく知られた言葉が現代的なリアリティをもって思い出されてくる。

一方、そうした外形的な事実に比べると目立ちにくいが、ある意味でより根本的な困難さを表すものとして、日本社会あるいは日本人の「社会的孤立度」が、国際的に見て最も高いということが国際比較調査において示されているという点がある（この内容について詳しくは第一章参照）。

ここでいう社会的孤立とは、大きく言えば〝家族あるいは特定の集団を超えた人と人との交流やつながり〟の度合いをいうが、そうしたコミュニケーションが、日本においては諸外国に比べて最も少ないということが示されているのである。もちろん、人と人との交流やコミュニケーションの度合いということを客観的に把握し比較するというのはそれ自体難しい作業であり、今後も実証的な研究を積み重ねていくべきテーマだが、ただしこの点は、私自身、海外と比べての現在の日本での人と人との関係性の特徴として、痛感してきた点でもある。

簡単に言えば、それは「見知らぬ者同士が、ちょっとしたことで声をかけあったり言葉を交わしたりすることが極端に少ない」という事実であり、地域によって一定の違いがあるものの、こうした〝無言社会〟ともいうべき状況、あるいはその実質である「ウチ（身内）とソト（他人）」の区別の落差の大きさという点は、しばらく前から言われている「無縁社会」という状況とも重なるものだろう。

以上、

(a) 政府の借金の際限なき累積と将来世代へのツケ回し

(b) 人々の「社会的孤立」の高さ

という、現在の日本社会における、一見まったく異なる二つの事実を指摘したのだが、考えてみると、実はこの両者は同じ一つの根から派生しているものではないだろうか。

それは、単純化して言えば、「自分あるいは自分の属する集団や場を越えたところにある事柄に対する無関心（あるいは忌避感）」というべき意識や行動のありようであり、抽象化した表現を使うならば、「公共性（の意識）」の不足ないし欠如と呼べるものである。このことが、一方では(a)のような結果として現れ、他方では(b)のような事実として現象しているといえるのではないか。

そして、(a)(b)の両者は、まさに本書のテーマである「福祉」とそのまま重なり合っている。なぜなら、(a)における政府の借金の大部分は、他でもなく福祉あるいは社会保障に関する費用なのであり、また(b)のような人と人との関係性のあり方は、福祉の核心にあるテーマだからである。

したがって、いま「福祉」というテーマを新たな視点でとらえ考え直すことは、前述のような現在の日本社会が直面する中心的な課題とぴったり呼応するのであり、そうした関心を物事の原理にまで遡って掘り下げることが、本書の『福祉の哲学とは何か』というタイトルに示される主題にそのままつながることになる。

一方、ここまでの記述では、日本社会の現状についてかなりネガティブないし悲観的な評価を述べたが、他方において、以上とはむしろ逆に、「希望」や「元気」をもたらしてくれるようなさまざまな動きが〝百花繚乱〟のように日本の各地域で生成している、というのも確かな事実である。

それはたとえば、各地における地域やコミュニティ再生に向けた活動であったり、社会貢献志向をもった若い世代や企業などの行動であったり等々多岐にわたるが、それらの多くは「新たなつながり」や、独立した個人が集団を越えてネットワーク化していくような方向を志向するものであり、高度成長期には見られなかった性格の動きである。

私は〝関係性の進化〟あるいは〝関係性の組み換え〟という言い方をしているのだが、先ほど指摘したような「社会的孤立」などの状況について、これではまずいと感じ、日常的でささやかなものも含めて、新たなアクションや意識変容を人々が起こし始めているのが現在の日本ではないか。

したがって、〝危機〟と同時に新たな可能性が胎動しているこのような状況においてこそ、人々の行動や判断の導きの糸となるような、新たな価値原理や社会構想が求められているのであり、『福祉の哲学とは何か』というテーマはまさにその点に照応するものである。

以上、日本社会の現状に即して本書のベースにある問題意識を述べたが、こうした問題意識を踏まえつつ、本書の中で基本的な柱となるテーマや論点を要約的に示すと次のようになる。

(1) 経済成長あるいは限りない「パイの拡大」の時代が終焉しつつある現在、富の「分配」や人々の「つながり」の原理となる福祉の哲学が求められている。

(2) 同時に、物質的な豊かさが飽和する中で、人々の関心は「幸福」をめぐる問いや内的・精神的な充足に向かっており、根源的な意味での「福祉（Well-being）」の意味やそのありようが問われている。

(3) こうしたテーマの中には、これまで日本において十分に論じられてこなかった「福祉と宗教」の深い関わりという主題も含まれる。

(4) 一方、このような関心は、いわゆるソーシャル・ビジネスや社会起業家など、福祉の担い手やその行動原理、「公—共—私」の役割分担、あるいは「経済と倫理・福祉」の関係性をめぐる議論とつながる。

(5) 加えてこのテーマを追求していくと、たとえば近江商人のいわゆる〝三方よし〟の経済倫理や渋沢栄一の『論語と算盤』などを含め、日本における福祉思想の現代的な再評価や展望という主題に接続する。

(6) さらに福祉の原理を問うていくと、そもそも「個人」とは何か、個と個の「関係性」をどうとらえるかといった話題はもちろん、個人の土台にある「コミュニティ」のさらに根底にある「自然」や「生命」の次元にまで遡行していくことになり、それは科学思想や生命論などを含めた文理融合的な探究を要請することになる。

以上のような関心をベースに、福祉の哲学について多面的な角度から思考を展開するのが本書の趣旨であり、全体の構成は次のようになっている。

まず「第1章　なぜいま福祉の哲学か」は、本書全体の序論ないし総論として、「福祉」の意味と現代的な展望を、「幸福」との関わり、歴史的な展開、政策や社会構想への接続等に即して広範に論じるものである。

続く「第2章　福祉哲学の新しい公共的ビジョン」は、公共哲学ないし政治哲学の視点をベースとしつつ、いわゆるリベラリズム／コミュニタリアニズムとの関わりや近年の心理学の展開等を踏まえながら、「ポジティブ公共哲学」そして「ポジティブ福祉国家」等の新たなビジョンを提示する内容となっている。

さらに「第3章　福祉と『宗教の公共的役割』」は、ハーバーマスの「ポスト世俗化社会」をめぐる議論を導きの糸としつつ、今後重要となっていくことが予想される「福祉と宗教」の関係性のありようを、相互扶助に関する日本の伝統や思想にも遡りながら新たな視点で展望するものである。

そして最後の「第4章　『生命』と日本の福祉思想」は、日本における社会事業家の系譜とその土台にある福祉思想を現代的な観点から再構成しつつ、他方において近代以降における福祉思想と科学思想の相互浸透に注目し、両者を総合する中で「生命」を基本原理とする福祉思想の可能性を提起するものである。

本書の内容は、なお粗削りな部分を多く含むものではあるが、「福祉」というテーマに関してこれまでにあまりなかった新たな視点からアプローチを試み、独自の考察と構想を提起する内容となっていることを期している。ただし以上はあくまで著者らの主観的な思いにとどまるものであり、本書の中身について、読者の方々から忌憚のない御意見や御批判をいただければ幸いであるとともに、本書の中に多少なりとも何らかのヒントとなりうる部分があればこの上ない喜びと感じる次第である。

二〇一六年一〇月

広井良典

福祉の哲学とは何か——ポスト成長時代の幸福・価値・社会構想

目次

目　次

第1章　なぜいま福祉の哲学か

広井良典

1　二つの事例から

「福祉の哲学」というテーマを考えていくにあたり、最初に、現代社会における福祉の意味を問うていく手がかりになるような、二つの具体的な話から始めてみよう。

(1) 第一の事例――分断と排除：連帯の「範囲」

第一のものは、二〇一四年四月にＮＨＫの『クローズアップ現代』で取り上げられた話題であり、それはアメリカのいくつかの州において、「富裕層が独立した自治体を作る」という動きが進んでいるという内容のものである。

同年三月、ジョージア州のある地域では、会社経営者や弁護士など富裕層を中心としたグループが新たな自治体を作る法案を提出し、議会において議論が交わされていた。

こうした動きが生まれる背景ないしきっかけの一つとして、同じジョージア州において、二〇〇五年にサンディ・スプリング市という市が新たに生まれ、それが〝成功〟例として注目され評価されているという事実がある。サンディ・スプリング市は人口九万人程度の市だが、市民の平均年収は一〇〇〇万円近くであり、医師や弁護士、経営者などが多く住む高級住宅街となっている。住民投票で九四％の圧倒的賛成を得て、それまで属していたフルトン郡から〝分離〟したという。

そうした分離が生じた最大の背景は、同地域の住民たちが、郡の中の他の地域の貧困層向けの福祉のための税金を払うことを忌避したからだった。

サンディ・スプリング市の初代市長は「私たちの税金は他の場所で使われ、私たちのためには使われていませんでした」と言い、また分離を求めた住民グループの代表は「政府による所得の再分配には反対です。人のお金を盗む行為だと思います」と言い切っている。

こうして新たに作られたサンディ・スプリング市では、市の運営にビジネスのノウハウが取り入れられ、警察と消防を除くすべての業務が民間に委託され、徹底的なコストカットが進められた。この結果、市の運営費を当初の試算の半分以下にまで抑えることができたという。

サンディ・スプリング市のこのような〝成功〟は広く知られるようになり、全米から富裕層などが流入して人口が増えているということである。またサンディ・スプリング市を手本にした自治体は、ジョージア州ですでに五つ存在し、さらにフロリダ州、テキサス州、カリフォルニア州などで三〇余りの自治体が新たに誕生しようとしているらしい。

一方、サンディ・スプリング市が分離したため、フルトン郡では年間四〇億円余り税収が減った。これにより、州のさまざまな公共サービスは削減や打ち切りを余儀なくされ、特に南部のサウス・フルトンといった貧困層の多い地域では、大きな影響が出ることになった。

たとえばサウス・フルトンのあるエリアでは、ごみ収集車がめったに来なくなり、ごみが異臭を放って腐るようになった。子どもたちにとって読書や宿題をする居場所となっていた郡立の図書館も開館時間が二時間以上短縮されたという。こうした状況について、テキサス大学の公共社会学部のある研究者は次のように述べている。

「アメリカ社会では分断が深まっています。同じ地域の中でも少し離れただけで、まったく違う社会が生まれています。経済面でも教育面でも、機会の平等が失われているのです。このまま富裕層の独立が続けば、公共サービスを支える人がいなくなってしまいます。それを顧みず、社会の分断は進む一方です。」

以上が事例の概要だが、この話の中には、現代社会における「福祉」の意味を考えるにあたってのさまざまな論点が、きわめて凝縮された形で含まれているといえるだろう。

一つは、人間が相互に支え合ったり、「連帯」したりする場合の〝範囲〟あるいは〝単位〟は何かという点がある。

およそ人間という生き物は、単独で存在するということはなく、何らかの「集団」を作って生きていくものだが――その最も基本的な単位は家族である場合が多い――、一度そうした集団が作られると、そこに「ウチ」と「ソト」の境界が生まれ、集団の内部では相互に支え合うが、その外部に対しては無関心あるいは排除的な関係性が生じるということがしばしば起こる。後で改めて整理して論じるように、近代社会以降において、そうした「集団」の最も重要な単位となったのは他でもなく「国家（ないし国民国家）」という存在であり、「福祉国家（welfare state）」という言葉が象徴するように、「福祉（あるいは社会保障という制度）」もまた国家を単位として作られ、運営されてきたわけである。

このように考えていくと、先程のアメリカの事例は、ある意味できわめてアメリカ独特の極端な例ともいえるが――筆者は一九八〇年代の終わりと二〇〇一年の計三年間アメリカで暮らしたことがあり、所得階層（や民族）によって完全な〝住み分け〟がなされ、また窓ガラスが割れたまま放置されたりゴミが散乱したりしているエリアが街のあちこちに普通に存在するという事実は当時から目の当たりにしていた

――、それが完全な〝他人事〟として扱えない側面をもっていることに気づかされる。

たとえば見方によっては、現在の〝豊かな〟先進国と発展途上国の関係は、ちょうど先程のアメリカのフルトン郡におけるサンディ・スプリング市とサウス・フルトンの関係と共通している面があるととらえても、あながち不合理ではないのではないか。なぜならいわゆる先進国は、自然資源などを安い値段で途上国から買い上げながら、経済構造のうち収益の高い部分だけを占有して、その「豊かさ」を享受しているともいえるからである（さらにこのように考えていくと、地球規模の格差や貧困是正のための、「地球レベルの福祉国家〔あるいは社会保障ないし再分配〕」が必要ではないかという発想が生まれる）。

あるいは、内容はかなり異なるが、「税」というものを忌避し、現在提供されている福祉サービスや社会保障に必要なお金を分担することもなく、結果的に一〇〇〇兆円を超える赤字を将来世代にツケ回ししているという現在の日本の状況も、実はその本質においてアメリカの事例と共通してはいないだろうか。

つまり先程、サンディ・スプリング市の分離独立を求めた住民グループの代表が言っていた「政府による所得の再分配には反対です」という言葉を引用したが、こうした明確な言明や議論さえないまま、ある種のパターナリスティック（父権依存的）な国家観とともに、曖昧なままで税の負担を将来世代という〝他者〟に押しつけているのが現在の日本であり、それはサンディ・スプリング市の住民の意識とさほど変わらない面をもっているともいえるのである。

（2）第二の事例――福祉の「担い手」は誰か

現代における「福祉」の意味を考えていく第一の事例として、アメリカで富裕層が独立して市を作るという動きについて述べた。

続く第二の事例は、第一の事例とも関連するテーマを別の角度から展開しようとするもので、これは仮想的な話であり思考実験のようなものとして考えてほしい。それは次のような例である。

何らかの災害があり、避難所のような場所に二〇〇人の人が一時的に避難していたとする。そこにあるNPOないし何らかの慈善的団体が現れて、明日までの一〇〇人分の食糧を持ってきたとしよう。こうした場合、当然のことながらその団体は歓迎されともかく称賛、感謝されるはずであり、その団体の人に対して「なぜ一〇〇人分しか持ってこなかったのか」と非難する人はまずいないだろう。

一方、一〇〇人分の食糧を持ってきたのが政府ないし行政（市役所、県、国など）の職員だったとしたらどうだろうか。感謝をもって迎えられる面もあるだろうが、同時に少なくとも避難者の何人かから「なぜ二〇〇人分を持ってこないのか。足りないではないか！」という非難ないし批判の声が上がることは容易に想像がつく。

では、この違いは一体なぜ生じるのだろうか。ある意味で、前述のそれぞれに対する住民の反応の違いはもっともであり、前者のNPOないし慈善的団体の場合は、その使命あるいは役割は「非営利性（による利他的行為）」に尽きるので、持ち込んだ食糧が一人分であれ二〇〇人分であれ、食糧を一つでも持ち込んだという事実によってその使命は全うされたことになる。

ところが政府＝行政の場合は、単なる非営利性だけでなく、「公平性（平等性）」（ないし普遍性）というもう一つの要請が加わる。

二〇〇人の避難民がいる場所に一〇〇人分の食糧を持ち込んだ行政職員が非難されるのはこうした点と関わっているだろう。しかし逆にいえば、その点にこそ、政府ないし行政というものがもつ、NPOその他の非営利組織には還元できない、固有の役割ないし価値があるといえるのではないだろうか。

いま指摘した点は、〝（アメリカなどのように）民間レベルの自発的な寄付やNPOなどが充実していれば、政府の役割は不要ないし小さくてよい〟といった、しばしばなされる議論に対するアンチテーゼの意味を込めてのものであり、さらにいえば「新しい公共」論が陥りがちな傾向にブレーキをかける趣旨もある（確認的に記すと、「新しい公共」論とは政府のみならず非営利組織、民間企業あるいは個々人もそれぞれ「公共」の担い手になりうるという議論であり、その趣旨自体は肯定的に考えられるものである）。

しかしさらに考えてみれば、次のようなこともいえるだろう。それは、「確かに（前述の例に即して）二〇〇人全員にあまねく食糧を行き渡らせることに政府＝行政の存在理由があるのは確かだが、場合によってはNPOなど自発的な団体の活動だけで、二〇〇人全員の食糧が提供され確保されることもあるかもしれない。そのような場合には、やはり政府の役割は不要になってくるのではないか」という議論である。

この指摘に対して、この時点でいえるのは次のようなことである。すなわち、ある意味でそれは正しく、NPOなどの団体や個々人の自発的な活動によって前述のように必要な物資やサービスがあまねく提供されるのであれば、その場面での政府ないし行政の役割は不要になる。

しかし不断に生じるさまざまなケースにおいて、そのようなことが確実になされる保障はないので、それをシステムとして担保するのが政府＝行政の役割なのではないだろうか。このことは言いかえれば、順序としては、まず初めに個人や団体による自発的な対応があり、その限界を是正する補完的なものとして、政府＝行政の役割があるということである。

以上、現代における「福祉」をめぐる問題の所在をまず具体的にイメージするため、現実と仮想にわたる二つの事例に即して議論を行った。こうした関心を踏まえながら、次節以降では概念や考え方の枠組みを整理していき、かつ折にふれて具体的な話題にも言及しつつ、「福祉の哲学」についての考えを深めていこう。

2 「福祉」の意味と幸福

(1)「福祉」の意味

まず議論の大前提として、「福祉」という言葉の意味について確認しておきたい。「福祉」(英語ではwelfare, well-being, 場合によりsocial serviceなど)という言葉は多義的な意味をもっており、その点をおさえつつ文脈に応じてその意味を意識しながら使っていく必要がある。

筆者は以前の拙著(広井 二〇〇一：二〇〇九a)において、「福祉」という言葉の最広義から狭義までの意味に即して、表1-1のような基本的な整理を行ったことがある。

この場合、②は「分配の公正、平等」をめぐるテーマとも深く関わり、③は「ケア」(あるいは対人社会サービス)というテーマとも深く関わっている。

同時に、①から③までの三者は、本章で見ていくように互いに無関係ではなく、相互に関係し合っている。また全体として、「福祉」の意味をできる限り幅広く、また多元的にとらえていくというのが本書全体を貫くスタンスである。

ここでまず、福祉の最広義の意味としての「幸福」について、関連するさまざまな動きを確認しておきたい。

近年、国内外を通じて、現実の政策展開や研究面の双方を通じて、「幸福」というテーマが大きな関心事となっている。

表1-1　「福祉」の意味

	意　味	用　例
①最広義	幸福，安寧	“人類の福祉の向上”
②広　義	ほぼ「社会保障」と同義	“福祉国家”
③狭　義	（医療や年金を除いた）社会保障の一分野としての「社会福祉」	“高齢者福祉”“児童福祉”等

たとえば、GNP（国民総生産）ではその国や社会の本当の豊かさは測れないという問題意識から、アジアの小国ブータンが「GNH（グロス・ナショナル・ハピネス、国民総幸福量）」というコンセプト及びその測定のための具体的な指標を提唱してきたことは最近ではよく知られるようになり、国連などでも取り上げられるに至っている（GNHについては枝廣ら〔二〇一一〕参照）。

一方、フランスのサルコジ大統領（当時）の委託を受けて、ノーベル経済学賞を受賞したスティグリッツやセンといった著名な経済学者が、二〇一〇年に「GDPに代わる指標」に関する報告書を刊行しているが（Stiglitz et al. 2010）、これは二〇〇八年のリーマン・ショックや最近の各国での経済不安などを受けて、現在の経済社会システムのあり方をどこかで根本的に考え直していかなければならないという認識が、人々の間で共有されつつあることの反映ともいえるだろう。

こうした流れと関連するものとして、主観的幸福度や関連する諸指標を合わせたさまざまな国際比較の試みがなされているが、そうした幸福度指標ないしそのランキングにおいて、現在の日本は経済的豊かさのわりにかなり低い位置にある——たとえばミシガン大学の世界価値観調査では四三位、イギリスのレスター大学の「世界幸福地図（World Map of Happiness）」では九〇位——という点は、（特に主観的要素の国際比較は文化差の問題を含めて困難な面が多いという点は十分におさえつつ）十分に受け止めていく必要があるだろう。

さらに、以上のような動きと関わるものとして、経済学や政治学、心理学など

図1-1　世界における生活満足度と所得の関係（1990年代）

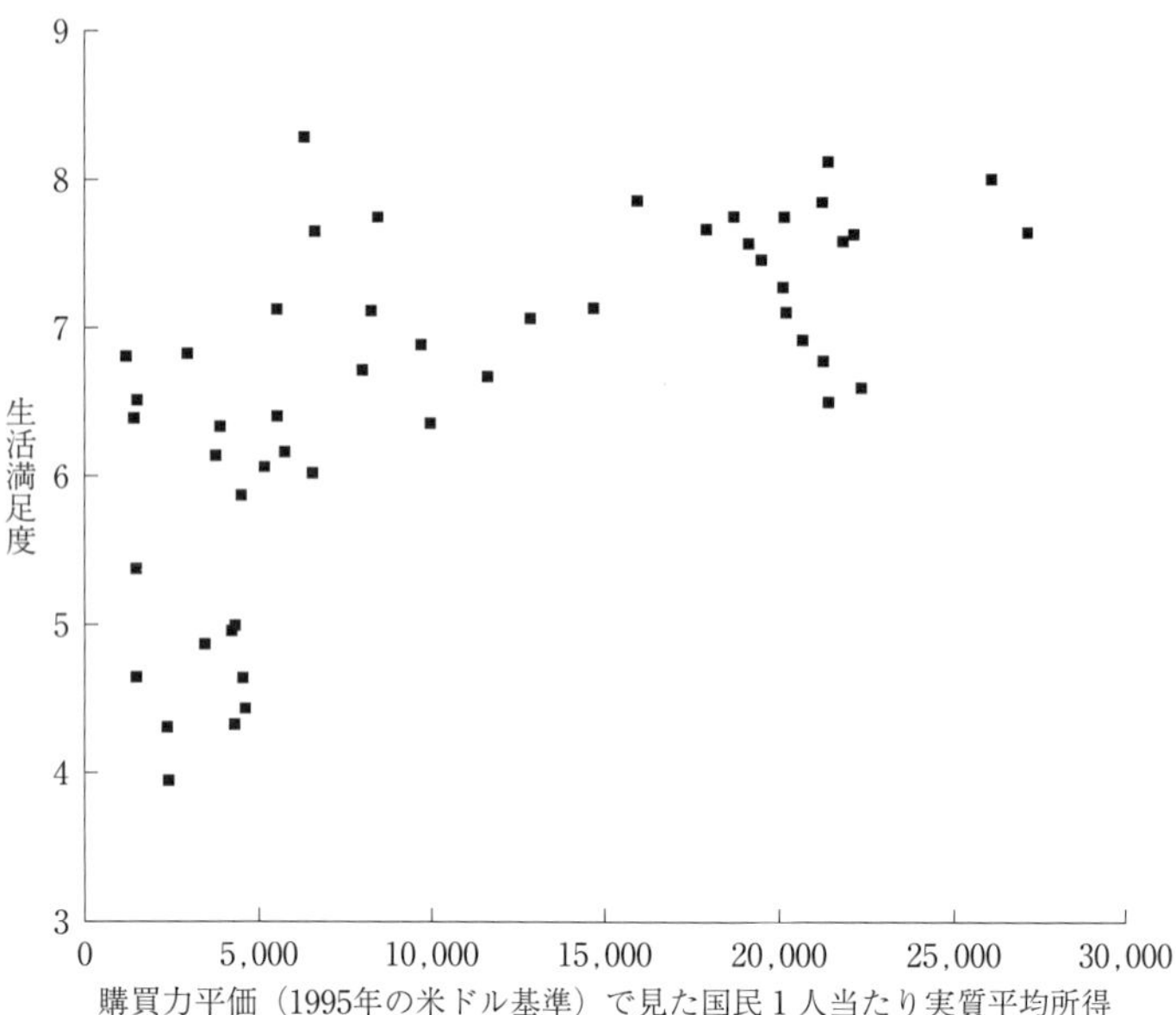

注：サンプル数：80,556名。
資料：World Values Survey 1990-1993/1995-1997（ICPSR 2790）及び，World Development Report 1997.
出所：フライら（2005）。

の関連諸分野を横断する形で、次のような「幸福の経済学」と呼ばれる研究が活発になっている。

そもそも「経済成長」ということと人々の「幸福」との間にはどのような関係があるのだろうか。これはある意味で誰もが素朴に発する問いともいえるが、比較的最近まで、こうしたテーマが正面から論じられあるいは研究の対象となることは少なかった。しかし近年に至って、人々の主観的あるいは内面的な「幸福」と経済との関係を研究の対象にする試みが活性化しつつある。

たとえば図1-1は、世界の国々における一人当たり所得と生活満足度の相関を見たものだが、次のような興味深い傾向が見て取

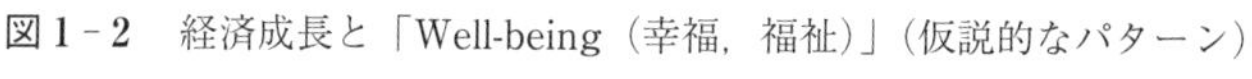
図1－2　経済成長と「Well-being（幸福，福祉）」（仮説的なパターン）

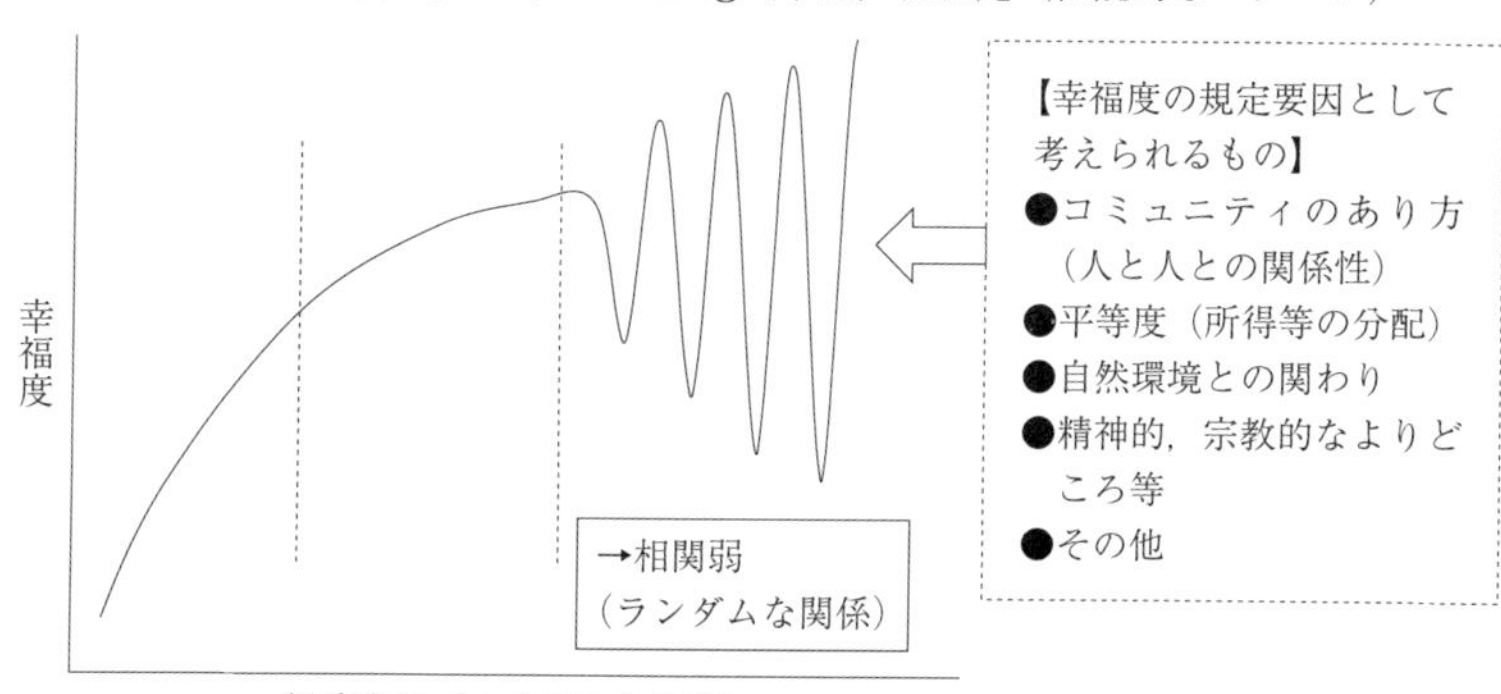

れる。すなわち、年間平均所得一万ドル当たりまでは経済成長に伴う所得増加と生活満足度の上昇との間にかなり明瞭な相関が見られるが、それを越えたレベル以降は徐々にそうした相関関係が薄くなり、たとえば所得一万五〇〇〇ドル以上の国々で見ると両者の関係はきわめてランダムなものになっているという点である（フライら 二〇〇五）。

こうした研究は、前述のように近年活発になっているものでなお探求の初期段階にあるというべきであるし、そもそも「幸福」という、きわめて主観的でかつ量的測定や比較の困難な事象についての調査は、データの確かさや解釈の仕方などについて慎重である必要がある。しかしながら、経済成長と人々の主観的幸福との関係についてごく仮説的な理解の枠組みを考えるとすれば、図1－2のようなパターンを想定することは不合理ではないだろう。

図1－2で示しているのは、経済成長あるいは一人当たり所得の水準が一定レベルを超えると幸福度との相関関係が弱いものになっていくという点を踏まえつつ、ではそうした段階以降において「幸福」（この場合はある国や地域における人々の平均的な幸福度）を左右する要因は何かという点について、

① コミュニティのあり方（人と人との関係性やつながりの質。いわゆるソーシャル・キャピタル〔社会関係資本〕とも関連）。

② 平等度ないし格差（所得や資産の分配のあり方）。

③ 自然環境とのつながり。

④（広義の）スピリチュアリティ（精神的、宗教的な要素等）。

を示しているものである。

「福祉」の最広義の意味が「幸福」であるとすれば、これからの福祉を考えることは、こうした多様な要素やテーマを含む広範な広がりをもつことになる。

(2) 現代の日本における「福祉の〝二極化〟」

さて、福祉という言葉の意味の広がりと、以上に概観したその最広義の「幸福」をめぐる展開を踏まえた上で、ここで考えてみたいのは、現在の日本における「福祉の〝二極化〟」とも呼ぶべき状況である。

「福祉の二極化」とは次のような意味である。すなわち、現代の日本社会においては、一方で（「幸福」「存在欲求」など）福祉をめぐる〝高次の欲求〟が多くの人々の関心事となりつつあるが、他方では、それとは対極的に（格差や貧困の拡大の中で）基本的な生存そのものが脅かされるという状況が広がっており、これは福祉をめぐる〝二極化〟と呼ぶべき状況ではないかというのがその趣旨だ。

しかも、以上の両者は、実は現在の日本社会における同一の構造から派生している二つの局面でもあるのではないか（後の議論を先取りすることになるが、「同一の構造」とは、つながりの原理の不在、あるいは生のよりどころとなる価値の不在といったものであり、これらについては後程「福祉思想」に関する議論の中で掘り下げていきたい）。

いま指摘した「福祉の〝二極化〟」の前半部分、つまり「（「幸福」「存在欲求」など）福祉をめぐる〝高次の欲求〟が多くの人々の関心事となりつつある」という点は、先程見た「幸福」をめぐる近年のさまざまな政策展開ともつながるが、この点に関して、一つの手がかりとして想起してみたいのは、よく知られた心理学者マズローの議論である。

マズローの心理学は「人間性（ヒューマニスティック）心理学」と呼ばれ、心理学の系譜の中で、外面的に観察される行動のみを分析対象とするいわゆる行動主義とも、人間の深層心理を探究可能なものとして掘り下げる精神分析などとも異なる〝第三の心理学〟ともいわれ、一九五〇～一九六〇年代前後を中心に一定の影響力をもった心理学の流れといえる。日本では特に経営学の分野でマズローの議論が積極的に援用された経緯があるが、他方、第2章での議論とも関連するが、近年に至って「ポジティブ心理学」と呼ばれる領域が台頭する中で、それに影響を及ぼした源流の一つとしてマズローの人間性心理学が新しい文脈で再評価される動きもある。

若干個人的な述懐に及ぶことになるが、筆者自身はそうしたマズローの議論――その欲求段階論――について、いささか冷めた見方をしていたというのが正直なところである。単純化した言い方をすれば、人間の欲求が、食欲などの生理的欲求を最も基盤的なものとし、社会的な次元を経て、精神的な要素を含む自己実現欲求に至るという重層的なものであるとの把握そのものは、ある意味で小中学生でも考えられるようなことであり、それ自体に特別の意義があるとは思いにくかったのである。

しかしながら、前述したような近年活発になっている「幸福」をめぐるさまざまな展開を踏まえて改めてマズローの議論を見直すと、そこには現代に通じる、また「福祉」の意味とも深く関わるさまざまな示唆が含まれていると思うようになった。

マズローの欲求段階論では、人間の欲求は基底的なものから高次のものに向けて、順に「生理的欲求―安全欲求―愛情と帰属の欲求―尊厳欲求―自己実現欲求」となっているが、このうち「尊厳欲求」には「自尊（self-esteem）」や「他者による尊重（respect by others）」という内容が含まれ、これは現代的なテーマの一つである「承認」（ないし承認欲求）とも重なるものである。

話題を広げることになるが、こうした「自尊」や「承認」に関するテーマは貧困・格差と犯罪や暴力という点ともつながってくる。イギリスの社会疫学者のウィルキンソンは著書『格差社会の衝撃』の中で、「所得格差が大きいほど、暴力が広がっていくことを明らかにした研究論文はたくさんあるにもかかわらず、その理由について示したものはほとんどない。しかし、暴力に関する文献を見れば、明らかに最も頻繁に暴力を引き起こすのは、軽蔑されたと感じたり、脅迫されて面子を失うと感じた人々である」と指摘し、その上で犯罪学者のジェームズ・ギリガンの次のような言葉を引用している。

「私はこれまで、恥をかかされたり、屈辱を与えられたり、軽蔑されたり、嘲られたりせずに引き起こされた暴力を見たことがないし、たとえ死刑になろうとも『面子を失うこと』を防ぐために行われたのでもない暴力を見たことがない。彼らが『誇りや尊厳や自尊心を持たずに生きるよりも、殺すか殺されるかだ』と言うときに、彼らが文字通りそのことを意味しているということを理解できないなら、彼らを誤解しているのは我々の責任である。彼らは文字通り、不名誉よりは死を選ぶのである。」（ウィルキンソン 二〇〇九：一四九）

こうした話題は一見極限的な事例を扱ったものにも響くかもしれないが、しかし基本にあるのは、ここで述べているような「承認」欲求――逆にいえば「承認されない」ことが人間にとってもつ否定的な意味――が、その中身は多様であっても、人間にとって根底的なものとしてあるということである。

（3）「自己実現」とその先

そして、本章の議論との関わりにおいてここで注目したいのは、このような欲求段階論は、「幸福」のテーマとも密接につながるという点だ。

つまり、（ポジティブな）「幸福」という言葉により直接的に対応すると思われるのは欲求段階論における高次の欲求群（自己実現欲求など）であり、逆に欲求段階論における基底的な欲求群（生理的欲求や安全欲求など）は、いわば〝幸福のための基礎的条件〟と呼べるような性格のものだろう。

そして現在の日本社会を見た場合、「自己実現」といった、欲求段階論の上層にある次元に多くの人々の関心が向かいつつあることは確かである一方、いま〝幸福のための基礎的条件〟と記した次元に関わる欲求すら十分に満たされないような層が増加していることもまた事実である。先程の「福祉の〝二極化〟」と呼んだのは他でもなくこの点に関わっている。

このうち後者については、たとえば図1－3に示されるように、貧困ラインを下回って生活保護を受ける人々の割合が一九九〇年代の後半以降、一貫して増加していることにもそれは現れているだろう。

他方、前者については、筆者のごくまわりの経験に即していえば、学生など身近な若い世代を見ていても「自己実現」といったものへの関心は高く、しかもそれは単なる利己性とか自己愛などとは異なり、社会貢献（あるいはより具体的には、後でもふれるソーシャル・ビジネスや社会的起業）への関心などをしばしば含

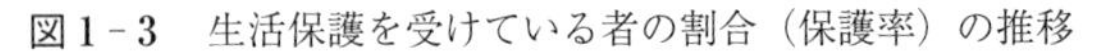

図１-３　生活保護を受けている者の割合（保護率）の推移

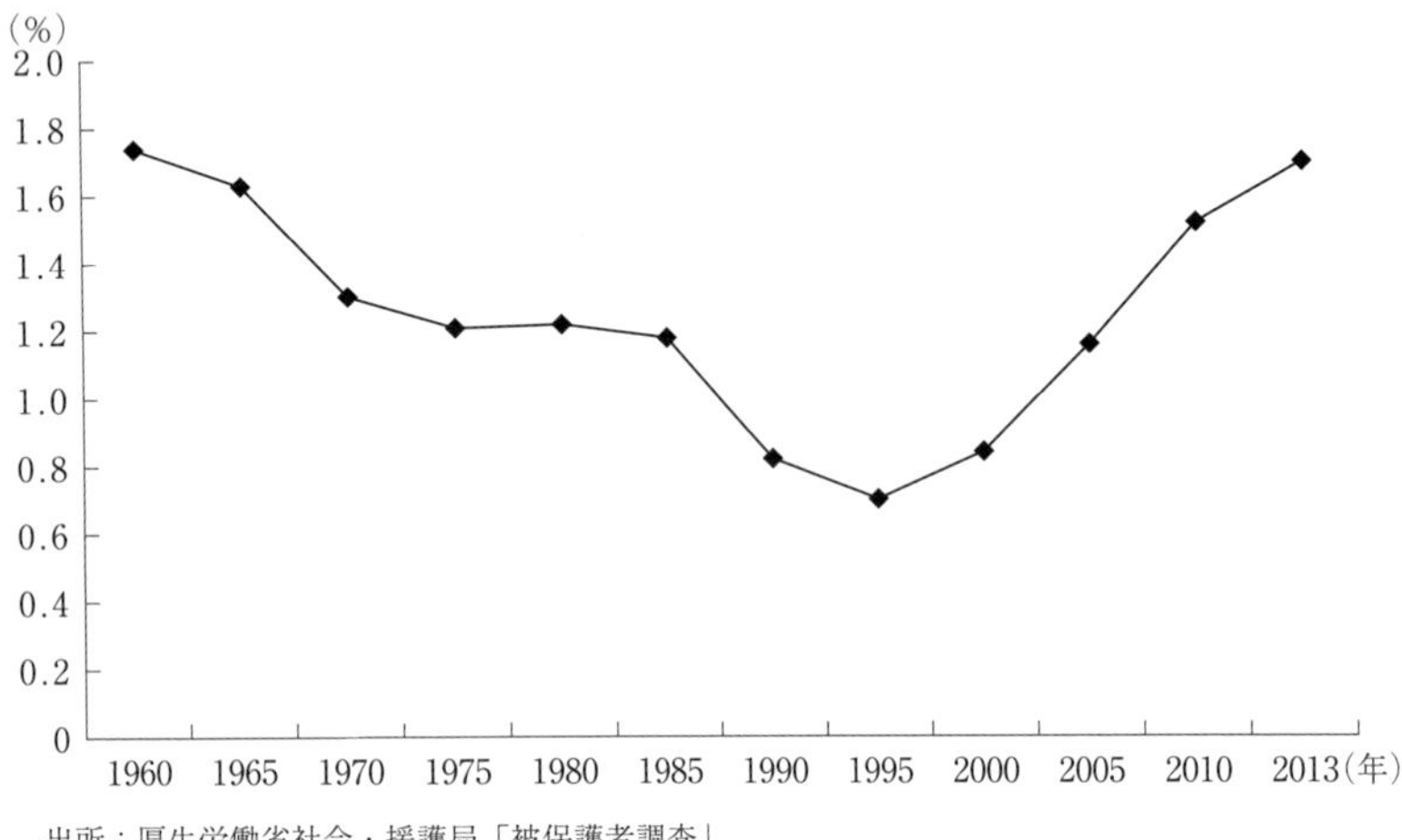

出所：厚生労働省社会・援護局「被保護者調査」。

むものとなっている。

この点に関して、社会的志向をもった会社を立ち上げたある卒業生が、自分がやろうとしていることを「世界実現」と呼んでいたことが印象に残っている。「自己実現」というと、前述のようにそれは利己性などとは異なるものであるものの、どうしても自己愛的なニュアンスが残るのに対し、彼の場合は、むしろ世界（ないし社会）そのものをある望ましい方向に近づけていくこと――「世界実現」――が自分の基本にある関心であるというのがその趣旨だった。

興味深いことに、先のマズローは、ある時期から欲求段階論のピラミッドの一番上の「自己実現」のさらに上層に「自己超越」という欲求があると考えるようになったようだが（マスロー 一九七三）、前述の学生のいう「世界実現」と、マズローのいう「自己超越」とは実質的に重なり合うものだろう。

それはまた、宮沢賢治の比較的よく知られた言葉である、「世界がぜんたい幸福にならないうちは個人の幸福はあり得ない。自我の意識は個人から集団社会宇宙と次第に進化する」という言明（『農民芸術概論綱要』）とも通じる内容のものである。いみじくも、ここでも「幸福」という言葉が出てきている。

このように考えていくと、まったくの理想論あるいは理論的な可能性としていうならば、もしも人間の欲求というものが、純粋に、あるいは自然な形で高次の方向に発展していけば、それはいま述べているような社会貢献や他者へのケアを含む意味での「自己実現」ないし「自己超越／世界実現」に展開していき、それは結果としてここで論じている「福祉の〝二極化〟」の状況を是正する方向に働きうると考えることは、あながち不可能ではないだろう。

しかし他方において、本章の冒頭で取り上げたアメリカの事例が示すように、そのようになる保証はどこにもなく、むしろ個人や集団の間で分断と排除が進行していくというのがしばしば生じている現実でもある。

そのような状況を少しでも改善あるいは変革できないかという点が、本書のテーマである「福祉の哲学」に与えられた課題ともいえる。また、先程の宮沢賢治の言明の土台には仏教的な世界観が関わっていたように、そうした方向が発展していくには、そこに何らかの理念的ないし思想的な導きのようなものが重要になってくると思われ、こうしたテーマについては本章の第5節でさらに考えたい[1]。

3　「幸福」は政策目標となりうるか

(1) 幸福政策の可能性と疑問

以上、福祉の最広義の意味としての「幸福」について、マズローの議論などを手がかりに基本的な考察を行ったが、この話題をもう少し具体的ないし現実的な方向に発展させる意味で、前節でもふれた、近年活発な幸福度指標をめぐる展開やそれに関わる政策に即して考えてみよう。

「GAH」という言葉を聞いたことがあるだろうか。これは東京都荒川区が二〇〇五年から提唱しているもので、「グロス・アラカワ・ハピネス」つまり「荒川区民の〝幸福〟の総量」という意味であり、これを改善させることを区政の目標にしようというものである。

GAHについては筆者自身も若干の関わりがあるが、同区では荒川区自治総合研究所という組織を設立し（二〇〇九年）、子どもの貧困、地域力など具体的な課題に即しながらGAHに関する研究や政策展開を進めている。加えて、荒川区の呼びかけの下、何らかの形で幸福度指標の考え方を取り入れた政策展開を図ろうとする市区町村あるいは基礎自治体のネットワークとして、「幸せリーグ」という連携の試みも進んでいる。(2)

もちろんGAHは先程言及したブータンの「GNH」に触発されたものだが、ブータンのGNH（グロス・ナショナル・ハピネス）があくまで「ナショナル」、つまり国レベルで「幸福」を考えているのに対し——その限りでは実はGNHもGNP（国民総生産）も同じといえる——、GAHの最大の特徴の一つは、それを「ローカル」つまり地域ないし地域コミュニティのレベルで考え展開していくという点にあるだろう。

さて、筆者がGAHをめぐる展開や議論に参加させていただく中で、関係者あるいはGAHに関心をもつ人からしばしば発せられてきた問いないし疑問がある。それは、

① 「幸福」は際立って個人的（私的ないしプライベート）、主観的かつ多様なものであり、それに行政

あるいは政府が関与するのは問題ではないか？

②「幸福を増やす」のは、民間企業など「私」の領域に委ねればよいのであり（たとえばディズニーランドが多くの人々の〝幸福〟を高めているように）、行政が積極的・優先的に対応すべきことがあるとすれば、むしろ「不幸を減らす」ことであって（格差是正ないし再分配など）、こちら（不幸を減らすこと）はある程度客観的な基準が可能ではないか？

といった形に要約できるような疑問だ。

ここには大きく二つの論点が含まれており、一つは「幸福を増やす」と「不幸を減らす」の対比、もう一つはそこで対応する「主体」の役割分担のあり方（政府ないし行政、民間企業、地域住民ないしコミュニティなど）である。

(2)「幸福を増やす」と「不幸を減らす」――政治哲学との関わり

このうち前者について、前述の「幸せリーグ」の顧問の一人である月尾嘉男・東京大学名誉教授は、トルストイの小説『アンナ・カレーニナ』の冒頭にある「幸福な家庭はいずれも類似しているが、不幸な家庭はそれぞれに不幸である」という一節を引きつつ、しかし実際はむしろ逆に幸福の形の方が多様であり、政策としては不幸を除去していくことが優先課題ではないかと指摘している（月尾嘉男「地域から実現する幸福」、「幸せリーグ」事務局編［二〇一四］所収）。

この話題は、二〇一〇年に民主党の菅直人氏が総理になった際、〝最小不幸社会〟という理念を政策目標に掲げたことを思い出させる。日本語の「不幸」という言葉がかなり強いマイナスイメージをもつこともあってか、菅氏のこの言葉はあまり評判がよくなく、やがて忘れられていった。しかし考えの筋道としては、政府ないし行政がまず取り組むべきは、あるいは社会が全体としてまず優先的に実現していくべきは「不幸を減らすこと」であるという主張は――言い換えれば、すでに一定程度幸福な人をもっと幸福にすることよりも、不幸な状況にある人がそこから抜け出せることを優先するという考え方は――、むしろ妥当なものといえるはずである。

実際、こうした考え方は、政治思想あるいは公共哲学的にいえば、アメリカの政治哲学者ロールズの正義論に重なるものである。ここではロールズの論そのものには立ち入らないが（これについては第2章参照）、彼の議論の中心は、〝社会の中で最も不遇な状態にある人をそこから抜け出させることを最優先とする〟という内容であり、（アメリカ的な用語法での）「リベラリズム」の理念に呼応するものである。[3]

この場合、リベラリズムがこのような思考法をとるのは、それが「個人の自由」を最優先の価値と考え、しかも「自由」の中身は個人によって多様であるから、「幸福」や「善（good）」「徳（virtue）」といった、個人の内面に及ぶような、実質的な価値の内容そのものには立ち入るべきではないと考えるからである。これはある意味できわめて〝近代的〟な思考の枠組みといえる。

これに対し、いわゆる「コミュニタリアニズム」の考え方では――これについても第2章を併せて参照されたい――、むしろそうした「幸福」「善」「徳」といった内面的価値について語ることを積極的にとらえる。またそこでは、コミュニタリアニズムという言葉が示すように、「個人」というものを完全に独立した存在としてとらえず、共同体あるいはコミュニティ、ひいてはそこでの人と人との関係性を重視する。

以上から示唆されるように、「幸福」というテーマを政策（公共政策）との関わりでとらえていくと、それはいま述べた「リベラリズムとコミュニタリアニズム」という政治哲学ないし公共哲学の対比と深く関

わってくる。そして、すでに明らかなように、やや単純化して整理すると、

① リベラリズム→「幸福」について積極的に語ることには慎重で、むしろ「不幸を減らす」ことに重点を置く。

② コミュニタリアニズム→「幸福」について積極的に語ることを前向きにとらえ、またコミュニティや内的倫理を重視する。

という対比が可能となる。改めて確認的に記すと、リベラリズムが「幸福」(や善、徳などの価値)について積極的に語ることに慎重なのは、それらが個人の内面に関わり、その「自由」に委ねられるべきものと考えるからである。

こうしたテーマについて、私たちはどう考えるべきだろうか。ここではやや結論を急ぐことになるが、筆者自身は、人間には「個人」としての側面と「コミュニティ(の成員)」としての側面の両方があり――この話題は本章の第5節で改めて深めたい――、リベラリズムとコミュニタリアニズムはその一方のみを強調するものであって、しかし前述のようにそれらは二者択一のものではなく、相互補完的にとらえるべきものと考える。「リベラル・コミュニタリアン」という、両者を総合化した言い方もあるが、大きくいえばそれが妥当な理解であるだろう。

(3)「不幸を減らす」と〝幸福の分配〟――幸福政策のリベラリズム的側面

以上を踏まえて、話題を「幸福」をめぐる政策のあり方に戻すと、前述の荒川区が進めているような幸

福に関する政策展開においては、当然「不幸を減らす」ことも含まれるのであって、「幸福政策」とは決して〝幸福とは何かを行政が一義的に決めてそこに人々を誘導する〟ような政策になるのではない。そして、これはいわば「幸福政策のリベラリズム的側面」ということもできるだろう。

実際、荒川区がGAHの関連で最初に取り組んだのは「子どもの貧困」に関する課題だった。また、たとえば「幸せリーグ」のメンバーであった石川県加賀市では、幸福度に関する政策を進めるにあたり、幸せを「不幸をなくす」こととととらえ、やはり子どもの貧困問題を重点化するとともに、スクールソーシャルワーカーの配置と関連施策（生活保護や不登校、非行問題が比較的多い地区を対象に、不登校児の居場所づくりや職業体験などのサポート、朝がゆなどの朝食の提供活動への支援などの事業）を始めた（「朝日新聞」二〇一三年七月二八日付朝刊）。

なお、以上の例が示すように、幸福度を手がかりに政策を展開することの一つの意義は、縦割りになりがちな個々の政策を総合化するとともに、幸福や生活満足度などに関する丹念な調査を行い、さまざまな政策の中での「優先順位」（プライオリティ）を吟味し、何が率先して行われるべき施策ないし対応であるかを見極めていくことにあるといえる。

思えば、幸福政策が単に〝総幸福量〟つまり人々の幸福の「総和」を増加させるというだけのものだとしたら、それはまさに（思想家ベンサムの）「最大多数の最大幸福」と同じになり、また「幸福量増加」という目標は「GNP（GDP）増加」という目標とあまり変わらなくなるだろう。つまり幸福の総量にとどまらず、その「分配」のあり方――いわば〝幸福格差〟の是正――が重要なのであり、「不幸を減らす」という方向はこうした意味でも重要なのである。

（4）コミュニティ政策の可能性――幸福政策のコミュニタリアニズム的側面

さて、いま幸福政策は（ロールズのリベラリズム的な）「不幸を減らす」施策や対応を含むことを述べたが、加えて、先程リベラリズムとコミュニタリアニズムの両者は補完的であるとしたように、同時にそれは積極的に「幸福」とは何かを語るものであってもよいはずである。これは「幸福政策のコミュニタリアニズム的側面」ともいうことができる。

実はここで重要になってくるのが、「コミュニティ」と「ローカル」という視点である。つまり、国という大きな単位で考えた場合は、なかなか国全体の「幸福」について規定することは難しいが、たとえば荒川区のような（ローカルな）地方自治体であれば、住民もある程度まとまった空間の中で生活を営んでおり、〝自分たちの暮らす地域の幸せ〟を考えることはある程度可能なことだろう。こうした意味で、幸福に関する政策は、地方自治体レベルにおいてこそなじみやすい面があるのである。

以上は主に「ローカル」に関する点だが、「コミュニティ」という側面に関しては次のような把握が重要である。

それは、現代においては、「公―共―私」あるいは「政府―コミュニティ―市場」の三者がクロス・オーバーしているという点だ。議論の前提として確認すると、近代社会においては、「公（パブリック）と私（プライベート）」あるいは「政府と市場」という二元論的な枠組みが基調をなし、しかも両者は明確に峻別されるべきものとされた。法的理念としては「私的自治の原則」という考え方があり、政府あるいは行政は、私的な領域には例外的な場合を除いて極力関与しないということが基本原則とされたのである（例外的な場合とは、警察など夜警国家的な側面か、生活保護のような最低生活保障など）。

ところが現代においては、「コミュニティ」または「共」の領域という、近代的な「公―私」の二元論

図1－4　「公―共―私」の役割分担のダイナミクス

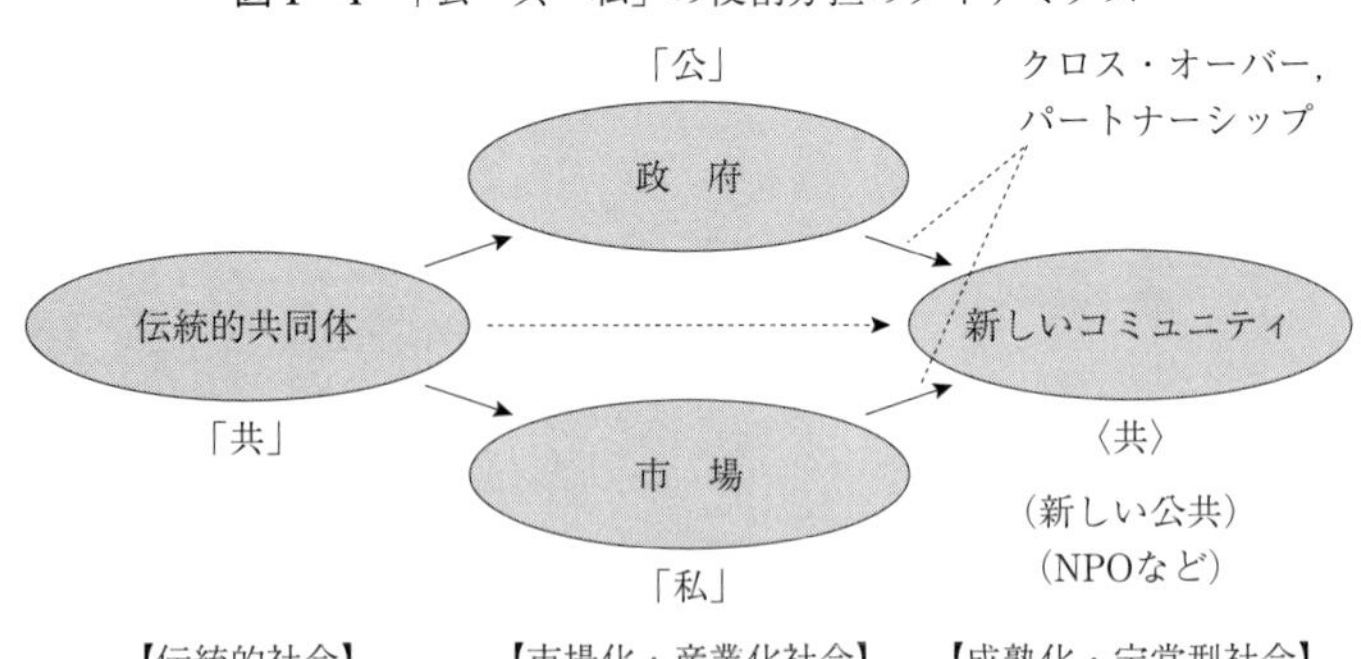

では視野の外に置かれていた領域が、実は人間社会において重要な意味をもつことが再認識されるようになった（それは近代社会の展開の中でそうした「共」の領域があまりにも希薄になっていったことの帰結でもあった）。そして、そうしたコミュニティの積極的な価値に関心が集まるとともに、失われた「古い（伝統的）コミュニティ」を現代的な形で新たに再構築していく試みがなされると同時に、それら「公―共―私」ないし「政府―コミュニティ―市場」の三者がダイナミックに融合したり、相互に連携したりするようになっている。前に少しふれた「新しい公共」という理念が登場するのもこうした文脈であり、また「ソーシャル・ビジネス」といった公共私の融合形態が浮上するのもこうした流れと関わっている。

図1－4はいま述べたような「公―共―私」の歴史的展開を示したものである。図には示していないが、実は以上の展開は近代以降の経済の「拡大・成長」という流れと対応していた。つまり近代的な「公―私」ないし「政府―市場」の二元論が浸透したのは、企業あるいは市場経済が推進力となって経済社会の規模が大きく拡大し、しかしそこから生まれる格差などさまざまな問題を是正する装置として政府あるいは公の領域が対応するという構図の下においてだったのである。

この話題は次節以降で改めて整理するが、いずれにしても、現代においては前述のように「コミュニティ」というものの重要性が認識されるようになり、また（近代的な「私的自治の原則」が見直されて）「政府―コミュニティ―市場」が相互に融合したり連携したりするようになっている。

こうした点が再び幸福政策とつながってくる。たとえば荒川区の場合、〝下町〟的な性格あるいは自営業などが比較的多いこととも関連するが、いわゆる町会（自治会）活動が盛んであり、高齢者の見守り活動や緊急通報の仕組みの構築などが積極的に行われ、孤独死もほぼゼロであるとともに、行政サイドも幸福度関連施策の一環として「地域力」ということを重視し、町会などと連携したり支援策を講じたりしている。行政の施策についてはたとえば『日経グローカル』誌の高齢化対応度調査（二〇一二年一一月）で同区は全国二位（調査自治体：七〇二市区）に評価されている。

このような意味において、近代的な公私の二元論を超えた、「コミュニティ政策」という発想とその展開が新たな課題になっているのである。

（5）コミュニティと平等

以上、幸福政策のリベラリズム的側面として「不幸を減らす」ための政策にふれ、続いて幸福政策のコミュニタリアニズム的側面としてローカルなコミュニティやコミュニティ政策という発想の重要性などを指摘したが、この両者は互いにどう関係するのだろうか。

アメリカの政治学者ロバート・パットナムは、人と人との関係性やつながりの質に関するソーシャル・キャピタル（社会関係資本）についての代表的な著作『孤独なボウリング――米国コミュニティの崩壊と再生』の中で次のように述べている。

「一世紀にわたる農園奴隷に、さらに一世紀の黒人差別政策が続いたような地域で、コミュニティを基盤とした社会関係資本が最低レベルを示しているのは、偶然の出来事ではない。不平等と社会的連帯は、根本的に両立不可能である。」（パットナム 二〇〇六：三六〇、傍点引用者）

これはアメリカの各州におけるソーシャル・キャピタルを比較した場合に、概して南部の州においてそれが低いことに関する記述で、コミュニティ的なつながりと「平等」が深く関係していることが指摘されている。

やや単純化していえば、コミュニティ的なつながりとは人と人との〝水平的〟な関係性であり、他方、格差・貧困といった問題は〝垂直的〟な軸といえる。ある意味で当然のことながら、経済的な格差が一定程度以上になると、その個人あるいは集団の間でコミュニティ的なつながりを維持することはほとんど不可能になるだろう。

したがって、「コミュニティ」というテーマと「平等（ないし格差是正）」というテーマとは、一見異なる性格の話題のように見えるが、別個に考えるのではなく、一体的にとらえていく必要がある。このことは、先程リベラリズムとコミュニタリアニズムとは相互補完的であり、両者を統合して考えることが重要と述べたことと呼応している。

実際には、「階層化されたコミュニティ」、つまり階層ごとに異なるコミュニティが閉鎖的な形で存在し、社会が分断されるということはしばしば生じるのであり、本章の冒頭で述べたアメリカの事例は、まさにそうした象徴的なケースだった。

これは、言葉ないし概念を際立たせていうならば、「コミュニティ（community）」と「ソサエティ（society〔社会〕)」の二者をいかにして両立させるかという、根源的なテーマとしてとらえることもできるだろう。

つまり人間はさしあたり何らかの意味での同質的な集団として「コミュニティ」を形成するが、それは放っておけば他を排除する、あるいは内側に向かって閉じるような存在になりがちであり、それを「ソサエティ」という場において他者に向かって開いていく必要がある。さらに言い換えれば、それは「共同性(common)」と「公共性(public)」という二者をどう両立させるかというテーマとも重なっている。

以前の拙著(広井 二〇〇九b)でも論じたように、実はこのような「関係の二重性」――集団の内部の関係性と、集団の外部との関係性――をもつという点は、人間という生き物が原初から抱えている課題であり、常に人間につきまとうテーマである(広井 二〇〇九b参照)。

自ずとそれは本書の主題である「福祉の哲学」や幸福をめぐるテーマともつながってくるが、こうした問題意識を踏まえた上で、以下ではこれからの福祉を考えるための座標軸や価値原理、社会システムのあり方についてさらに吟味していこう。

4　福祉を考える座標軸

(1) 二つの座標軸

本節では、本章のここまでの議論も踏まえながら、これからの福祉を考えるにあたって、その大きな座標軸となる枠組みをまず確認し、本章の後半部の議論へと発展させていきたい。

さて、社会における人と人との関係性に関わる原理として、

探究1　二つの幸福概念――「拡大期」の幸福論と「定常期」の幸福論

ここまでの議論で、「幸福」という言葉の意味内容については特に立ち入らずに論を進めてきたが、それについては以下のような基本的な区別が重要ではないかと筆者は考えている。

それは〝「拡大期」の幸福概念と「定常期」の幸福概念〟ともいうべき二つの異質な「幸福」概念である。

このうち前者は、「近代的」な幸福概念とも呼べるもので、幸福を考えるにあたって「個人」ないしその自由を重視し、基本的に功利主義的である。また、〝幸福追求（pursuit of happiness）の権利〟という具合に幸福を「権利」として把握する（アメリカ建国宣言や日本国憲法一三条の幸福追求権など）。想像できるように、それは先程言及した「リベラリズム」と親和的である。そしてこれを「拡大期」の幸福概念とするのは、それが実のところ近代における経済の「拡大・成長」という社会構造と不可分のものであり、個人の経済活動や消費等々の拡大ないし量的増加に基本的な価値を置くものだからである。

これに対し、後者の「定常期」の幸福概念は、前近代的な幸福概念とも呼びうるもので、本章の第5節で詳しく述べる枢軸時代に生成した普遍宗教ないし普遍思想、つまり古代ギリシャ（アリストテレスなど）や仏教、老荘思想などにおける幸福概念などに広く見られるものである（ちなみに仏教国であるブータンの「GNH」の幸福概念もこれに通じる）。そこでは、前述の拡大期あるいは近代的な幸福概念とはや

表1-2　2つの「幸福」概念

	リベラリズム的な幸福観	コミュニタリアニズム的な幸福観
基本的出発点	個人の自由	コミュニティ
人間観	効用（utility）の極大化	利他性や協調性
時代性との関わり	近代的価値	伝統的な価値も重視 Ex. 伝統文化 世代間継承性
性　格	「権利（right）」としての幸福 cf. 幸福追求権	「善（good）」としての幸福
志　向	拡大・成長志向	定常志向 cf. 持続可能性
幸福（well-being）の内容	Happiness ハピネス	Contentment（ないしContentedness）“知足”，充足，平安

や異なって、個人の内的な充足（contentedness ないし contentment）あるいは「知足」、充足、平安といったものを重視し、量的拡大よりもしばしばその自制や安定に価値を置く。ちなみに統合医療ないし代替医療の領域でよく知られるアンドリュー・ワイルは、「内発的な幸福（spontaneous happiness）」と題する著書の中で老子の言葉を引用しつつ「知足」の重要性について論じている（ワイル 二〇一二）。

以上のような二つの「幸福」概念を、本節で述べたリベラリズムとコミュニタリアニズムという対比に即して若干単純化して対比したのが（表1-2）である。

いずれにしても「幸福」というテーマをめぐっては、その内容や根底にある基本的な価値観ないし世界観についての吟味が併せて重要だろう（この話題については本章の第5節でも立ち返りたい）。

表1－3　「公―共―私」と政治哲学／公共哲学及び福祉国家

重視する原理ないし主体	政治哲学ないし公共哲学(主にアメリカの文脈)	政治哲学（主にヨーロッパの文脈）	福祉国家としての典型例
①「共」的原理〜コミュニティ	コミュニタリアニズム	保守主義 conservatism	大陸ヨーロッパ
②「公」的原理〜政府	リベラリズム	社会民主主義 social democracy	北　欧
③「私」的原理〜市場	リバタリアニズム	自由主義 liberalism	アメリカ

①「共」的原理〜コミュニティ　…互酬性
②「公」的原理〜政府　　　　　…再分配
③「私」的原理〜市場　　　　　…交　換

という三者がある。ここで示している「互酬性」「再分配」「交換」という表現は、経済思想家のポランニーが、人間の経済行為の基本的な三要素として挙げたものであり（ポランニー 一九七五）、「互酬性（reciprocity）」は「相互扶助」とも言い換えられるものである。

またこれらの三者は、社会保障などの議論でしばしば使われる「共助」「公助」「自助」という三つとも大方対応している。同時にまた、先程の幸福政策に関して〝「公―共―私」のクロス・オーバー〟ということを論じたように、現代においてはこの三者は新たな形で融合したり相互に重なり合ったりしている。

さらに、人間社会において①〜③のうちどの原理あるいは主体に軸足を置くかで政治哲学ないし公共哲学の理念が分岐することになり、大きくいえば、表1－3のような整理が可能となる。加えてこれらはいわゆる比較福祉国家論における福祉国家の類型論ともつながることになる（比較福祉国家論についてはエスピン＝アンデルセン 二〇〇一参照）。

なお「リベラリズム（自由主義）」の意味がヨーロッパとアメリカで大

表1－4　「公―共―私」とローカル―ナショナル―グローバルをめぐる構造

	地域（ローカル）	国家（ナショナル）	地球（グローバル）
①「共」の原理 ～コミュニティ （互酬性）	地域コミュニティ	国家というコミュニティ（“大きな共同体”としての国家）	「地球共同体」ないし“グローバル・ビレッジ”
②「公」の原理 ～政府 （再分配）	地方政府	中央政府（“公共性の担い手”としての国家）	世界政府 cf. 地球レベルの福祉国家
③「私」の原理 ～市場 （交換）	地域経済	国内市場ないし「国民経済（national economy）」	世界市場

注：第1ステップ：□…（近代的モデルにおける）本来の主要要素
　　第2ステップ：⬚…現実の主要要素＝国家（～ナショナリズム）←工業化
　　第3ステップ：世界市場への収斂とその支配　←金融化・情報化
　　今後：各レベルにおける「公―共―私」の総合化＆ローカルからの出発
　　　　←定常化（ないしポスト金融化・情報化）

きく異なる点は先程ふれた通りであり、また表1－3での「リバタリアニズム」は、アメリカ出自の独特の用語法だが、自由至上主義と訳されるように、個人の自由を絶対的なものととらえ、政府の対応を極小のものにすべきと考える立場をいう（第2章参照）。

一方、これからの福祉や経済社会のあり方を考えるにあたって、もう一つ重要な意味をもつのが、これも先程の幸福政策の関連でふれた「ローカル―ナショナル―グローバル」という、いわば空間的な軸であり、それは福祉というものを考える場合に、どこまでの（空間的ないし人的）範囲を念頭に置くかということでもある。

そして、以上の二つの軸、つまり「公―共―私」という原理軸ないし主体軸と「ローカル―ナショナル―グローバル」という空間軸の両者を交差させて考えると、表1－4のような基本的マトリックスが浮かび上がってくるだろう。

表1－4はさしあたり〝静的〟な整理であるが、

現実には、これらは次に述べるように、近代以降の経済社会の歴史的な展開の中でダイナミックな形で変化してきた。このような歴史的かつ動的な視点が、これからの福祉を考える上でも重要になってくると思われる。

すなわち、もともと近代以前の伝統的社会においては、人間の活動の大半は概ね「ローカル」な領域に限定されており、しかもそこにおいて「公─共─私」の三者は、農村共同体などでの「共」的関係を基盤としつつ、半ば未分化な形で渾然一体的に存在していた。

ところが、近代社会以降、ローカルな地域的境界を越えた経済活動が飛躍的に拡大し、市場経済の領域が大きく展開していく中で、こうした「公─共─私」の関係構造が根本から変容していく。この場合、近代的なシステムにおいて前提となった構図は、

① 「共」的な原理（コミュニティ）　→ローカル
② 「公」的な原理（政府）　→ナショナル
③ 「私」的な原理（市場）　→グローバル

という、ある種の基本的な振り分けであったといえるだろう。

つまり、

① 互酬性が基調をなす「共」的関係が主に展開するのはローカルな地域コミュニティ（家族を含む）のレベルであり、

② 「公」的な原理あるいは「政府」が主たる役割をはたすのは「ナショナル」（ないし国家）というレベルであり、

③ 交換を基本原理とする「市場」は、本来的に〝国境（あるいは境界〔boundary〕）を持たない〟性格のものであるから、自ずと「世界市場」に行き着く、

という構図である。

つまりここにおいて、「公―共―私」という、社会的な関係における三つの原理ないし主体と、「ローカル―ナショナル―グローバル」という、それ自体としては空間的な性格の三つの領域の間で、構造的な対応関係が作られたことになる。

ただしこの点は、一歩距離を置いて見ると、次のような意味である種の必然的な対応であるともいえるだろう。すなわち、「互酬性」がベースの「共」的関係というものは、その性格からして一定の〝顔の見える関係〟、つまり互いを知り合った者同士の一定以上の継続的な関係性を前提とするものであるから、それは自ずと比較的小規模で「ローカル」な空間が一次的な舞台となる。

これに対し、「政府」の担う「再分配」的な機能というものは、そうしたローカル・レベルの集団が並立的に複数存在することを前提として、それらを一レベル高い次元において調整（ないし再分配）するものなので、空間的に一回り広い（ただし世界市場よりは狭い）いわば中間的な空間領域をカバーするものとなる。そして最後の「市場」については、その機能としての「交換」というものは、互酬性とは異なって一回ごとの取引で完結するものであり、つまり時間的な継続性や相互性ということを含まないので、そうであるがゆえにいわば無限に〝開かれた〟性格をもち、（個別の共同体の）あらゆる境界を越えて文字通り

「グローバル」に広がっていくものであって、原理としては自ずと「世界市場」に至るのである。

(2) 工業化時代における「国家」への収斂

しかしながら、その後の現実の歴史の展開においては、そうした構図は次のような形で変容していった。すなわち、やがて一九世紀以降を中心に生起した工業化(ないし産業化)の大きなうねりの中で生じたのは、「『共』的な原理(コミュニティ)も、『公』的な原理(政府)も、『私』的な原理(市場)も、すべてがナショナル・レベル＝(国民)国家に集約される」という事態だった。

もう少し説明すると、まず「共」的な原理(コミュニティ)については、端的にいえば「〝大きな共同体〟としての国家」という発想あるいは観念が強固なものとなり、つまりコミュニティというものの主要な〝単位〟が、ローカルな共同体を超えてむしろナショナルな次元に集約されていった(なぜそうなったかの理由はすぐ後で考えたい)。

こうした点に関し、かつて政治学者のベネディクト・アンダーソンは、近代社会においてそれまで関わりのなかった見知らぬ地域の者同士に同胞意識が生まれ、「想像の共同体(imagined community)」としての国家が形成されたと論じたが(アンダーソン 一九九七)、それはまさに以上の点と重なっている。

一方、「公」的な原理(再分配の担い手としての政府)がナショナル・レベル中心となるのは近代システムの原理そのままである。さらに、「私」的な原理としての「市場」についても、先程論じたようなその本来の姿としての「世界市場」は部分的にしか成立せず、むしろ「国内市場」あるいは「国民経済(national economy)」という意識あるいは制度的枠組みが前面に出ることになり、国家がそれぞれの領域内の市場経済をさまざまな形でコントロールすることになった。これは本来〝国境(ないし境界)〟を有しないはずの市場が、国家という主体によって、共同体（国家というコミュニティ）ごとに〝区切られた〟と見ることもできる。

いずれにしても、以上のようにして、「共」的な原理（コミュニティ）、「公」的な原理（政府）、「私」的な原理（市場）のいずれもがナショナル・レベル（＝国家）に集約されていったのが、工業化の時代以降の展開だった。なぜそのようになったのか。これには経済的・政治的・文化的等々の各方面にわたる無数の要因が働いていたというべきだろうが、意外に十分に認識されていない、次のような要因があったと思われる。

それは、この時代の構造を基本において規定していた「工業化（ないし産業化）」という現象のいわば〝空間的な広がり（ないし空間的単位）〟が、それまでの（農業時代の）「ローカル」な地域単位よりは大きく、しかしグローバル（地球）よりは狭い、という性格のものだったという点である。

これは取り立てて難しいことをいっているものではなく、むしろ単純な事実関係に関するものだ。たとえば農業であれば、大方は比較的小規模のローカルな地域単位で完結するものだが、工業化以降の段階を考えると、鉄道の整備、道路網の敷設、工場や発電所などの配置等々、その多くはそれまでのローカルな単位を越えた計画や投資を必要とするものであり、そのいわば「最適な空間的単位（あるいは主体）」として浮かび上がるのはナショナル・レベル（の中央政府）となるだろう。逆に、それらは（金融市場のように）グローバルというほどの空間的広がりを持つものではない。

いずれにしても、以上のような「工業化」という現象のもつ空間的な射程が、この時代における「『公・共・私』のいずれもがナショナル・レベル＝国家に集約される」という状況を生んだ基本的な要因の一つとして指摘できると思われる。

（3）金融化・情報化とその先

そして一九七〇年代ないし一九八〇年代頃から時代はやがて「金融化＝情報化」の時代へと入っていく（産業化社会・後期）。ここにおいては、ナショナル・レベルという、なお一定の地域的・空間的範囲にとどまっていた工業化の時代からさらに根本的な変容が生じ、文字通りあらゆる国境ないし境界を越えた「世界市場」が成立していく。

これは（先程から議論しているように）市場というものが必然的に行き着く姿であると同時に、実質的に見ると、市場経済の「最適な空間的単位」が（工業化時代から変化して）グローバル・レベルに移ったということを意味する。他方、「共」の原理（コミュニティ）や「公」の原理（政府）に関しては、グローバル・レベルでのそうした実体はなおきわめて脆弱である。これらの帰結として、「すべてが『世界市場』に収斂し、それが支配的な存在となる」という状況が現在進みつつある事態に他ならない（表1－4を再び参照）。

思えば、富裕層のみが独立して〝市〟をつくり、しかもそこでの政府の役割をほとんど民間企業に委託するという、本章の冒頭で見たアメリカの事例は、そのように〝すべてを市場経済（あるいは「私」の原理）が覆い尽くす〟という状況が最もストレートに展開しているアメリカという国において、ある意味で必然的に生じる事態ともいえるだろう。

では今後はどうするべきなのか。ひとまず議論を急ぐことになるが、これからの時代の基本的な方向として、

①　各レベルにおける「公－共－私」の分立とバランス

② ローカル・レベルからの出発

という二点が重要となると考えられるだろう。

このうち①は、「世界市場」(「グローバル」と「市場」の組み合わせ)に収束しつつある現在のような状況から、各レベルつまりローカル―ナショナル―グローバルというレベルの各々において、「共(コミュニティ)―公(政府)―私(市場)」という三者の分立とバランスを確立していくというものである。②は、そうした点を踏まえた上で、各レベル相互の関係としては、あくまでローカル・レベルから出発し、その基盤の上にナショナル、グローバルといったレベルでの政策対応や制度的枠組み(さまざまな再分配や規制など)を重層的に積み上げていくということである。

なぜそうなのか。その根拠は次の点にある。すなわち、ポスト工業化そしてさらにその先に展開しつつあるポスト情報化、あるいは定常化の時代においては、「時間の消費」とも呼びうるような、コミュニティや自然などに関する、現在充足的な志向をもった人々の欲求が新たに大きく展開し、福祉やケア、環境、文化などに関する領域が発展していくことになるが、これらはその内容からしてローカルなコミュニティに基盤を置く性格のものであり、(工業化の時代におけるナショナル・レベルのインフラ整備や、金融化の時代の世界市場での金融取引などと異なり)その「最適な空間的単位」は、他でもなくローカルなレベルにあると考えられるからである(広井 二〇〇九a：二〇〇九b参照)。

(4)「国家」の二つの意味と税――日本における課題

これからの時代において「ローカル・レベルからの出発」という方向が重要であることを述べたが、一方において、国家あるいは中央政府という存在が今後も大きな意味をもつことは変わりない。そして、この点つまり「国家」というものに関する認識について、現在の日本は非常に大きな課題を抱えていると筆者は考えている。

先程の表1-4にも示されているように、国家についても「公―共―私」に即した三つの側面があるわけだが、「私」の側面としての国内市場ないし国民経済という点は除いて、「国家」というものの特に重要な意味は次の二つといえる。

① 〝大きな共同体〟としての国家
② 〝公共性の担い手〟としての国家

①は、私、家族、地域…という具合に、いわば〝自分を中心とする同心円〟を広げていった場合に行き着くものとしての「国家」である。先程ベネディクト・アンダーソンの「想像の共同体」論に言及したように、こうした意味での「国家」の存在感が日本において特に大きくなったのは明治以降だろう。それは〝黒船ショック〟以降、欧米列強に対抗するための「富国強兵」策とも一体となって、強力に国全体を束ねて、突貫工事のように急な坂道を駆け上がっていく中で形成されたものでもあったが、第二次世界大戦後の〝国を挙げての経済成長〟という時代も含めて強力に作用してきた。

これに対し、②はもう少し〝ドライ〟な国家像であり、あくまで独立した「個人」から出発して社会(society)というものを考えた場合、個人の自由な活動だけでは格差などさまざまな弊害が生じるので、そうした問題を解決する〝装置〟として作ったものとしての「国家」である。個人から出発して「社会契約」的に作られる国家ともいってよいだろう。

以上、「国家」の二つの意味について確認したが、端的にいえば、日本あるいは日本人にとって圧倒的に強いのは、①の「〝大きな共同体〟としての国家」像と考えられる。それは〝クニ〟という言葉の語感にも表れているし――ちなみに〝クニ〟という言葉は「あなたのオクニはどこですか」という具合に出身の地方を指して使われる場合もあるが、これは比較的古い用法の名残りだろう――、〝お上〟という言葉もそうした国家像とつながっている。

こうした「〝大きな共同体〟としての国家」像は、「家族」の延長としての国家イメージでもあるので、自ずとパターナリスティック（父権主義的）な性格のものになりやすい。つまり、ちょうど親が子どもの面倒を見るように、国家が個人の世話をする（しなければならない）という国家観である。

ここで問題なのは、こうした国家イメージの場合、「税」というものの位置づけがきわめて困難なものになるという点だ。

つまり、もし国家が親のような存在だとすれば、子どもが親に対して（世話をしてくれた）謝礼を払うことがないように、個人が国家に対し税を払うという発想は成り立ちがたくなる。あるいは、せいぜい税というものは「取られる」ものとして観念され、個人が税を出し合って、福祉を含めたさまざまな公共サービスを提供し、社会を作るといった発想――これがまさに②の〝公共性の担い手〟としての国家である――は生まれる余地がなくなる。

こうした点に関し、財政学者の諸富徹は著書『私たちはなぜ税金を納めるのか』の中で、市民革命後のイギリス社会では、納税を「権利」とみなす「自発的納税倫理」が定着していったとし、それは「自分たち市民が作りあげた社会を維持してゆくために、その必要経費として、あるいは国家による生命と財産の保護にたいする対価として、市民みずから積極的に負担すべきだという理解」だったとする。

あわせて諸富は日本における状況について、「『税金とはいやいやながら納めるもの』という納税感覚も、その一つに考えてよいだろう。そもそも『市民革命』を経験せず、市民自らの手で国家を創出したという観念が育たなかったわが国において、その国家のために必要な財源を、自ら進んで担おうという『自発的納税倫理』は発達しようがなかったともいえる」と述べている（諸富 二〇一三）。

現在の日本において、年々の社会保障などの支出に見合う税が払われず、一〇〇〇兆円を超える借金が将来世代に回されているという、国際的に見ても異常な事態は、他でもなくこうした「国家」像の問題から由来しているのではないだろうか。

つまり、前述のようなパターナリスティックな国家像からすれば、福祉サービスは（子が親に世話を求めるのと同様に）〝クニ〟に対して要求するという性格のものとなり、その財源はもともとは人々が支払った税であるという認識は背後に退き、あたかも〝クニ〟自身がお金を持っているかのように観念される。そしてそこでは、政府の債務というものも、〝クニの借金〟ということで、あたかも「他人事」のように考えられてしまうのである。

日本の政府の借金が前述のようにここまで膨らんだ背景は、もう一つの要因として、高度経済成長の時代が戦後しばらく続いたため、「すべての問題は経済成長が解決してくれる」（したがって、やがて税収も増えて借金も解消される）という発想が、特に団塊世代などの世代を中心に、意識の中に強く浸透しているという点が挙げられるが、以上のような「国家」像の問題も根本的な要因として存在していると考えられるのである。

したがって、日本における課題は、ある意味で日本社会にとっての〝永遠の課題〟ともいえるテーマだが、あくまで「個人」を出発点に考え、そこから（〝公共性の担い手〟としての）国家または政府を自ら作っていくという発想を根づかせていくことにあるだろう（この話題は次節の福祉思想のところで立ち返る予定である）。

以上、これからの福祉を考えていくための枠組みを、「公―共―私」及び「ローカル―ナショナル―グローバル」という二つの座標軸に即して概観し、その上でいくつかの重要と思われる論点について述べた。以下ではこうした枠組みを踏まえながら、一方でそこで求められる哲学あるいは思想（福祉思想）について（第5節）、他方では現実的な社会システムのあり方ないし社会構想について（第6節）、それぞれ考えていくことにしたい。

5　福祉思想の再構築

（1）『相互扶助の経済』――日本の福祉思想へのアプローチ

これからの時代において重要となる福祉思想を、私たちが生きる日本という場所に定位しながら構想するにあたって、一つの本質的な導きの糸を与えてくれる著作としてテツオ・ナジタ『相互扶助の経済』がある（ナジタ 二〇一五（原著二〇〇九））。

テツオ・ナジタはシカゴ大学教授を長く務めた日系アメリカ人で、日本の政治思想史を専門とし、『懐徳堂――一八世紀日本の徳の諸相』などの著作が翻訳もされている。

本書は、特に近世ないし江戸時代に焦点を当てて、日本社会における相互扶助のあり方やその土台となった思想を明らかにしようとするものだが、その骨子は以下のような内容となっている。

探究2 〝自発的〟なものとしての「税」と「公―共―私」のクロス

税についてさらに考えてみたい。先程述べたように、日本（やアメリカなど）においては、「税」は（〝お上〟や bureaucracy〔官僚機構〕が取っていく）もっぱらネガティブなものとして意識される傾向が強く、このことがヨーロッパに比べ、社会保障の未整備や福祉国家としての質の低さの背景にもなっている。ここで重要なのは、現代的な新たな動きも視野に入れながら、「そもそも税とは何か」ということを根本から考え議論していくことではないだろうか。

常識的にいえば、税とは「強制的」に徴収されるもので、その限りではたとえば「自発的」な〝寄付〟や〝贈与〟とは異なっている。

税の徴収の場面だけをとらえれば、確かにそれは強制徴収のシステム（ないし強制的な再分配）であるが、しかしながら、そもそもそうした税の制度を作ることそれ自体は民主的なプロセスを通じて社会的に合意されたものなのだから、成立の根源までたどるならば、それは「自発的」なものといえるのではないか。税の機能が基本的に再分配にあるとすれば、それは〝再分配への社会的合意〟と呼べるもののはずである。

実際、社会保障の充実した北欧などヨーロッパにおける「税」のイメージないし税意識はこれに比較的近いものと思われる。特に北欧などプロテスタント諸国の場合は、中世における教会への税が、近代以降、国家（地方政府を含む）への税につながっていったという歴史的経緯があり、[4] それが税をある意味で身近なものにしている。

基本的にはこのテーマは、先程も述べたように、「個人」としての市民意識や「公共性」の観念が基盤になるものである。しかし同時に、前節で〝「公―共―私」のクロス・オーバー〟という点について論じたこととつながるが、今後は「自発的な税」のような、いわば従来の「公―共―私」が融合したような新たな税の形態も考えられるのではないか。

たとえば「税と寄付の融合形態」とか、「福祉寄付制度（政府に対し一定の資金などを寄託してそれを福祉などの公共目的に使うことを委託するような仕組み）」と呼べるような制度など、多様な税の仕組みを考えていってもよいだろう。

以上は観念的な議論に響くかもしれないが、実はすでにそうした性格をもった制度がある。それはよく知られた「ふるさと納税」である。

確認的に記すと、ふるさと納税とは、応援したい自治体に寄付をすると二〇〇〇円を超えた金額が翌年度の地方税などから減額される制度で、東日本大震災のあった二〇一一年は前年の一〇倍近い額に増加したという。一方、寄付をした人に対して「返礼品」を出す自治体が増え、その競争のようになった面があるので、この仕組みに対する批判もなされている。しかし他方で、たとえば二〇一五年九月の関東・東北豪雨の被害にあった自治体に対して、返礼品がないのに緊急支援の寄付が急増し、また制度が使いやすくなった要因も加わって二〇一五年度は半年で四五三億円となり、（過去最高だった）二〇一四年度の三八九億円を上回ったという（「日本経済新聞」二〇一五年一〇月八日及び一〇月二三日付朝刊）。前述のような問題点もあり、またこうした制度は税の本体というよりは補完的な制度というべきだが、このような多様な税の形態は今後国レベルや自治体レベルを含めて発展させていくことが重要ではないだろうか。

①　近世までの日本には、「講」（頼母子講、無尽講、「もやい」などと呼ばれる、不測の事態などに備えて仲間内で助け合うためお金を積み立てる仕組み）に代表されるような「相互扶助の経済」の伝統が脈々と存在していた。

②　しかもそれは二宮尊徳の報徳運動に象徴されるように、村あるいは個別の共同体の境界を越えて講を結びつけるような広がりをもっていた。

③　明治以降の国家主導の近代化の中でそうした伝統は失われあるいは変質していったが、しかしその〝ＤＮＡ〟は日本社会の中に脈々と存在しており、震災などでの自発的な市民活動などにそれは示されている。

④　そして前述のような相互扶助の経済を支えた江戸期の思想においては、「自然はあらゆる知の第一原理であらねばならない」という認識が確固として存在していた。

ちなみに、同書の中での中心的な柱の一つとなっている二宮尊徳は、後の時代に明治国家によってかなりデフォルメされたイメージが浸透していった面が強いが、現代風にいえば〝地域再生コンサルタント〟〝ソーシャル・ビジネスの実践者〟などと呼ぶべき存在に他ならなかった（本書の第4章を併せて参照）。

さて、以上のようなテツオ・ナジタの論の中で、特に注目したいのは最後の部分、つまり「自然」ということが、そうした（個々の共同体を越えた）相互扶助の原理となっていたという指摘である。

この点についての彼の議論をさらに見てみよう。ナジタは次のように述べている。

「これら徳川時代の思想家すべてにとって、自然という前提は第一の原理であった（「自然第一義」）。

この見解は、自然は無限であり、個々の事物や人（昌益の言葉でいえば「ひとり」）は無限であり、すべてが普遍的な天つまり自然から、分け隔てもなく、他者とのあいだに優劣をつけられることもなく、恵みを受けるというものであった。」（前掲書三一〇頁、傍点引用者）

「尊徳にとって、…（中略）…意味するところは、ただ「生命」であり、階級や富に関係なくすべての生物に広く賦与されていた。したがって、自然の恵みとは生命と生命を維持するエネルギーであった。人間の道徳的な責務は、生命という恵みを養うことであり、それも個々人の徳を実現することによってではなく、相互扶助的なコミュニティで農業を実践することによって養うことであった。自己の生と他者の生の価値はおなじであり、おたがいに助け合うことは道徳的行為という点で優先されるべきであると想定された。」（同）

現在の日本が、福祉や社会保障を含む多くの面で混迷を深めており、また〝無縁社会〟的な状況が一層強まっているかのように見える中で、日本社会やそこでの福祉思想のポジティブな可能性についての以上のようなナジタの議論は、筆者自身を含めて現代の日本人に勇気あるいは希望を与えてくれる性格のものであり、またこれからの福祉思想を考えるにあたって重要な道標となるものだろう。

（2）テツオ・ナジタの議論への疑問――日本社会における「相互扶助」をめぐって

しかし他方で、同書の議論あるいはそこでの日本社会の診断についての印象として、ナジタは日本における相互扶助的伝統をいささか「過大評価」してはいないか、という疑問が生じるのも確かである。

ここでのそうした疑問の中心は次の点にある。すなわち、日本社会における相互扶助は、基本的には個

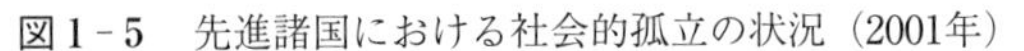
図1-5　先進諸国における社会的孤立の状況（2001年）

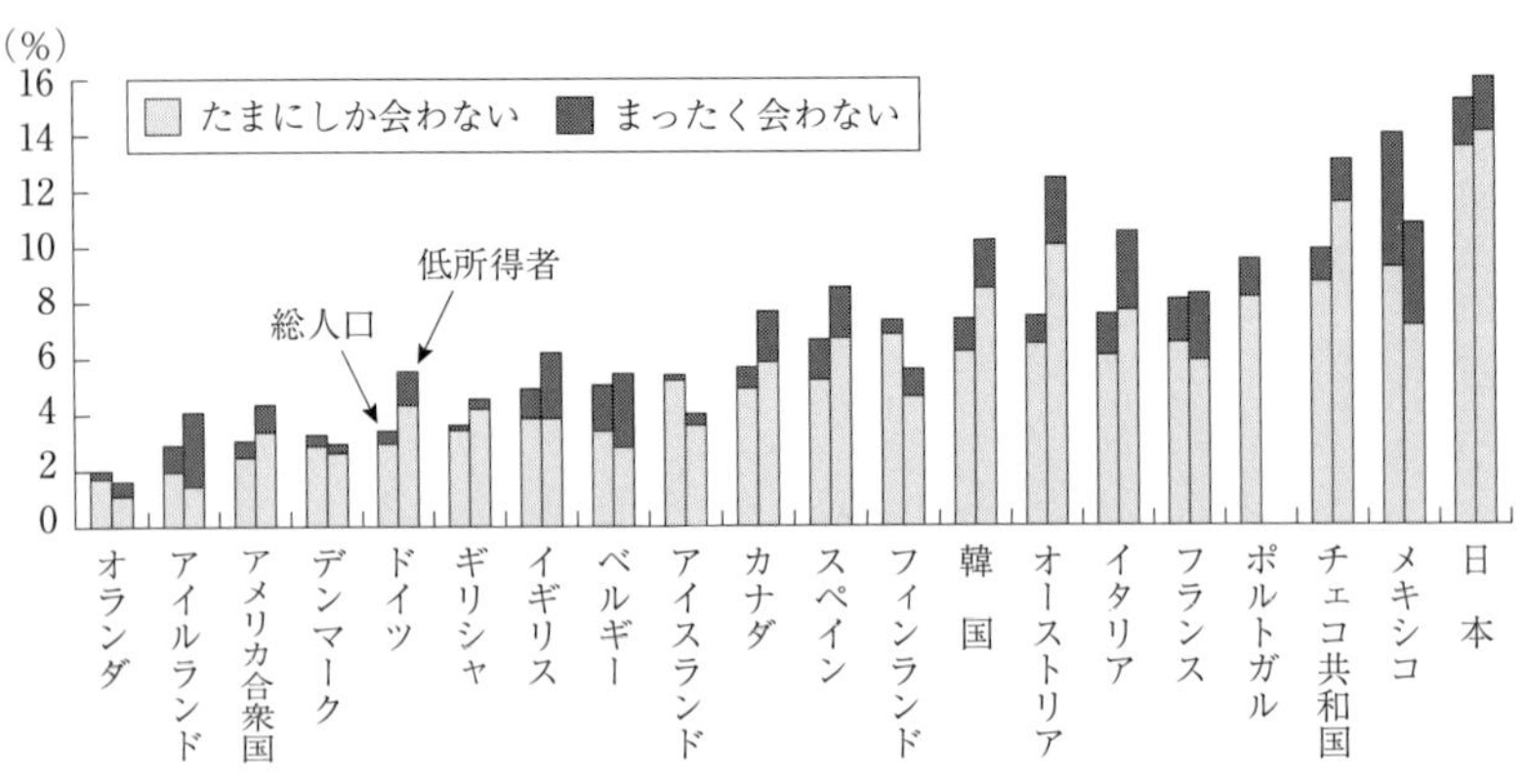

注：この主観的な孤立の測定は，社交のために友人，同僚または家族以外の者と，まったくあるいはごくたまにしか会わないと示した回答者の割合をいう。図における国の並びは社会的孤立の割合の昇順である。低所得者とは，回答者により報告された，所得分布下位3番目に位置するものである。

出所：OECO（2005）.

別の共同体の〝内部〟に完結する傾向が強く、それを越えたつながりの形成や価値原理といったものは概して希薄なのではないか。

この点は、以前の拙著などでも繰り返し論じてきたテーマでもあるので（広井 二〇〇九b参照）、ここでは詳述しないが、その要点は次のようなことである。

たとえば図1-5は主要先進諸国における「社会的孤立」の状況を国際比較したものだが、これを見ると、残念なことに日本はこれらの国々の中で最も社会的孤立度が高いことが示されている。ここでいう「社会的孤立」とは、基本的に家族以外の者とどのくらい交流があるかに関するもので、日本の場合、そうしたコミュニケーションがきわめて少ないのである。

これは何を意味するのだろうか。筆者はこれを〝集団が内側に向かって閉じる〟という表現で論じたことがあるが（広井 二〇〇六）、日本社会の場合、集団の「ウチ」と「ソト」あるいは「身内

表1-5　農村型コミュニティと都市型コミュニティ

	農村型コミュニティ	都市型コミュニティ
特　質	“同心円を広げてつながる”	“独立した個人としてつながる”
内　容	共同体的な一体意識	個人をベースとする公共意識
性　格	情緒的（&非言語的）	規範的（&言語的）
関連事項	文化	文明
	「共同性（common）」	「公共性（public）」
ソーシャル・キャピタル	結合型（bonding） （集団の内部における同質的な結びつき）	橋渡し型（bridging） （異なる集団間の異質な人の結びつき）

と他人」という区別ないし境界が強く、集団の内部ではしばしば過剰なほど気を遣ったり、〝空気〟の中での同調的な行動が強くなるが、集団の外の者に対しては無関心か、潜在的な敵対性が基調となるという傾向が見られがちである(5)。

ただしこのことは、日本人の〝国民性〟といった固定的なものではない。筆者は「稲作の遺伝子」という比喩的な言い方をしているのだが、いわば二〇〇〇年に及ぶ稲作を基盤とする共同体の歴史の中で、つまり比較的恵まれた自然条件において、水の管理などを中心に共同体のメンバーの間での同調的な行動が（生存にとって）重要となるような、小規模な集団の社会において形成された行動様式なのである。前述の「社会的孤立」は、それが急速な都市化などの変化に追いついていないことから生じる、大きくは過渡的な現象と考えるべきだろう。言い換えれば、人間の行動様式や関係性のあり方は、生産構造や社会構造の変化に応じて（それに適応的であるように）〝進化〟していくのであり、それは「関係性の進化」と呼べるものである。

表1-5はそうしたテーマに関するもので、ここでは「農村型コミュニティ」と「都市型コミュニティ」という対比にしているが、日本社会の場合、以上に述べてきたように人と人との関係性や集団のありようがここでの「農村型コミュニティ」に傾く傾向が強い。したがっ

て、独立した個人が集団を越えてゆるやかにつながるような「都市型コミュニティ」の確立ということが、日本社会における基本的な課題であると筆者自身はずっと考えてきた（ちなみにここでの「農村型コミュニティ」と「都市型コミュニティ」という対比は、第3節の終わりで述べた「コミュニティ」と「ソサエティ（society）〔社会〕」の対比、あるいは「共同性（common）」と「公共性（public）」の対比という点と呼応している）。

また前節で指摘したように、日本人が「税」に対して忌避的であるのも、そこでの「支え合いの範囲」が、自分を含む身近な共同体を越えた〝先〟――見知らぬ他者――には及びにくいことと関係しているだろう。

テツオ・ナジタの議論に戻ると、こうした関心からすれば、ナジタの日本社会への評価は、日本における「相互扶助」が概して集団の内部に完結しがちであることを十分に見ていないのではないか、というのが先程それを「過大評価」とした趣旨である。

(3) 共同体を超える原理としての「自然」

しかしながら、改めてナジタの論を見ると、先程の引用文にも示されているように、二宮尊徳の報徳運動に代表されるように、それは「村あるいは個別の共同体の境界を越えて講を結びつけるような広がりをもっていた」とされている。そして、ここで重要なものとして登場するのが「自然」なのである。

図1－6を見てみよう。これは人間をめぐる基本的な構造を示したもので、ピラミッドの一番上層には「個人」があるが、個人は初めから独立して存在するものではなく、その基盤には（他者との相互作用や世代間継承性といった要素を含む）「コミュニティ」が存在している。加えて、コミュニティは〝真空〟の中にあるものではなく、その土台には人間以外を含む「自然」が存在している（ここで自然は「生命」とも言い

図1-6　個人―コミュニティ―自然の関係

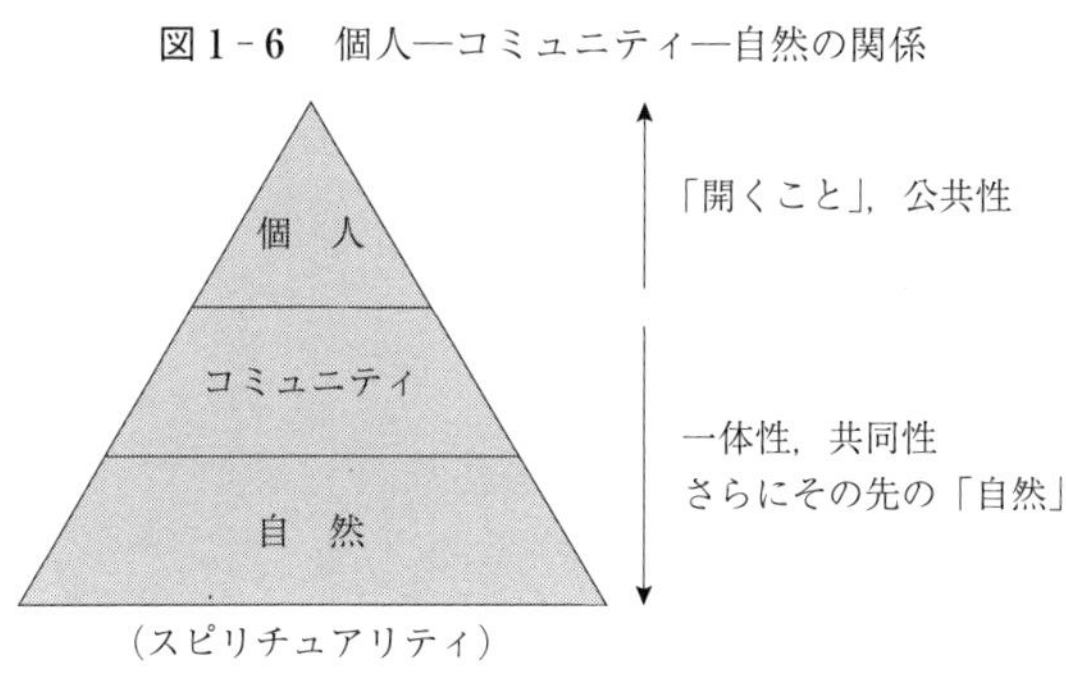

換えられるものである(6)。

先程の議論との関連でいうと、日本社会の場合、ピラミッドの中層にある「コミュニティ」の次元が良くも悪くも強く、それが内部で完結して閉鎖的になりがちであるという問題点を指摘したのだった。

そうしたコミュニティ（表1-5で「農村型コミュニティ」と呼んだもの）を〝開いて〟いく方法は、さしあたり図で上方に向かう矢印として示しているもので、「公共性」のベクトルと呼べるものである。これは表1-5の「都市型コミュニティ」と呼応し、「個人」をしっかりと立て、コミュニティあるいは共同体の境界を越え出ていくというものだ。

しかし個別のコミュニティを開いていく方法はもう一つあるといえるかもしれない。それは図1-6での下方に向かう矢印で、「自然」とつながるベクトルである。

いま〝いえるかもしれない〟という、留保付きの表現を用いたのには理由がある。確かに「自然」は、それを抽象的な概念としてイメージする限りでは、個別のコミュニティないし共同体を超えた性格をもっている。しかし実際には、もともと自然という存在は人間にとって、そうした抽象的な概念としてではなく、たとえばある農村共同体において、そこにおける具体的な里山や生き物としてとらえられるもので、その限りでは共同体と一体のものとしてその内部に完結し、その境界を越え出るものではなかった。

したがって「自然」というものが、何らかの意味で普遍的な理念——たとえば「天」といった——として把握されるに至って初めて、それは個々の共同体ないしコミュニティを超えた「原理」として成り立つことになるだろう。

そして、テツオ・ナジタが取り上げる二宮尊徳などの江戸時代の思想家にとって、「自然」はまさにそうした価値原理だったのである。加えてそれは、たとえば二宮尊徳が別のところで〝神がひとさじ、儒仏半さじずつ〟というふうに自分の世界観を言い表しているように（二宮 二〇一二）、原初にある神道的（ないしアニミズム的）な自然信仰と、より高次の普遍宗教ないし普遍思想である仏教や儒教とが融合した性格のものだった。

この後で簡単に整理するように、現代の日本人は、そうした江戸時代の日本人がある程度生活に密着した形でもっていた伝統的な世界観や価値原理——最もシンプルには〝神仏儒〟で表されるもの——をほぼ失っている。

そのことが現在の日本社会において、いわば集団の〝空気〟しか拠り所がなく、それぞれの集団や個人が内部で自閉するという状況を生む根本的な原因の一つになっているのではないか。言い換えれば、こうした「集団を超える価値原理」を再評価し取り戻していくことが、個別のコミュニティないし集団を開き、つないでいく通路になるのではないか。

同時に、伝統的な価値の再評価だけでは不十分だろう。近代社会以降、「個人」という存在が社会の前面に出るようになり、都市化が進む中で人々は共同体的な秩序の中だけには収まらなくなった。この場合、そうした「個人」を絶対視しコミュニティから完全に独立した存在とみなすことは誤りである半面、かといってそうした個人を共同体あるいはコミュニティの中に還元してしまうこともできない。また、とりわけ日本社会のように、〝空気〟の圧力の中で個人が集団の中で抑圧されてしまうような状況が起こりやすい社会においては、まずはしっかりと「個人」を立てることが課題となる。

このように、現在の日本の状況から出発して考えた場合、一方で（神仏儒といった）伝統的な世界観や倫理を再評価して「自然」への通路を回復すると同時に、ある程度独立した個人が個別の集団ないしコミュニティを越えてつながるという、「公共性」への志向の両方が重要になってくるだろう（これは先ほどの図1-6における、下方に向かうベクトルと上方に向かうベクトルとそれぞれ呼応している）。

いずれにしても、このようにして「個人」をしっかりと立てながら、同時に生命や自然を普遍的な原理にまで高めることができれば、それは現代における新たな福祉思想になりうるのではないか。そしてこれは後で述べる「地球倫理」とつながることになる。[7]

探究3　リベラリズムとコミュニタリアニズムの対立を乗り越えるものとしての「自然／生命」

いま論じている「自然」ないし「生命」に関する議論と、第3節で言及した「リベラリズム」と「コミュニタリアニズム」（の対立）とはどう関係するだろうか。

図1-7を見てほしい。リベラリズムが基本的に焦点を当てるのは、いうまでもなくこのピ

ラミッドの一番上の「個人」の次元であり、そしたまた、そうした個人という存在を出発点とした上で、その「権利（right）」や「自由」「平等」あるいは分配の公正の意味を問うというのが、福祉や公共哲学をめぐる議論の重要な局面をなしている。

他方において、個人は当初から独立ないし相互に孤立したものとして存在するのではなく、その基盤には「コミュニティ」という次元があり、また個人と個人の間の（互酬性や相互扶助、協調的行動などを含む）関係性が存在する。それが図の真ん中のレベルであり、この位相に主たる関心を向けるのがいわゆるコミュニタリアニズムである。

しかしながら、人間という存在はこれらにおいて完結するものではない。すなわち、人間が一つの生物あるいは生命体として、あるいは自然の一部として存在する以上、そこには「自然」あるいは「生命」に関する次元が本質的な位相としてあるのであり、それが図の基底にあるレベルをなしている。

この場合、この「自然／生命」をめぐる次元を視野に入れることは、次のような点で、リベラリズムとコミュニタリアニズムの対立を乗り越える意味を含んでいると思われる。

それは「個人」と「個体」の区別という点に関わっている。すなわち、ピラミッドの基底をなす「自然／生命」の次元においては、近代的な、いわゆる〝反省的（意識的）な〟「個人」ではなく、生物学的な存在としての、かつ〝身体性〟を伴った「個体」というものが重要な意味をもっている。[8] そして重要なこととして、こうした「個体」は地球上のさまざまな「コミュニティ」や「文化」あるいは「言語」を通じて普遍的なものであり、それらに対してより根源的な、先立つ存在である。

リベラリズムとコミュニタリアニズムの対立の一つの局面は、前者が地球上のさまざまな文化を通じた人間の「普遍性」を重視するのに対して、後者はそれぞれの文化あるいはコミュニティの「多様性」を重視するという点にある。

しかしこの対立は、以上のように人間を「自然／生命」の次元までを含めた三層構造として理解すれば、実質的に解消するのではないだろうか。

つまり、リベラリズムが想定するような「個人」という存在は、ある意味で最も二次派生的な存在であり、それよりもコミュニタリアニズムが軸足を置く「コミュニティ」や「文化」は先在的ないし根源的なものである。しかしさらにその基盤には「自然／生命」そしてそこでの「個体」という次元が存在するのであり、これは前述のようにさまざまな文化やコミュニティの多様性を貫いて普遍的なものと考えるべきだろう（図1－7参照）。

議論の対立は、（反省的、意識的、近代的な）「個人」と（非反省的、生物学的な）「個体」という、異なる水準を重ね合わせにして同一のもののように錯覚するところから生じているのではないか。個人やコミュニティのベースにある「自然／生命」という次元を重視することは、こうした示唆をも含んでいると考えられるのである。

図1－7　リベラリズムとコミュニタリアニズムの対立を超えるものとしての「自然」ないし「生命」

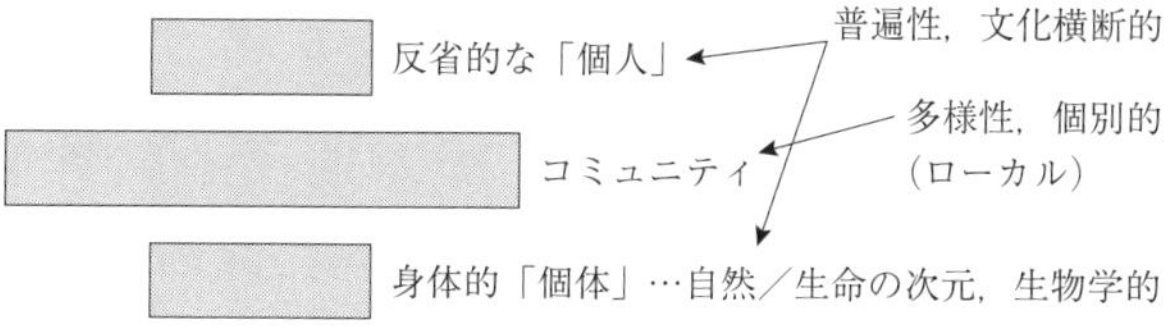

(4) 日本における福祉思想のこれまで/これから

テツオ・ナジタの『相互扶助の経済』を手がかりに議論を進めてきたが、以上のことを、江戸時代以降の日本人にとっての福祉思想をめぐる歴史的な流れをごく大まかに概観する形で確認してみよう(9)。

先程も指摘したように、江戸時代までの日本人は〝神・仏・儒〟、つまり神道と仏教と儒教をそれなりにうまく組み合わせて一定のバランスを保ってきたともいえる(10)。

たとえば、遡れば古代における聖徳太子が試みたのは他でもなく三者の総合――土着の伝統としての原初的な自然信仰と、先進地域で展開した普遍思想としての仏教・儒教との間で折り合いをつけること――であり、時代が下って江戸時代末期という、近代前夜の時期においてそれら三者の調和を論じた一人が先程もふれた二宮尊徳だった。

しかし明治以降の日本は、残念なことに次のような〝三つのステップ〟を経る過程で、こうした福祉思想の基盤を失っていったのではないか。

すなわち第一のステップは、明治維新前後から第二次世界大戦までである。この時期日本は、幕末の〝黒船ショック〟に象徴される欧米列強の軍事力の衝撃を経て、西欧の科学技術や政治体制などを導入していった。この場合、それらのベースにあるキリスト教までを採用するわけにはいかないため、自らの思想的基盤ないし価値原理として国家神道というものをいわば〝突貫工事〟で作り上げ、それとともに富国強兵の道に邁進していった。この時期はいわば「福祉思想の形骸化(ないし政治化)」として総括できると思われる。

第二のステップは、戦後から高度成長期を経て最近に至る時期である。第二次世界大戦の敗北により、一八〇度転換する形で国家神道は完全に否定され、その代わり、戦後の日本社会は「経済成長」つまり物質的な豊かさの追求ということにすべてを集中していくことになった。いわば「経済成長」が日本人の〝宗教〟ないし精神的な拠り所になったといっても過言ではないのであり、この時期を筆者は「福祉思想の空洞化」と呼んでみたい。

そして第三ステップはいうまでもなく近年から現在に至る時期であり、つまり一九九〇年代前後から、前述のようにすべての拠り所にしていた「経済成長」すらままならなくなり、動揺と閉塞化が進んでいった。あるいはまた、高度成長期の〝成功体験〟や、バブル期前後に「ジャパン・アズ・ナンバー・ワン」といわれた記憶が強く染み込んでいる世代の一部は、「アベノミクス」に象徴されるような、かつての「経済成長」信仰に固執しつつ、膨大な借金を将来世代に回し続けている。

私たちがいま立っているのは、こうした場所である。ではこれからの日本人（ひいては日本という枠組みを超えた世界）にとっての福祉思想ないし価値原理は何になるのだろうか。

これについて、筆者は次に述べる「地球倫理」という考えが、そうした福祉思想として重要になってくるのではないかと考えている。以上の日本に即した文脈との関連でいえば、そうした価値原理として、一言でいえば、

「〝神仏儒〟（＝伝統的な価値）プラス個人（＝近代的な原理）プラスα」

ということが軸になるのではないか。

まずここでの〝神仏儒〟は、そのうち「神」が最も基底的な自然信仰（自然のスピリチュアリティ）に関するもので、「仏儒」は（後で説明する）枢軸時代に生成した普遍宗教ないし普遍思想である。

そして、これら近代以前の伝統的な価値を踏まえながら、先程も言及したように近代的な原理としての「個人」（あるいは個人の「自由」）という価値も重視する。しかしこれは「拡大・成長」を基調とするいわ

ば〝近代・前期〟の価値原理であり、これだけでは、地球資源の有限性や格差の拡大といった、近代的な原理それ自体が招いた現在の諸問題を解決することは到底できない。

そこで〝近代・後期〟あるいはこの後で整理する（人類史における第三の）定常化の時代においては「プラスα」が重要になってくるのであり、それが「地球倫理」ということと重なってくる。

なお、以上のうちの〝神仏儒〟（＝伝統的な価値）の部分は、当然のことながら地球上の各地域によってその内実が異なる多様なものであり、その地域ごとの伝統的な価値や世界観（自然観、死生観などを含む）が重要な中身となるものである。

(5) 地球倫理――「幸福」について考える時代とは

ではその「地球倫理」とは何か。

本章の前半で、「福祉」の最も広い意味としての「幸福」についてふれた。ところで、「幸福とは何だろう」というテーマについては、いつの時代も人間はそれについて考えをめぐらせてきたともいえるが、人間の歴史を大きく振り返ると、人々が特に「幸福」について真剣に考えた時代というものが浮かび上がる。

それは、哲学者のヤスパースが「枢軸時代」、科学史家の伊東俊太郎が「精神革命」と呼んだ、紀元前五世紀前後の時代である。この時期ある意味で不思議なことに、「普遍的な価値原理」を志向する思想が地球上の各地で〝同時多発的〟に生成した。

インドでの仏教、ギリシャ哲学、中国での儒教や老荘思想、中東での旧約思想であり、それらは共通して、特定のコミュニティを超えた「人間」という観念を初めてもつと同時に、何らかの意味で（物質的な価値を超えた）〝内的・精神的な価値〟を説いた点に特徴がある（ヤスパース 一九六四：伊東 一九八五）。

「幸福」との関連でいえば、たとえばギリシャのアリストテレスは、『ニコマコス倫理学』の中で「われわれがもって政治の希求する目標だとなすところの『善』…（中略）…は何であろうか」という問いを立て、「それは幸福にほかならない」とし、しかもそれは「よく生きている」ことだと論じている（アリストテレス 一九七一）。

こうして見れば、すでに約二五〇〇年前の時代に、ちょうど今と同じように「幸福」への関心が高まり、しかも「政策、政治」の関係が論じられているのであり、これは驚くべきことともいえるだろう。

この点はギリシャに限ったことではない。仏教では「慈悲」や「ニルヴァーナ（涅槃）」、儒教では「仁、徳」、旧約思想を受け継いだキリスト教では「愛」といった原理が提起されたが、思えばこれらは、すべて人間にとっての究極的な「幸福」の意味を明らかにしようとしたものだったといえるのではないか。

それでは、そもそもなぜこの時代（枢軸時代）に、こうした普遍的な思想が生まれ、また「幸福」の意味が探求されたのだろうか。

興味深いことに、最近の環境史と呼ばれる分野などの研究などによれば、実はこの時代は、約一万年前に生じていた農業文明が拡大・成長の時期を経て成熟期を迎えるとともに、資源や環境をめぐる根本的な限界に直面しようとしていた時代だった。たとえば、紀元前五世紀前後のギリシャや中国などにおいて、森林破壊や土壌の浸食などの問題が深刻化していたことが明らかになってきている（石ら 二〇〇一など）。

つまりこの時代、物質的な生産をひたすら拡大するという方向が資源や環境の限界にぶつかるとともに、単純にモノの豊かさでは人々の幸福には直結しないということが意識されるようになっていた。だからこそ前述のような、さまざまな内面的な価値や精神的な拠り所に人々の関心が向かっていったのである。

思えば、これは現在ときわめてよく似た時代状況である。つまり、一八世紀に始まった産業化ないし工

図1-8　世界人口の超長期推移（ディーヴェイの仮説的図式）

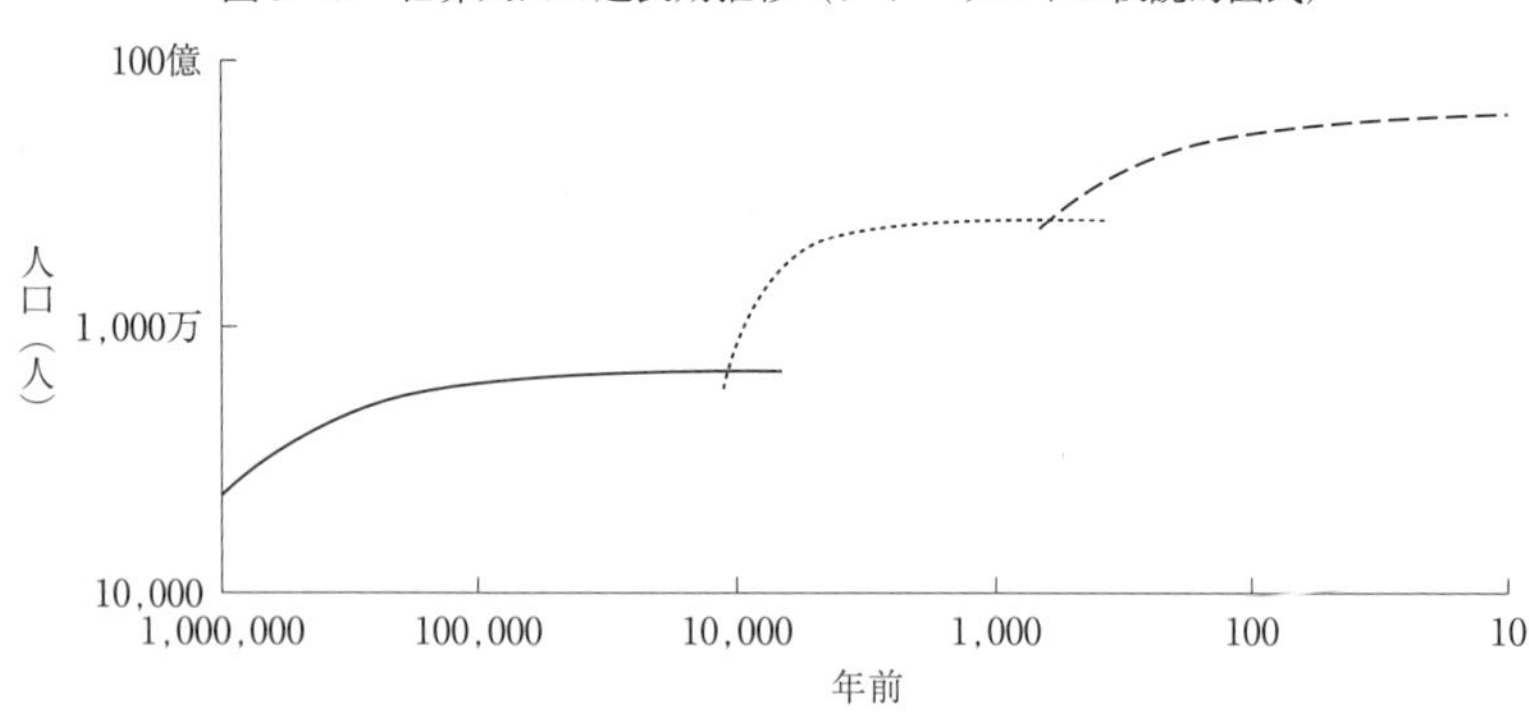

出所：Cohen（1995）.

業化の大きな波が飽和し、また資源・環境制約に直面し、私たちは再び新たな「枢軸時代」を迎えようとしている。いま「幸福」の意味が再び大きく問われている意味を、こうした大きな歴史の流れにおいてとらえなおすことができる。

(6) 人類史における拡大・成長と定常化

ところで人間の歴史を俯瞰した時、もう一つ浮かび上がる精神的・文化的な面での大きな変化の時期がある。それは人類学や考古学の分野で、「心のビッグバン」あるいは「文化のビッグバン」などと呼ばれている興味深い現象だ。

これは、たとえば加工された装飾品、絵画や彫刻などの芸術作品のようなものが今から約五万年前の時期に一気に現れたと考えられることを指したものである。現生人類ないしホモ・サピエンスが登場したのはおよそ二〇万年前とされているので、なぜそうした「時間差」が存在するのか、どのような背景でそうした変化が生じたのかといった話題が「心のビッグバン」をめぐる議論の中心テーマとなる（海部 二〇〇五：クラインら 二〇〇四）。

さて、「心のビッグバン」と先程の「枢軸時代／精神革命」

図1-9　人類史における拡大・成長と定常化のサイクル

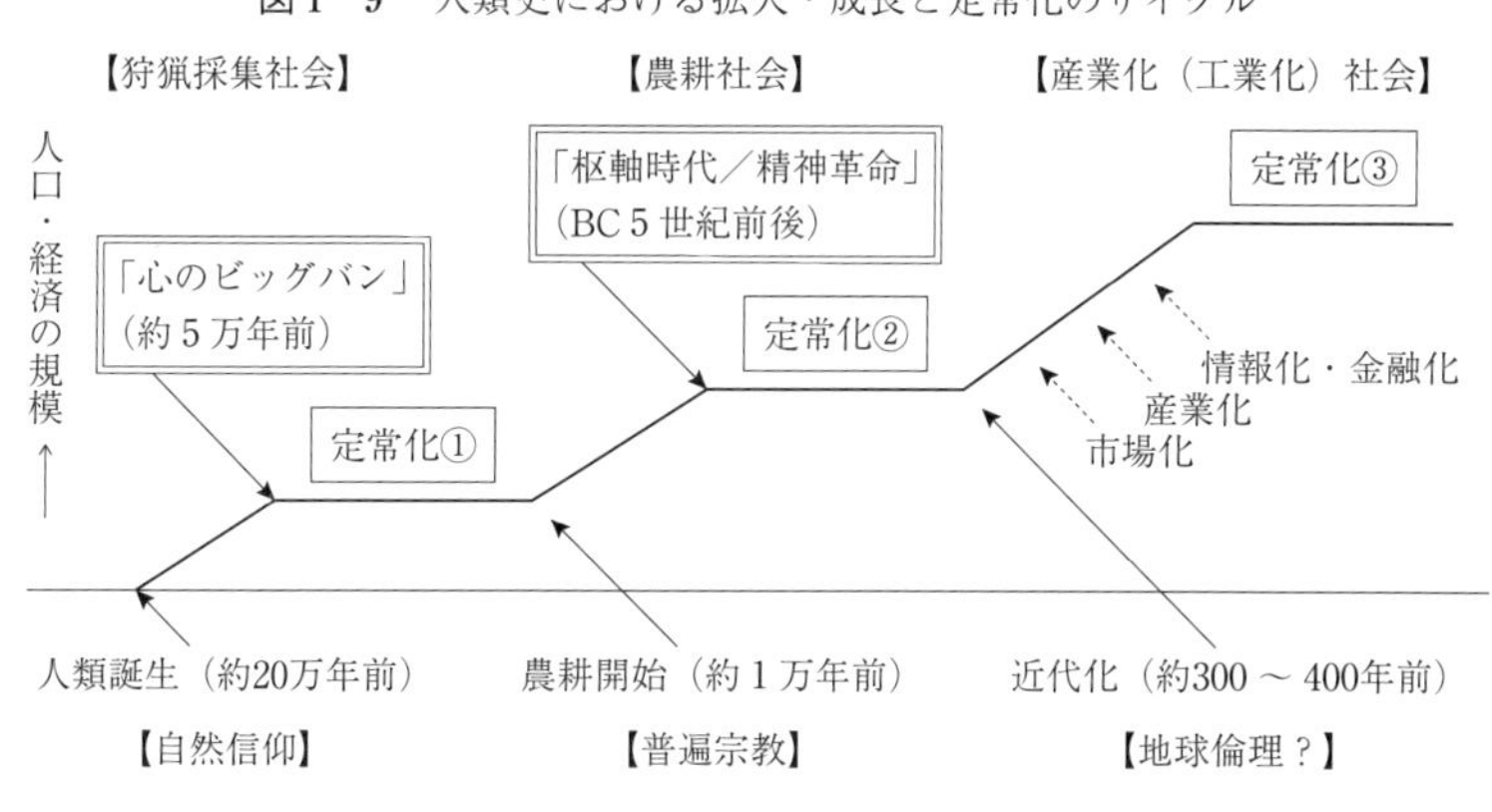

という、一見異質な話題をここであえて一緒に論じたのは、それが実は次のような意味で共通の背景から生じたものと考えられるからである。それは人間の歴史における「拡大・成長」と「定常化」というテーマと関わっている。

すなわち、人間の歴史を「拡大・成長」と「定常化」という視点でながめ返すと、そこに三つの大きなサイクルを見出すことができる。①人類誕生から狩猟・採集時代、②約一万年前の農耕の成立以降、③約二〇〇年前以降の産業化（工業化）時代の三つで、これは人口の増加・定常化のサイクルとも重なる（世界人口の長期推移について先駆的な研究を行ったアメリカの生態学者ディーヴェイの仮説的な図式である図1-8を参照）。

そして、いま述べている「心のビッグバン」や「枢軸時代／精神革命」は、それぞれ狩猟・採集社会と農耕社会が、いずれも当初の拡大・成長の時代を経て、（環境・資源制約などに直面する中で）何らかの意味での成熟・定常期に移行する際に生じたのではないか、というのがここでの筆者の仮説である。そこで起こったのはいわば「物質的生産の量的拡大から精神的・文化的発展へ」という転換だったのではないだろうか。

つまりそこでは、現代がちょうどそうであるように、資源や環境の有限性が明らかになると同時に、パイが限られている中で人々が従来のような行動を続けていけば格差や貧困、対立や紛争が広がるので、個人ないし個体の欲求をただひたすら拡大するような方向ではなく、「幸福」の意味を含めて、福祉思想と呼びうるような新たな価値への関心が高まっていく。

いずれにしても、現在の私たちが直面しているのは、人間の歴史の中での〝第三の定常期〟への移行という大きな構造変化であり、地球倫理はこうした文脈の中に位置づけられるものである（図1-9）。

(7) 地球倫理の意味

では地球倫理の内容はどのようなものとなるのか。これについては、先程、日本の福祉思想あるいは価値原理に即して、これからの時代のそうした価値は「〝神仏儒〟（＝伝統的な価値）プラス個人（＝近代的な原理）プラスα」と述べたこととつながってくる。

そこでも言及した点だが、このうち〝神仏儒〟のうちの「神」は伝統的な（〝八百万の神様〟的な）自然信仰と重なり、また「仏儒」の方は、いま述べた枢軸時代に生まれた普遍宗教ないし普遍思想である。つまりこれらは、以上の（拡大・成長と定常化に関する）議論と総合すると、

① 〝神仏儒〟のうち「神」　　…自然信仰

② 〝神仏儒〟のうち「仏儒」…普遍思想ないし普遍宗教

という具合に、それぞれ「心のビッグバン」及び「枢軸時代／精神革命」の時期に生成した観念ないし思想と対応している。

図1-10　「地球倫理」の可能性

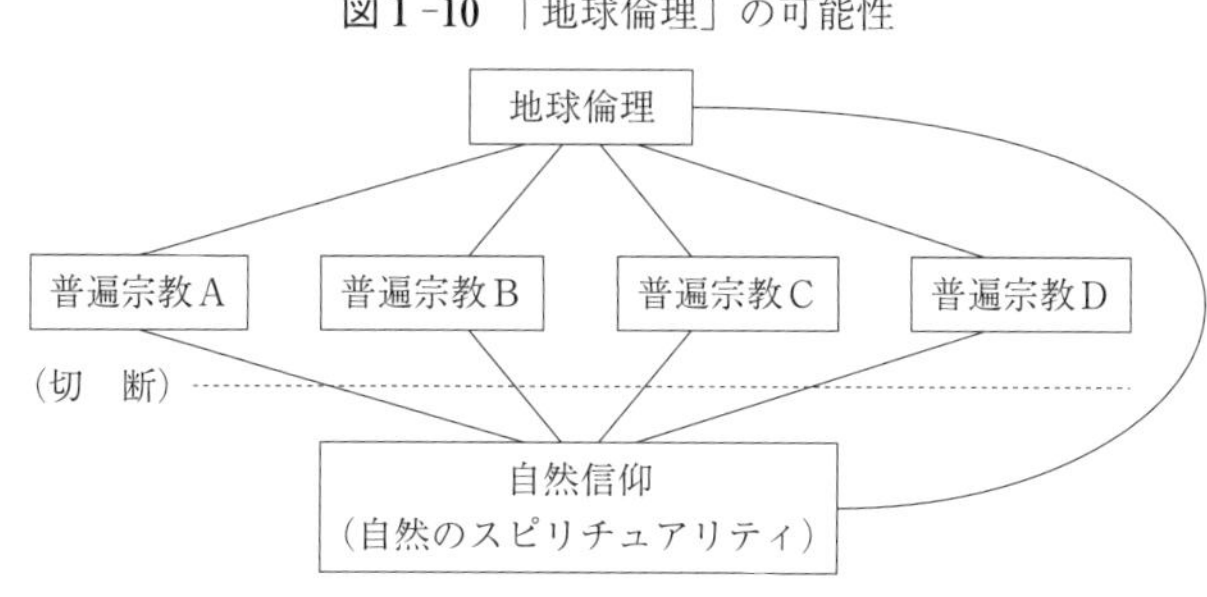

そして「個人」を価値原理とするのは前述のように〝近代・前期〟であり、そこにおいてここ三〇〇～四〇〇年の間、経済の飛躍的な「拡大・成長」や物質的な富の増大が図られてきたわけだが、しかしそうした方向の追求だけでは、地球資源や環境の有限性や格差の拡大という問題が、いずれも解決困難であるということに、現代の私たちはすでに気づいている。そうした中で、ちょうど狩猟採集時代の後半期に「心のビッグバン」が生じ、農耕社会の後半期に「枢軸時代／精神革命」が生まれたのと同様の構造において浮かび上がってくるのが「地球倫理」ということになる。

そうした「地球倫理」のエッセンスを示しているのが図1-10である。ポイントは大きく二つあり、それは第一に、仏教やキリスト教、旧約思想（そこから派生したキリスト教やイスラム教）といった、枢軸時代に生まれたさまざまな普遍宗教ないし普遍宗教をさらにメタレベル（上位のレベル）から俯瞰し、地球上の異なる地域でそうした異なる宗教や世界観が生じた風土的な背景までを含めて理解し、多様性を含んだ全体を把握するという点である。

これは、昨今のイスラム教とキリスト教ないし西欧世界の対立など現実に生じている課題ともつながるが、さまざまな文化や宗教、コミュニティの境界を乗り越えながら、そうした多様性を地球全体の風土的多様性の中で理解するという意味で、「地球的公共性」とも呼べる内容だ。

地球倫理のもう一つのポイントは、図1-10にも示しているように、自然信仰の再評価という点である。自然信仰（ないし自然のスピリチュアリティ）は、自然の中に単なる物質的なものを超えた何かを見出す世界観で、もともとは先程ふれた「心のビッグバン」の時代に生まれたものと考えることができる。それは先程、日本の福祉思想の関連で言及した神道的な〝八百万の神様〟に通じるもので、自然や生命の内発的な力を重視するような自然観ないし世界観である。

こうした自然信仰は、枢軸時代に生まれた普遍宗教においては、概して不合理なものとして否定的にとらえられたが、しかし神道に限らず、地球上の各地域における最も基層的な自然観ないし信仰に通じるものであり、むしろさまざまな宗教がそこから生成した、その根源にあるものと考えられる。

言い換えれば、それは地球上の文化の多様性の根底にある、その意味で普遍的なものであり、実は先程テツオ・ナジタの『相互扶助の経済』の議論において注目した「原理としての自然（ないし生命）」ともつながるものである。

かつてフランスの精神医学者ミンコフスキーは、その著書『生きられる時間』において、現代社会の病は人々が「生命との直接的な接触」から離れてしまっていることに由来すると論じ、何らかの形で生命の次元とのつながりを回復することの必要性を説いた（ミンコフスキー 一九七二）。地球倫理において積極的な意味をもつ「自然信仰（自然のスピリチュアリティ）」は、そうした次元とも重なっていると思われる。

6 社会構想──持続可能な福祉社会へ

これからの時代に重要となる福祉思想のあり方を、日本における文脈そして地球倫理というテーマに即

図1-11　社会的セーフティネットの構造と進化

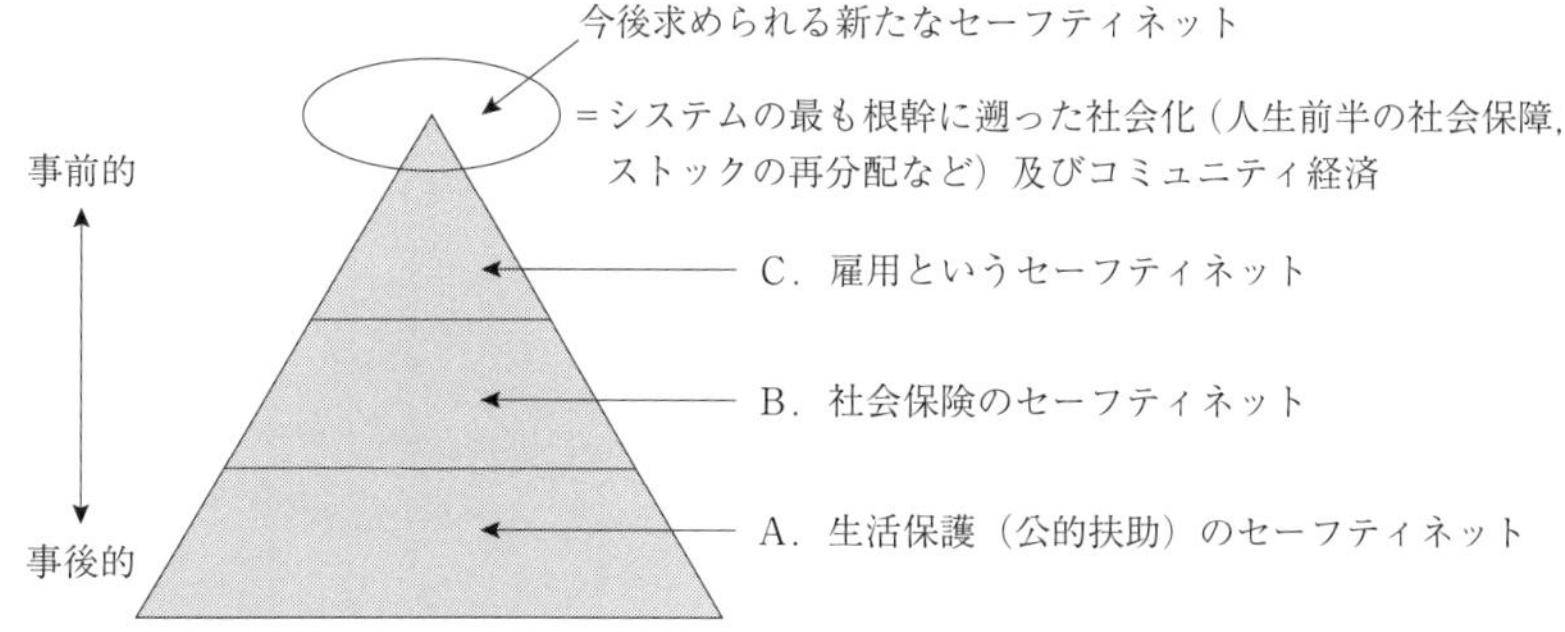

注：歴史的には，これらのセーフティネットはA→B→Cという流れで（＝事後的なものから事前的なものへという形で）形成されてきた（Cについては，ケインズ政策という雇用そのものの創出政策）。しかし現代社会においては市場経済そのものが成熟・飽和しつつある中で，市場経済を超えた領域（コミュニティ）を含むセーフティネットが求められている。

して述べた。本章の最後に、以上を踏まえての今後の社会の構想について、「持続可能な福祉社会」という視点を中心に考えてみたい。

(1) 社会的セーフティネットをめぐる構造と進化

まず手がかりとして、「資本主義と社会的セーフティネットの進化」という話題を見てみよう。

議論の前提として、現代社会における社会的セーフティネットは図1-11のようなものとなっている。

第一に、「雇用」というセーフティネットがあり（図1-11のC）、これは市場経済が浸透している現代の社会においては、雇用あるいは仕事について一定の貨幣収入を得ていることが、生活を維持していく上での最も基本的なセーフティネットとなるという意味である。

ところが、人は病気になったり、失業したり、高齢のため退職して雇用から離れたりする。そうした場合に備えて存在するのが「社会保険」のセーフティネット（健康保険、失業保険、年金保険など）だが（図1-11のB）、この場合、社会保険という仕組みは、一定期間以上仕事に就いて社会保険料を支払っていることを前提としており、つまり実はCの雇用とセットになっていることに留意する必要がある。

そして、何らかの事情でそうした社会保険料の支払いすらできなかった場合に登場するのが、（税による）公的扶助ないし生活保護のセーフティネット（図1－11のA）である。

以上は社会的セーフティネットの構造についての確認だが、ここで注目してみたいのは次の点である。それは、以上の説明はセーフティネットのあり方を図1－11における上から下（C↓B↓A）の順に見たが、歴史的には、これらのセーフティネットはA↓B↓Cという、逆の流れで形成されてきたという点だ。すなわち、近代以降における社会的セーフティネットは、一六～一七世紀前後から市場経済ないし資本主義が大きく展開していく中で、次のように展開していった。

① 当初は生活保護（公的扶助）という文字通りの「救貧」的施策としてスタートし（象徴的な例として一六〇一年のイギリスにおけるエリザベス救貧法）、

② 続く一九世紀以降の産業化ないし工業化の時代においては、大量の都市労働者が生まれる中でそうした事後的救済策のみでは対応が追いつかなくなり、「社会保険」という、より〝予防的〟（「防貧」的）な施策が形成され（一八八〇年代ドイツでのビスマルクによる社会保険制度の創設など）、

③ さらに一九二九年の世界恐慌と二度にわたる世界大戦など資本主義が危機を迎えた二〇世紀前半の時代以降は、ケインズ政策という、政府の事業（公共事業や所得再分配）によって需要自体を刺激・拡大し、それを通じて「雇用」そのものを創出するという、最も事前的かつ資本主義システムの根幹に遡った対応がとられてきた（二〇世紀後半）。

以上のような歴史的展開を振り返ると、社会的セーフティネットというものは、いわば「事後的・救済的」なものから「事前的・予防的」なものへと、あるいは資本主義システムのいわば〝下流〟ないし末端から、システムの〝上流〟あるいは根幹に遡った対応へと進化してきたという、大きな流れを見てとることができる。

そして、これは言い換えれば、それぞれの段階において格差拡大や成長の推進力の枯渇といった〝危機〟に瀕した資本主義が、その対応あるいは「修正」を、〝事後的〟ないし末端的なものから、順次〝事前的〟あるいはシステムの最も「根幹」ないし中枢に遡ったものへと拡張してきた、という一貫した大きなベクトルとしてとらえることもできるだろう。資本主義は、そのシステムの中に順次「社会主義的」な要素を導入することで生き延びてきたということもできる。

そして現在の私たちが立っているのは、次のような根本的なターニング・ポイントとしての時代状況である。すなわち、二〇〇〇年代に生じたリーマン・ショックや金融危機に示されるように、人々の需要が飽和・成熟化し、従来のような市場経済の「拡大・成長」が望めなくなる中で、格差の拡大と並行して資本主義がある種の生産過剰に陥り、かつ地球資源や環境の有限性が顕在化する中で、前述の③のような対応も機能しないという状況となり、いわば資本主義の最も根幹に遡った「社会化」、そして「成熟・定常化」への新たな社会システムの構想が求められているという状況である。

思えば前節で、「人類史の拡大・成長と定常化」というテーマを見たが、そこで述べた〝第三の定常化〟という話題と、こうした社会構想の議論がここで重なることになる。

（2）資本主義システムの社会化とコミュニティ

ではそこではどのような対応が重要となるのか。

大きくは二つの方向である。一つは、いま〝資本主義の最も根幹に遡った「社会化」〟と述べたように、より根本に及ぶ、あるいは早い段階からの社会的支援が重要だ。

具体的には、①筆者自身が「人生前半の社会保障」と呼んできた対応、つまり教育を含めて子どもや若者に対する支援を強化し、個人が生まれた時点あるいは人生の初めにおいて〝共通のスタートライン〟に立てる仕組みを徹底して実現していくこと、②「ストック（資産）」に関する社会保障、つまり住宅や土地所有に関する公的支援や規制を強化し、近年進みつつある資産格差（金融資産、土地・住宅資産）の拡大を是正すること、という点である（これらについて詳しくは広井〔二〇一五〕参照）。

ちなみに、図1－12はいま指摘した「人生前半の社会保障」を国際比較したものだが、日本の低さが際立っている。また「教育」は人生前半の社会保障としてきわめて重要な役割を担っているが、GDPに占める公的教育支出の割合を国際比較すると、残念ながら日本は先進国（OECD加盟国）中で最下位という状況が続いている。特に日本の場合、小学校入学前の就学前教育と、大学など高等教育における私費負担の割合が高いことが特徴的で、これは「機会の平等」を大きく損なう要因になっているだろう。

以上のような制度的な対応と並んで、もう一つ重要なのは、市場経済の枠を越えて、「コミュニティ」まで遡った対応である。なぜなら、前述のように市場経済の拡大ということ自体が飽和しつつあるため、「市場経済を前提とした上での事後的な対応（主に現金給付を中心とする再分配）」のみならず、個人をいわば〝最初からコミュニティそのものにつないでいく〟ような対応が本質的な重要性を持つようになるからである。

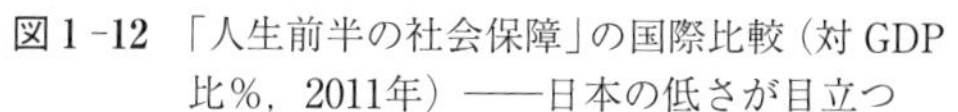
図1-12　「人生前半の社会保障」の国際比較（対 GDP 比%，2011年）——日本の低さが目立つ

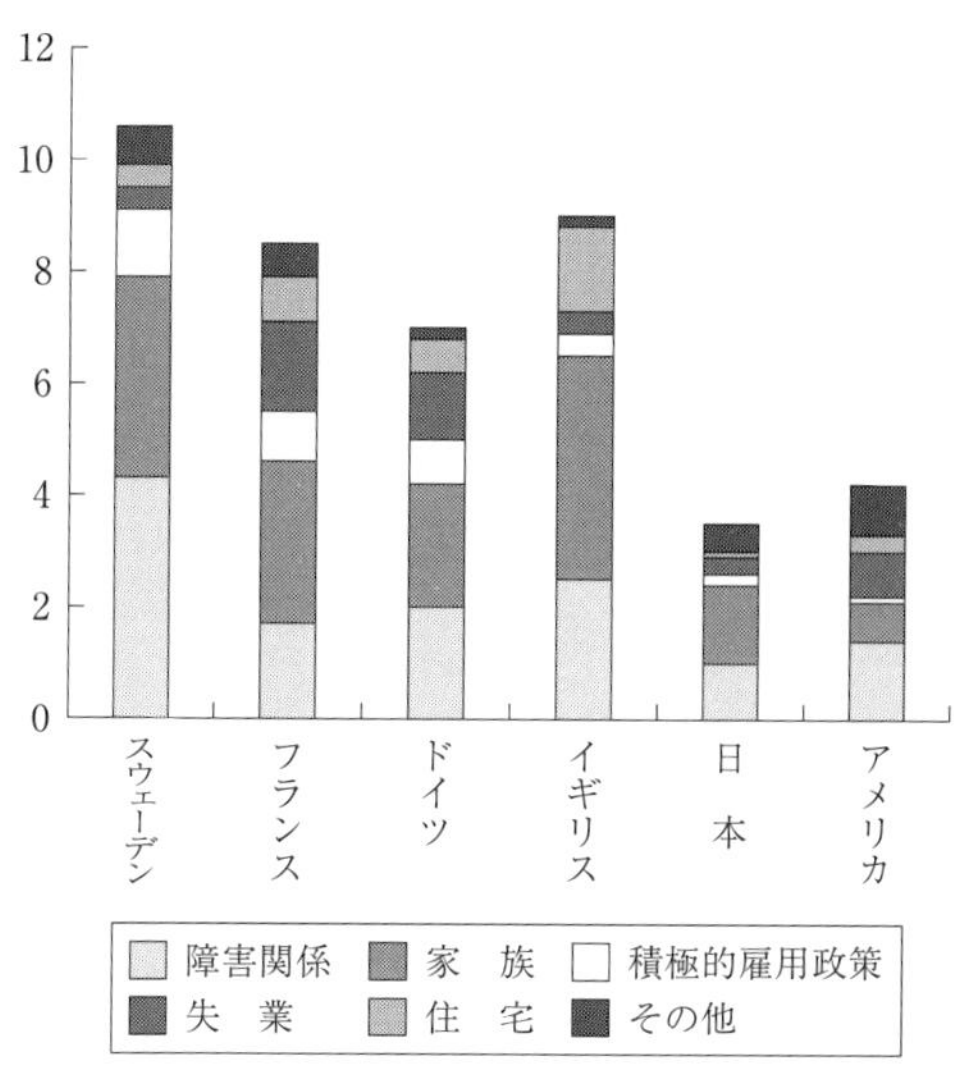

出所：OECD, Social Expenditure Database を基に筆者作成。

言い換えれば、市場でも政府でもない〝コミュニティというセーフティネット〟が大きく浮上するのであり、第3節で荒川区の事例などに言及したように、コミュニティとその活性化のための政策が重要な意味をもって立ち上がることになる。

ここでもう一つ重要な視点がある。先程社会的セーフティネットの歴史的な進化を見たが、実はこの一連のプロセスとは、良くも悪くも「国家」あるいは「（ナショナルな）中央政府」の活動領域が、その財政規模を含めて大きく拡大してきた歴史でもあった（近代社会とりわけ工業化時代において国家あるいは中央政府の役割が大きくなっていったという本章の第4節の議論を想起されたい）。

そうした方向が、ポスト工業化あるいは経済の成熟化・定常化の流れの中で今後は〝反転〟していくことになるだろう。つまり図1-11のピラミッドの頂点のさらにその上（資本主義システムの根幹に遡った社会化）において、前述のようにコミュニティという存在が重要なものとして浮上するのだが、コミュニティとは本来地域に根差した、ローカルな性格のものである。したがってこれからの時代はここを起点にして、ローカルなレベルが中心となり、図1-11のピラミッドをいわば上から下にたどる形でその活動領域が広がり、中央政府ないし国家から役割が順次シフトしていくことになる。

具体的には、当初は地域コミュニティの支援（「コミュニティ政策」）やそこでの社会サービス、そして雇用などに関する政策（図1-11のC）、やがて社会保険（図1-11のB）、そして究極的には最低生活保障（図1-11のA）に関することも、地方自治体を含むローカル・レベルが重要な役割を果たすようになっていくだろう。ある意味でそれは、〝福祉をローカル・コミュニティに返していく〟ことであり、一つの「なつかしい未来」ともいえるかもしれない。

比喩的な表現を使うならば、近代以降の経済社会の展開がいわば〝地域からの離陸〟の時代だったとすれば、今後の成熟・定常型社会はそのベクトルが反転し、〝地域への着陸〟の時代となる。その中で、いま述べたように社会的セーフティネットの主体も段階的にローカル・レベルに移っていく。こうした流れにおいて、自然エネルギーや地場産業、商店街、ケア関連、農業関連などを含め、今後はコミュニティ的な（相互扶助的な）性格をもち、ローカルなレベルでヒト・モノ・カネがうまく循環するような経済から出発し、そのことを通じて雇用を含む社会的包摂を実現していくことが大きな課題となる。

筆者はこれを「コミュニティ経済」と呼んでいるが（広井〔二〇一五〕参照）、それは他でもなく前節で取り上げた「相互扶助の経済」とつながるだろう。

（3）「持続可能な福祉社会／緑の福祉国家」の構想

一方、ローカル・レベルのみで当然すべての問題が解決されるわけではないので、そこから出発しつつ、ナショナル・レベルそしてグローバル・レベルの「再分配」やさまざまな規制を織り込み、ローカルからグローバルへと積み上げていくような社会の構想が重要になる。

それは「持続可能な福祉社会／緑の福祉国家」と呼びうる社会像であり、「持続可能な福祉社会」とは、「個人の生活保障や分配の公正が実現されつつ、それが資源・環境制約とも両立しながら長期にわたって存続できるような社会」を意味している。この性格づけにも示されるように、それは、

①　富の「分配」の問題　…その平等ないし公正　…福祉
②　富の「総量」の問題　…その持続可能性　　　…環境

という、概して別個に論じられがちな「福祉」と「環境」の問題をトータルに考えていこうという関心がベースにある。(11)

では現実の社会において、この両者はどのように関係しているのだろうか。

それを国際比較に即して示したのが図1-13である。これは「持続可能な福祉社会」指標（または「緑の福祉国家」指標）と呼べるような試みで、図の縦軸はいわゆるジニ係数で経済格差の度合いを示している（上ほど数値が大きく格差大）。他方、図の横軸は環境のパフォーマンスに関する指標で、ここでは「環境パフォーマンス指数（EPI: Environmental Performance Index）というイェール大学で開発された総合指数を使っている（環境汚染、二酸化炭素排出、生態系保全などに関する指標を総合化したもの）。そして軸の右側の方

図1-13 「持続可能な福祉社会（緑の福祉国家）」指標

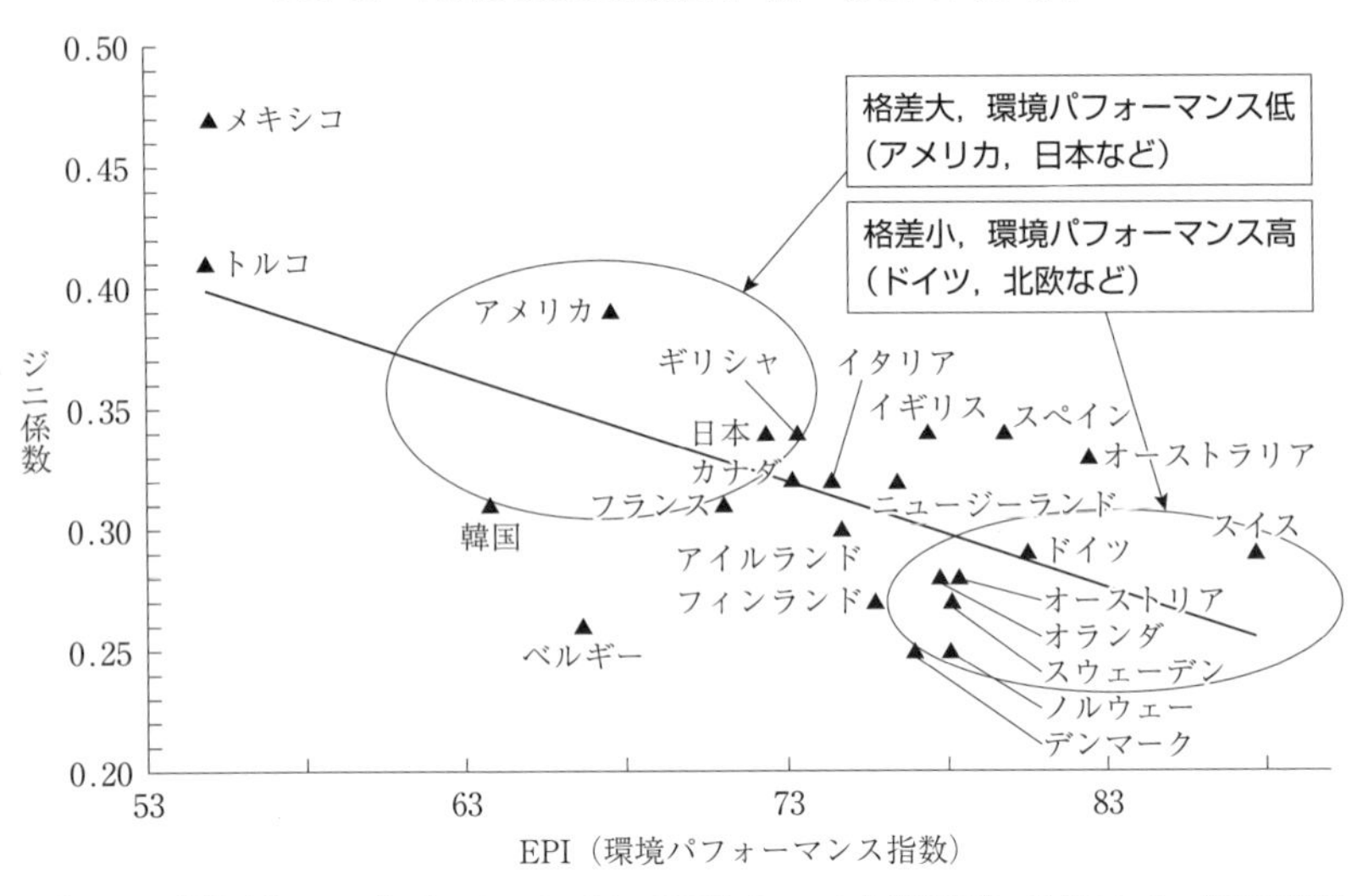

注：ジニ係数は主に2011年（OECD データ）。EPI はイェール大学環境法・政策センター策定の環境総合指数。
出所：広井（2015）。

が環境パフォーマンスが高いことを示している。

このように、通常は一緒に論じられることの少ない「福祉」と「環境」を総合的にとらえる時、興味深いことに、両者の間には一定の相関があることが図から見て取れる。

つまり図の左上には、アメリカ、韓国、日本といった国々が存在し、これらは概して格差が大きく、また環境面でのパフォーマンスが良好でない国ということになる。

他方、右下の方のグループは、格差が相対的に小さく、また環境のパフォーマンスが良好な国であり、スイスやドイツ、北欧などの国々が該当する。まさにここで論じている「持続可能な福祉社会」（ないし定常型社会）の像に近い国々といえる。ちなみに周知のようにドイツは脱原発を進めており、デンマークは原発をもっておらず、いずれもローカルなコミュニティ経済が活発な国である。

それではなぜ、このように「福祉」（ここでは格差の度合い）と「環境」のありようは一定程度相関するのだろうか。

おそらく次のようなメカニズムが働いているのではないか。すなわち、格差が相対的に大きい国ないし社会においては、その度合いが大きいほど、（俗に言う〝負け組〟になった場合の困窮の度合いが大きいため）自ずと「競争（ないし上昇）圧力」が高まる。しかも格差が大きいということは「再分配」（による平等化）への社会的合意が低いことを意味するから、これらの結果、ひたすら「パイの拡大＝経済成長による解決」という志向が自ずと強くなり、環境への配慮や持続可能性といった政策課題の優先度は相対的に下がるということである。ある意味で「アベノミクス」などはこうした方向の典型といえるだろう。

逆に一定以上の平等が実現されている社会においては、競争（上昇）圧力は相対的に弱く、また再分配への社会的合意も一定程度存在するため、「経済成長」つまりパイ全体を拡大しなければ豊かになれないという発想ないし〝圧力〟は相対的に弱くなるだろう。

それは言い換えれば、家族や集団を超えた「支え合い」への合意が浸透しているということでもあり、つまりこれら「福祉／環境」関連指標や社会像の背景には、そうした人と人との関係性（ひいては人と自然の関係性）のありようが働いている。

加えて、図1－13の右下のグループの国々の多くは、ドイツやデンマークなどに典型的に見られるように、いずれも「ローカル」なレベルでのヒト・モノ・カネの経済循環が活発な国々といえる。先程述べた「コミュニティ経済」が充実しているということであり、つまりローカルなヒト・モノ・カネの循環から出発しつつ、ナショナルそしてグローバル・レベルの再分配やさまざまな規制を織り込み、ローカルからグローバルへと積み上げていくような経済社会の姿である。

いま日本そして世界に求められているのは、前節で述べた福祉思想あるいは「地球倫理」の掘り下げと並行しての、こうした「持続可能な福祉社会＝定常型社会」の構想と実現ではないか。

それは経済の限りない「拡大・成長」を追求するような社会のあり方とは異なるものであるが、そうした社会像が、以上見たように「福祉」と「環境」の両者においてプラスの意味をもち、豊かなコミュニティの姿を実現していくと同時に、人々の「幸福」に寄与していくと考えられるのである。

注

(1) こうしたテーマを、近年の脳科学の展開や仏教との関わりも踏まえながら追求した示唆に富む著作として、永沢（二〇一一）参照。

(2) 日本の地方自治体における幸福度指標策定の現状について、枝廣・新津（二〇一四）参照。また「幸せリーグ」については「幸せリーグ」事務局編（二〇一四）参照。

(3) この「リベラリズム」という用語は、アメリカとヨーロッパ、あるいは使用される学問分野によって意味が大きく異なっており、アメリカとは対照的に、ヨーロッパではむしろ（本来の意味の）自由主義、つまり市場経済を重視しそれに対する政府の介入はミニマムであるとの考え方を指す。アメリカでのリベラリズムが（平等実現等のための）政府の対応を積極的に位置づけるのとは正反対のものとなっており、この論点については広井（二〇〇三）参照。

(4) このように、実は福祉国家というテーマは宗教とも深く関わっており、「宗教と福祉」という話題は、第3章の議論を含め、日本でも今後重要になっていくと思われる。広井（二〇〇三）参照。

(5) 工藤隆は『古事記誕生――「日本像」の源流を探る』の中で、次のような指摘を行っている。「この島国文化・ムラ社会性に、助け合い精神、忍耐力、〝世間（ムラ）の目〟による自己抑制力その他の『プラス面』があるのは素晴らしいのだが、同時に強力な『マイナス面』が背中合わせになっていることにも留意すべきであろう。その『マイナス面』の第一は、ムラの内側の論理がすべてに優先されるために、ムラの外側からの視点を正確に把握できなくなることがあることである。自分が所属している共同体が、世界のすべてであるような錯覚に陥りやすいのである」（工藤 二〇一二：二四三）。

（6）なおピラミッドの底に「スピリチュアリティ」としているのは、有と無あるいは物質的な次元を超えるような水準であり、日本的な文脈では〝八百万の神様〟といった言葉で表現されるような（アニミズム的な）自然観を指している。日本におけるそうした自然観に関して末木（二〇一五）参照。

（7）福祉思想の原理としての「生命」というテーマについては第４章参照。

（8）ただし、かといってそうした「個体性」は絶対的なものではない。社会学者の真木悠介が印象深く論じたように、さらに起原を遡れば「個体」すら派生的な存在であり、それはそれ自体が共生的なシステムである細胞が集住した存在である（真木 一九九三）。こうした個人・個体あるいは「私」をめぐる重層構造については広井（二〇一三）第Ⅱ部１（「自己実現」と「世界実現」）も参照されたい。

（9）日本の福祉思想史について吉田（一九九四）、吉田・岡田（二〇〇〇）参照。

（10）この場合、大きくとらえれば、①神道↓自然や神々の領域に関わり、②仏教↓精神ないし「こころ」の領域に関わり、③儒教↓社会規範や倫理ないし「徳」の領域に関わるという具合に、これら三者が一定の役割分担をしながらトータルな精神的基盤を形作っていた。ちなみに興味深いことに、フランスの哲学者フェリックス・ガタリは人間には〝三つのエコロジー〟が重要だと述べており、それは「自然のエコロジー、精神のエコロジー、社会のエコロジー」を指す（ガタリ 二〇〇八）。いみじくも、この三つは前述の〝神・仏・儒〟と呼応しているのではないだろうか。つまり神道↓自然のエコロジー、仏教↓精神のエコロジー、儒教↓社会のエコロジーという対応関係である。

（11）ここでの「福祉」は第２節でその意味を整理したうちの主に②の意味に対応している。また「持続可能な福祉社会」は、筆者自身が「定常型社会（＝経済成長ということを絶対的な目標としなくとも十分な豊かさが実現されていく社会）」と呼んできた社会像とも実質的に重なっている（広井 二〇〇一参照）。

参考文献

アリストテレス／高田三郎訳（一九七一）『ニコマコス倫理学（上）』岩波文庫。

アンダーソン、ベネディクト／白石さや・白石隆訳（一九九七）『想像の共同体――ナショナリズムの起源と流行』NTT出版。

石弘之・安田喜憲・湯浅赳男（二〇〇一）『環境と文明の世界史――人類史20万年の興亡を環境史から学ぶ』洋泉社。

伊東俊太郎（一九八五）『比較文明』東京大学出版会。

ウィルキンソン、リチャード・G／池本幸生・片岡洋子・原睦美訳（二〇〇九）『格差社会の衝撃――不健康な格差社会を健康にする法』書籍工房早山。

エスピン＝アンデルセン、G／岡沢憲芙・宮本太郎監訳（二〇〇一）『福祉資本主義の三つの世界――比較福祉国家の理論と動態』ミネルヴァ書房。

枝廣淳子・新津尚子（二〇一四）「自治体の「幸せ指標」の現状と今後への期待」『地域開発』二〇一四年八月号。

枝廣淳子・草郷孝好・平山修一（二〇一一）『GNH（国民総幸福）――みんなでつくる幸せ社会へ』海象社。

工藤隆（二〇一二）『古事記誕生――「日本像」の源流を探る』中公新書。

海部陽介（二〇〇五）『人類がたどってきた道――〝文化の多様性〟の起源を探る』日本放送出版協会。

ガタリ、フェリックス／杉村昌昭訳（二〇〇八）『三つのエコロジー』平凡社ライブラリー。

OECD（二〇〇五）『世界の社会学の動向』明石書店。

クライン、リチャード・G＆エドガー、ブレイク／鈴木淑美訳（二〇〇四）『5万年前に人類に何が起きたか？――意識のビッグバン』新書館。

「幸せリーグ」事務局編（二〇一四）『「幸せリーグ」の挑戦』三省堂。

末木文美士（二〇一五）『草木成仏の思想――安然と日本人の自然観』サンガ。

永沢哲（二〇一一）『瞑想する脳科学』講談社。

ナジタ、テツオ／五十嵐暁郎監訳・福井昌子訳（二〇一五）『相互扶助の経済――無尽講・報徳の民衆思想史』みすず書房。

パットナム、ロバート・D／柴内康文訳（二〇〇六）『孤独なボウリング――米国コミュニティの崩壊と再生』柏書房。

二宮尊徳／児玉幸多現代語訳（二〇一二）『二宮翁夜話』中央公論新社。

広井良典（二〇〇一）『定常型社会――新しい「豊かさ」の構想』岩波新書。

広井良典（二〇〇三）『生命の政治学――福祉国家・エコロジー・生命倫理』岩波書店。

広井良典（二〇〇六）『持続可能な福祉社会――「もうひとつの日本」の構想』ちくま新書。

広井良典（二〇〇九ａ）『グローバル定常型社会――地球社会の理論のために』岩波書店。

広井良典（二〇〇九ｂ）『コミュニティを問いなおす――つながり・都市・日本社会の未来』ちくま新書。

広井良典（二〇一一）『創造的福祉社会――「成長」後の社会構想と人間・地域・価値』ちくま新書。

広井良典（二〇一三）『人口減少社会という希望――コミュニティ経済の生成と地球倫理』朝日選書。

広井良典（二〇一五）『ポスト資本主義――科学・人間・社会の未来』岩波新書。

藤本頼生（二〇〇九）『神道と社会事業の近代史』弘文堂。

フライ、ブルーノ・Ｓ＆スタッツァー、アロイス／佐和隆光監訳・沢崎冬日訳（二〇〇五）『幸福の政治経済学――人々の幸せを促進するものは何か』ダイヤモンド社。

ポランニー、カール／吉沢英成訳（一九七五）『大転換――市場社会の形成と崩壊』東洋経済新報社。

真木悠介（一九九三）『自我の起原――愛とエゴイズムの動物社会学』岩波書店。

マスロー、Ａ・Ｈ／上田吉一訳（一九七三）『人間性の最高価値』誠信書房。

ミンコフスキー、Ｅ／中江育生・清水誠訳（一九七二）『生きられる時間（１）――現象学的・精神病理学的研究』みすず書房。

諸富徹（二〇一三）『私たちはなぜ税金を納めるのか――租税の経済思想史』新潮選書。

ヤスパース、カール／重田英世訳（一九六四）『歴史の起源と目標』理想社。

吉田久一（一九九四）『日本の社会福祉思想』勁草書房。

吉田久一・岡田英己子（二〇〇〇）『社会福祉思想史入門』勁草書房。

ラトゥーシュ、セルジュ／中野佳裕訳（二〇一〇）『経済成長なき社会発展は可能か？——〈脱成長〉と〈ポスト開発〉の経済学』作品社。

ワイル、アンドリュー／上野圭一訳（二〇一二）『ワイル博士のうつが消えるこころのレッスン』角川書店（原題は *Spontaneous Happiness*）。

Cohen, Joel E（1995）*How Many People can the Earth Support?*, Norton.

Stiglitz, Joseph E., Sen, Amartya & Fitoussi, Jean-Paul（2010）*Mismeasuring Our Lives: Why GDP doesn't Add Up?*, The New Press.

第2章　福祉哲学の新しい公共的ビジョン

――コミュニタリアニズム的正義論とポジティブ国家

小林正弥

1　「福祉のポジティブ公共哲学」のビジョン

（1）福祉の哲学と公共哲学

私たちが実現を目指すべき福祉のビジョンはどのようなものだろうか。この大きな問いに思想的に答えようとするのが「福祉の公共哲学」である。

公共哲学とは、大きくいえば公共的な事柄に対する人々の公共的な考え方を指す。以下ではそれを「①広く人々が共有し、行動や政策の指針になる考え方、②何らかの公共性の実現を望ましいと考えて、その実現を目指す考え方」という二つの意味に即して説明しよう。

第一の意味についていえば、「福祉」は政治にとって最も大事な事柄の一つだから、それに対する人々の考え方は「公共哲学」であり、それを指針にして法律や制度や政策が作られていく。学問的な哲学ではなくとも、人々の行動や政治・政策・法律などについて広がっている考え方が「公共哲学」なのである。たとえばアメリカ大統領の就任演説に見られる考え方は、その政権の「公共哲学」を表している。同じようにイギリスのサッチャー政権やブレア政権は、福祉に関する新しい考え方を積極的に打ち出して世界的に大きな影響を与えたが、それらはいずれもそれぞれの政権における「福祉の公共哲学」といえるのである。

今日の世界においては、これらは学問的・思想的な公共哲学ともしばしば密接に関連している。これから述べるようにサッチャー政権の政策はリバタリアニズムを反映しているし、ブレア政権の政策は「第三の道」という考え方やコミュニタリアニズムと関係しているのである。

そこで本章では、現実の世界における「公共哲学」の展開も念頭に置きながら、学問的な「福祉の公共哲学」について説明し、その新展開を図りたい。まず、代表的な政治哲学における正義論と福祉の考え方を整理した上で、特にコミュニタリアニズム的な思想を説明する。そしてこのような考え方をさらに発展させることによって、新しい正義論と福祉の公共的ビジョンを提起したい。

このためには福祉を単に政策論としてだけではなく、「人間や世界はどのようなものか」という根源的な基礎に遡って考察することが必要である。これは「哲学」そのものの課題だから、以下で述べるような「福祉の公共哲学」は「福祉の哲学」と密接に関係し、「福祉の哲学」とか「社会保障の哲学」として言及されていることも多い（飯田 一九九二：加茂 二〇一二：加藤 二〇〇八：徳永 二〇〇七）。他方で、「福祉の哲学」に関する邦語文献では、どちらかといえば社会福祉の従事者や関係者、対象者などの主体的ないし実存的思想に比重を置いているものも多い（阿部 一九九七：秋山ら 二〇〇四）。そこで、広義における「福祉の哲学」の中の一つとして、公共的問題に焦点を合わせる前者を「福祉の公共哲学」と呼んで発展させることは有意義だろう。もちろん双方を包括的に論じることも重要であり（中村 二〇〇九：二〇一四）、本章では前者に重点を置き、「福祉の哲学」の新展開として、特にその公共哲学を考察する。

一般には「福祉」は貧しい人や弱者に対する救済として考えられることが多いが、「幸福」や「良き状態（良好状態：ウェルビーイング）」の実現という大きな目的の中でとらえ直すことが大事だろう。物質的な改善だけではなく精神的な側面からも「福祉」の実現を考えるのである。このためにポジティブ心理学という新しい心理学の展開を紹介しながら「善き生」（善い生き方）を哲学と科学の双方から考え、人間論に基づいて「福祉」の意味やその内容について根源から考え直す。広義における「福祉」は幸福や「良き状態」のことだから、福祉政策の目的はネガティブな状態からの回復だけではなく、ポジティブな状態の実現をも目指すことになる。

ポジティブ心理学では、「幸福」と「良好状態」という概念は同じように使われることも多いが、筆者は哲学的・思想的には「幸福」という概念を用いるのに対し、科学的な研究において計測を行うことができるような概念（操作的な概念）としては「良好状態（ウェルビーイング）」を用いることにする。もっとも「ウェルビーイング（well-being）」は思想的な議論でも用いられることがあるので、その場合は「良き状態」と訳すことにする。

（2）「私―共―公」の三元論――「公共」に関する五項目図式

以下ではミクロな人間論に基づいて、マクロな社会や政治における福祉の具体的なあり方を考察する。このためには「公共」について改めて考え直すことが重要である。

それでは「公共」とは、どのようなものだろうか。これは、公共哲学の第一の意味に関する問いである。[1]日本では「公」と「公共」は似た意味として用いられてきた。しかし「公」はもともと「おほやけ」という和語に漢字の「公」をあてたものであり、「おほやけ」はもともと大きな家の場所という意味だったから、政治権力や国家・政府・官庁などを意味することが多い。歴史的には「公家」（貴族）・「公儀」（朝廷、幕府）という表現があったように、「お上」というような上下関係の垂直的なイメージが強い。今でも「公共事業」といえば、国家や地方自治体の政府が決めて行う事業という意味である。

他方で「公共」という言葉は、英語のパブリック（public）の翻訳としてしばしば使われている。パブリックにも「政府や国家の」という意味があるが、the public（公衆）や public opinion（世論）という言葉には広く人々一般、コミュニティに関わる人々という意味が存在する。これは日本語では「共」という漢字が入っていることに対応する。この意味の「公共」は水平的で平等なイメージが強い。

公共福祉についての英語文献でも、辞書やインターネットにおける用法を調べて、パブリックは人々（people）やコミュニティと最も関連していて、共通（common）、一般的（general）、共有（shared）と次に関連しており、政府や国家とはそれほど関連しないことが指摘されている。そこでパブリックを「組織されたコミュニティ（organized community）としての人々の（に関連する、に影響する）」という意味で用いている（Collautt 2005: 24-25）。

そこで以下では「公」と「公共」とを使い分け、前者は垂直的な国家や政府に関する「公」、後者は水平的な人々に関する「公共」を表すと考えてみよう。英語では「パブリック・サービス（public service）」は政府が市民に行うものという語感が強いので「パブリック・ウェルフェア（public welfare）」は人々に対する政府の支援に関するシステムや産業という意味で用いられることが多く、「社会福祉（social welfare）」と同義であるとされている。これに対して、コミュニティ・サービス（community service）はコミュニティの構成員の便益のためになされるサービスや提供される財などを指す（Collautt 2005: 26-27）。そこで本章ではこのパブリック・ウェルフェアは「公的福祉」と訳すことにして、それ以外のコミュニティ・サービスに関する福祉を「公共的福祉」と呼ぶことにしよう。

これに対して、「私」とは個々人や家族と同時に、市場における民間の私企業なども指す。これまで「公」は「私」と対立する概念と考えられることが多かった（公私二元論）。たとえば権利という概念は、国家という「公」が「私」に干渉したり介入したりすることを防ぐためのものである。

ところが今日では「公」と「私」だけでは政治や社会の事柄を十分に説明することは難しくなった。日本では阪神・淡路大震災以来、国家や行政が十分に機能しない時には人々が自発的にＮＧＯやＮＰＯのようなグループを作って活動を行うことが大切だと認識されるようになったのである。これは国家・政府や官という「公」の活動ではなく、人々による「公共」の活動である。この担い手は民間の「私人」たちだから、民が担う公共という意味で、それを「民の公共」（山脇 二〇〇四ａ）ということができる。「私企業」も含め、民間団体が公共的活動をすることはありうるのである。

ただ、この「民」は「私人」や「私企業」とはいっても、私的なプライバシーという言葉における「私」の領域だけに関わっているわけではなく、「公共」の活動をしている。そして「公共」の活動は、国家や行政の仕事とも関連することがある。たとえば、これらの人々の意見が政治に反映して国家で新しい法律や仕組みができれば、「民の公共」が「公」に働きかけて「公」を変化させることになる。

このように「公共」は、「私」と「公」を媒介するものでもある。「公共」に含まれている「共」という要素が、「私」と「公」を媒介するといっていいだろう。このような考え方においては「公―私」という二元論ではなく、「公―公共―私」という三つの概念を中心にしてその相互関係を考察することになるから、「三元論」と呼ぶことができる。

このような見方は、福祉に関する現実の動向を考える際に有意義である。福祉国家の危機が指摘されるようになってから、すでに相当の時が経つ。世界のさまざまな国で福祉の切り下げも進行している。これに対応して、人々が自分で自分のことは責任を持ってしなければいけないという考え方（自己責任論）が強まった。

ごく簡単にいえば福祉国家という考え方には、国家という「公」が福祉を担うべきであるという発想が存在する。この国家という「公」による福祉が後退し、個々人の「私」による自分自身の努力に委ねようとする風潮が強くなったわけである。「公」が助ける「公助」から、自分自身で助けなければならない

「自助」へ、という変化である。

このような時代には「公」による福祉だけには頼れないので、市民社会におけるNPOなどの自発的グループ（結社）や家族・地域などのコミュニティに目を向ける必要が生じている。これは「公共」による福祉ということになる。「公―共―私」という見方（広井 二〇〇六：一四三―一四八）からすれば、「自助」「公助」と対比させて、これはコミュニティなどに関わる「共助」ということになる。「公共」という見方からすれば、その内の「共」による「助」である。「共」による福祉を「共的福祉」とか「コミュニティ福祉」などといってもよいだろう。

もう少し詳しくいえば、「共」には二つの要素があると考えることができよう。第一に、「私」の人々が「共に」協力して自分たち自身を助けるという場合がある。しばしば「互助（相互扶助）」と呼ばれ、人類学や社会学の交換という観点からは「互酬」という表現も用いられている。家族や友人間における「互助」はその典型だろう。私的な保険もこのような互助のシステムである。協同組合や労働組合においては組合員が協力して自分たち自身に関して相互扶助を行っている。その集団の範囲外の人とはこれらは直接は関係がないから、「公共」というよりも「私共」の活動という方が適切だろう。

第二に、「私」の人々が「共に」協力して自分たち以外の人々を助けることがある。NPOの多くにおいてはメンバーが協力して、他の人々のために活動の目的の実現を図る。福祉活動やまちづくりのボランティアグループならば、メンバーのためというよりも、貧者や病人などを助けたり、町を良くしてその住民のために貢献したりすることを目指している。これはその団体や集団以外の人々のためになる活動だから、「私共」ではなくまさしく「公共」の活動である。

だから「共」には「私共」と「公共」という二つの場合がある。「共」は「私」と「公」とを媒介して

図２－１　５項目図式と福祉

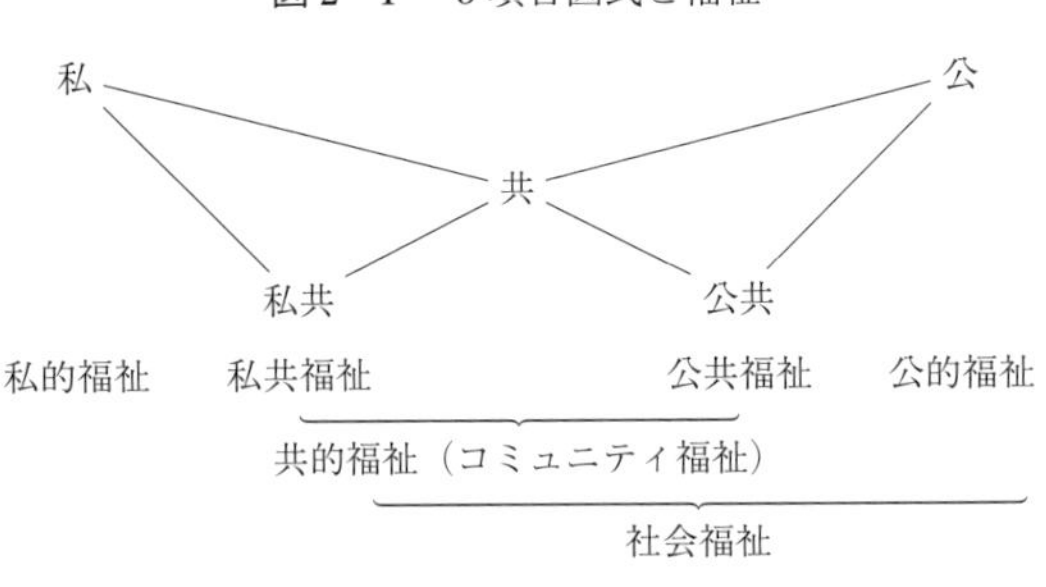

いるから、図式的に示せばその真ん中にあり、さらに「共」が「私共」と「公共」とに分かれる。「公共」は「公」と「共」とを媒介し、「私共」は「私」と「共」とを媒介すると見ることもできる（図２－１）。

これは「公―公共―共―私共―私」という五項目からなるから、これを「五項目図式」と呼ぶことにしよう。この図式は、「私―共―公」の三元論が図２－１のように二段階に展開したものである。「共」が「私」と「公」を媒介するとみなせば、ここには二段階の媒介が成立していることになる。福祉についていえば、「共助」は「自助」と「公助」の真ん中にあり、さらにそれが「私共助」と「公共助」に分かれるということもできるだろう。言い換えれば「私的福祉」と「公的福祉」が対極にあり、真ん中の「共的福祉（コミュニティ福祉）」が「私共福祉」と「公共福祉」とに分かれるということになる。そしてこの中で、「公的福祉」だけではなく「公共福祉」も含めた「共的福祉」が「社会福祉」に相当すると考えられるだろう。

もともとは民間ないし「私」による互助が福祉の起点だろう。しかしそれだけでは十分ではないので、「私」的な互助では救えない人々を国家という「公」の権力によって一般的に助けるという考え方が現れた。交換という観点からすれば、「一般交換」とか「一般的互酬」とこれを呼ぶことがある（Spicker 2000：20-22）。これが発展して福祉国家が成立したわけである。

しかし福祉国家という「公助」が縮小せざるを得なくなったので、「共助」の重要性が増大し、家族や保険・組合などによる「私共助」とNGOなどによる「公共助」が重要性を増した。しかし、だからといって「公」による福祉が不要になるわけではない。「公助」をどのように再建するかということも、今日の大きな課題である。

このようなビジョンを学問的に考えるためには、今日の政治哲学や正義論に立ち入って考えることが必要だろう。

2　政治哲学と福祉

(1) 福利型思想——主流派経済学と功利主義

近代以降の政治哲学において初めから最も大きな役割を果たしたのは、人間の快楽や苦痛、利益などにより幸福や利益を量としてとらえ、それを最大にしようという考え方である。これは、人々の主観的な福利（幸福や利益）に基づいて考えるという点で「福利型思想」であり、その量的増大を正しいと考えるという意味で「福利型正義論」ということができる（小林 二〇一〇）。たとえばGNP（国民総生産）を大きくすることによって国民は幸福になるから、経済を発展させる政策が正しいと考えるわけである。人々、政府などの行為や規則（法律など）の制定、政策によって福利という「結果」を最大にすることを望ましいと考えるから、これは「結果主義（帰結主義）」ともいわれる。このような考え方は経済学にしばしば見出される。

この発想においては倫理や道徳よりも快楽や利益の追求が優先される。イギリスのアダム・スミス以来の自由主義経済学は、個々人が自己利益を追求すると「神の見えざる手」によって市場が発展することを想定してきた。特にマンデヴィルは、『蜂の寓話』の副題「私悪すなわち公益（私的悪徳すなわち公共的便益）」が示しているように、非道徳的な欲求（特に貪欲）によって経済が発展するとした。実際にはスミス自身は『道徳感情論』で公平な観察者による同感を重視していたように道徳的考察もしていたから、これほど徹底していたわけではない。しかし自由主義経済学は個人の利己利益追求を前提（公理）として考えて、基本的には経済的な自由放任主義を擁護してきたのである。

自由放任主義では、夜警国家という言葉が知られているように国家の役割は治安と個人の私有財産保護に限定され、国家が経済的な規制や統制をすることに反対する。国家の役割を最低限にしようとするから、福祉についても消極的である。

このように基本的に個人が利益を最大限に追求することを経済学では想定しているのに対し、全員の快楽の合計を最大にすることを目的と考えたのが功利主義である。その起点であるベンサムは、「最大多数の最大幸福」という有名な標語が知られているように、各人の主観的な幸福を量として計れるとし、その総計を最大化することを正義と考えた。

だから「立法者」がそのような計算をして「一般的幸福」を実現するために必要だと考えれば、国家による福祉を行うべきだと主張することになる。彼は国家によるさまざまな経済政策（航海法・公的道路整備・国家による硬貨鋳造・公的郵便制度・利子率上限など）に反対して、スミスよりも自由放任主義的な経済政策を主張した。けれども福祉に関しては、救貧法に基づく国家の福祉を主張した。さらに工場の諸条件に対する規制立法を支持し、失業対策として公共事業に賛成したのである（Barry 1999=2004：35）。

イギリスの救貧法（一五三一年開始）は貧民増加を抑制するための法制で、その改正から福祉国家が始まった。ベンサムの秘書だったチャドウィックは、救貧法委員会の書記として救貧法の改正（一八三四年）のために尽力した。改正救貧法では、非効率的と考えられた院外救済を廃止して、救貧院（ワークハウス）の内部においてのみ監視下で（就業者よりも劣った処遇の）救済を行うことになった。彼は市場には限界があることを認識して、警察・公衆衛生・水道・鉄道などについても中央集権的に管理したり統制・規制したりすることを主張した。工学的な効率性を重視するような功利主義の科学的発想がここには現れており、ベンサム以来のこのような考え方には官僚が主導して国家で福祉を行うという発想を見出すことができる（Barry 1999=2004：42-43）。

他方、ベンサムの古典的功利主義を修正したジョン・スチュアート・ミルは、さらに平等主義的な主張を行った。市場を重視して所得に比例して課税を行うことを彼は主張し、より高い税率で富者に課税すること（今でいう累進課税）は主張しなかった。しかし他方で、社会的正義として人々に「機会の平等」があるべきだとして、高額の相続税や不労所得に対する高額の課税を主張したのである（松嶋 二〇〇五：八五）。

このように功利主義には今日の言葉でいえば福祉国家を正当化する論理があった。そしてその中から、経済学者（F・Y・エッジワース）らによって、市場経済を擁護しながら、課税と福祉によって部分的に勤労所得を再分配するという論理が生まれてきた（松嶋 二〇〇五：七二）。

経済学では「幸福」に代えて、人が財（商品や有料のサービス）を消費することから得られる主観的な個人の満足の度合いを「効用」と表現するようになった。一定額のお金を用いることによって増加する効用は、自分で使うお金の総額が多くなるほど少なくなるという考え方がある（所得の限界効用逓減の法則）。このような効用を個人間で単純に比較したり合計したりできると考えれば、富者が一定の金額をさらに使って増える効用よりも、そのお金を貧者に与えて貧者が使うことによって増える効用の方が大きい。だから、ある程度は富者のお金を国家が税として取り、福祉によって貧者に渡した方が、合計した効用は増えることになる。

こうしてイギリスでは、二〇世紀初頭に成立した累進課税が正当化されることになる。このような考え方はすでにベンサムにおいて萌芽的な形で見られ、一九世紀における功利主義的な経済学者や財政学者（アルフレッド・マーシャルやエッジワースら）もこれを支持したのである（松嶋 二〇〇五：九九）。

しかし功利主義的伝統の中から経済学が進展するにつれて、幸福の量的合計はできないと考えられるようになった。人々の間の「効用」の比較や計測、さらに集計はできないと考えるようになったのである。そこで前述のような論理で福祉国家を主張することはできなくなった。こうして主流派経済学（自由主義的な新厚生経済学）では、古典的功利主義のように効用を合計することによって国家による福祉を正当化することはなくなった。

この経済学においては、いかなる人にも不利益をもたらすことなく、一人以上の人々の利益が増大する場合にのみ、その行為や政策は「より良い」といえる（パレート原理）。逆にいえば、誰かに悪影響をもたらす時には、そのような政策を倫理的（規範的）に「より良い」とはいえない。累進課税などによる再分配の政策は、高額の税をとられる富者が一般的には不利益を蒙ることになるから、正しいとはいえないことになる。

今日の正統的な自由主義的経済学は、市場だけでは防衛や、法・秩序、清浄な空気などの環境保全を達成することができないことを認めている。だからこのような「市場の失敗」に対処するために、国家が公的政策を行うことは認めている。しかし貧困や窮乏を緩和するために福祉政策を行うことは、論理的には容易に正当化できないのである。

もっとも福祉を行うことによってすべての人が「より良い」状態になる時（パレート最適の範囲）は、福祉を行うことは正しいということができる。たとえば貧富の格差があまりにも開いてしまうと犯罪が増えて治安が悪化してしまうので、富者にとっても望ましくない状況になりうる。だから富者に課税し最低限の福祉を行うことによって治安が良くなれば、富者にとっても「より良い」状態になるだろう。しかし、富者にとっても望ましい範囲を超えて福祉を行うことは正当化できない。しかも全員にとって「より良い」行為や政策（パレート最適点）がいくつかある時、どれが正しいかを判断することもできないのである。

このように主流派経済学では一定の範囲では福祉政策を擁護できるものの、それ以上の再分配政策は貧者を救うため富者にとっては「より悪い」状態をもたらす。だから、それを肯定することが難しいのである。

今日の功利主義思想では、このような主流派経済学の難点を超えるために新しい思想的展開を企てている。その中には、後述するリバタリアニズムのような福祉反対論に対して、少なくとも最低限（以上）の福祉国家を擁護するものもある（Goodin 1988；1995）。しかし特に一定以上の再分配政策については、かつての功利主義を超えて説得的な論理を提示することには必ずしも成功しているとはいえないように思われる。そこで福祉の哲学としては、その他の政治哲学が注目されるようになっている。

（2）美徳型思想から自由型正義論への展開——社会民主主義と平等主義的リベラリズム

歴史的には福祉国家は一つの体系的な思想によって形成されたのではない。その起点には倫理的な美徳型の思想があり、そこから自由型正義論へと展開したと見ることができるだろう。自由型正義論とは自由を重視して、倫理とは無関係に権利で正義を考える思想である。

福祉を先駆的に確立したイギリスにおいては、一九世紀前半にロバート・オウエンらの協同組合思想が現れた。経営者として彼が児童・成人教育を行ったり労働条件の改善を行ったりしたように、その思想には博愛主義的な倫理的性格があり、福祉思想の起点として注目される。一般的には初期社会主義者とされるが、協同村を構想し実験したようにコミュニティを重視していたから、後述するコミュニタリアニズムの先駆的側面も持っていて、労働組合や協同組合の成立を促した。

ただし典型的な社会主義や共産主義からは、社会保障や福祉そのものを基礎づける思想は必ずしも生まれなかった。急進的な社会主義者や共産主義者は資本主義を否定して革命を起こそうとするから、市場経済を前提として成立する福祉制度には必ずしも賛成しなかったためである。

福祉の思想の発展に大きな歴史的役割を果たしたのはむしろ、一九世紀後半から二〇世紀初頭におけるイギリス理想主義（グリーン、ボザンケら）である。経済学や功利主義が方法として個人から考えるのに対し、カントやヘーゲルの影響を受けたこの哲学は、国家によって強制されないという個人主義的な自由（消極的自由）の考え方を批判して、人格の陶冶により社会的な共通善に貢献するための積極的な能力として自由や権利を考えた（人格主義）。国家は共通善を促進するための制度である(2)。この思想は人格の実現という自由（積極的自由）を主張するから「新自由主義」ともいわれるが、後述する今日のネオ・リベラリズムと区別するために「理想主義的新自由主義」と本章では呼ぶことにしよう。

私有財産制における無制限な自由を規制し、自己実現を可能にするために貧しい労働者の生活改善のための権利を国家に与えることを提唱したから、これは「社会保障の哲学的基礎づけと呼ばれるにふさわしい」（山脇 二〇〇四b：八）。道徳的な人格的発展を重視する点ではこれは倫理的な美徳型思想だが、自由を重視して国家による福祉の論理を提起したという点では「自由型正義論」との共通性も持っていた。その初期の思想家たち（グリーンやボザンケら）は自由主義的で、国家が福祉を行うことには消極的だったものの、積極的に福祉のための活動を国家は行いうるという考え方がその後に提起されたのである（ホブハウスやホブソン）。

他方で社会主義の潮流からは、市場経済や自由民主主義を受け入れた社会民主主義が福祉を擁護して発展させようとした。社会民主主義は必ずしも体系的な思想ではないが、社会主義と自由民主主義との接合を企てたということができるだろう。

まず一九世紀末のフェビアン社会主義者たち（ウェッブ夫妻ら）は、貧困を調査して事実やデータに基づいて福祉の必要性を主張したから、「プラグマティックな社会保障論」といえる（山脇 二〇〇四b：八）。救貧法が上から貧者を温情主義的に助けるという性格であることに反対して、「救貧」ではなく「防貧」を主張し、国家による医療保険と失業保険の制度を作ることを主張した。

そして第二次世界大戦中においてベヴァリッジ報告（一九四二年）では「窮乏、疾病、無知、不潔、怠惰」という五つの問題を挙げて、健康保険・失業保険・年金などを全国民に対する統一的制度として整備することを提案し、福祉において大きな役割を国家が果たすことを求めた。

さらに第二次世界大戦後にはケインズ主義的なマクロ経済学が完全雇用を政策として目指すことを主張し、国家による福祉を経済学的に擁護した（Barry 1999=2004：第2章）。こうして戦後に、「ゆりかごから墓場まで」という有名な言葉で表されるような社会福祉政策がイギリスで確立し、福祉国家を実現させた。

アメリカでは、ケインズ主義的経済学によって一定の福祉を擁護する考え方が「リベラル」と呼ばれるようになった。オウエン的な初期社会主義やイギリス理想主義の新自由主義は、教育や人格陶冶・自己実現を強調する点で美徳型の要素があって、後述するコミュニタリアニズムへの方向性を宿していたが、ケインズ経済学には倫理的な要素は少ない。国家が倫理とは無関係（中立的）に財政支出によって有効な需要を作り出し、経済をコントロールしようとするのである。この非倫理的・中立的な性格に自由型正義論の特徴が現れており、アメリカではリベラルな国家がここに成立したといえよう（Sandel 1996=2010）。

このように現実の歴史的展開から発展した福祉国家を理論的に正当化する論理として、利他主義や連帯が挙げられた。イギリスにおける戦後の代表的な社会政策の理論家（ティトマス）は、市場の論理における売血と利他的な献血を比較して、献血のように見知らぬ人に対する贈り物として福祉を説明した（Alcock & Glennerster et al.〔eds.〕2001）。これは、まさに倫理的な美徳型の理論である。

これに対して、福祉国家における富の移転は強制的なものだから自発的な利他主義では説明できないという批判が現れた。国家による福祉は個々人の自発的な慈善行為ではなく、国家によって強制されて行われる義務と考えられるからである。

そこで福祉を主張する別の論理として重要になったのが権利の概念である。マーシャルはイギリス社会の発展を進化論的に説明して、「市民的権利（civil rights：人身や言論・思想・信条の自由、財産所有の権利、裁判に訴える権利）→政治的権利（政治権力行使に参加する権利）→社会的権利（経済的福祉・安全の権利、社会的財産を分かち合う権利、文明市民としての生活を送る権利）」という三つの市民性（シティズンシップ：コミュニティの構成員としての地位ないし権利義務）という考え方を提起した（Marshall & Bottomore 1992）。このような権利を「福祉の権利（福祉権）」と呼んだり、自由権に対して「社会権」と呼ぶ。

ただ、このように福祉の権利を想定するとしても、それが政治的に実現する保証はない。たとえば憲法に福祉の権利が存在すると主張しても、立法・行政における法・政策や司法の裁判によってそれを十分に実現できるとは限らない。福祉の必要性は論理的には認められるとしても、現実の財政的制約の中でどこまで認めなければならないかが明確ではないからである。

そこでこの権利を現実に実現させるために，正義として強力に主張する論理が重要になる。このような思想として大きな影響力を持つようになったのが，政治哲学者ジョン・ロールズの『正義論』（一九七一年）に始まる平等主義的リベラリズムである（Rawls 1971=2010：小林 二〇一〇：第二講）。[3]

功利主義では全員の幸福を最大にすることが正義となるから，その中の一部の人が他の人々の幸福のために犠牲となって不利益を蒙ることがありうる。ロールズはこの点を指摘して功利主義を批判し，社会契約論を甦らせ，仮構的な初めの状態（原初状態）では自分自身の具体的な状態（能力，所得，性別など）について人々は何も知らない（無知のベール）と仮定した。彼によれば，その下では人々は他者に無関心と想定しても，自分にとって合理的な二つの原理（正義の二原理）に合意する。

簡単にいえばその第一原理は「人間が基本的な自由に対する平等な権利を持っている」という原理（平等な基本的自由の原理）である。これは，思想・信条や言論・職業選択・結社などの自由を意味し，自由権に対応するから，先進諸国ではすでに達成されている。

もう一つの第二原理は経済的・社会的不平等に関する原理であり，次のような二つの条件が満たされている場合にのみ不平等が許容される。第一に，人々は公正な機会の均等という条件の下で，すべての人に職務や地位が開かれていること（二―一：公正な機会均等の原理）。第二に，最も不遇な立場にある人の便益を最大化すること（二―二：格差原理）。

ロールズの正義論において最も論争を呼んだのが，この格差原理である。彼の考えによれば，契約をする際に自分がどのような状態か人々はわからないから，最悪の場合，自分は最も惨めな人・貧しい人かもしれない。だから，そうであっても後で後悔しないように，そのような人にとっても有意義な格差の存在にのみ合意するだろう。

もし格差がなく完全に平等なら、そのような人にとって良いと考えられるかもしれないが、それでは人々に勤労の意欲がなくなってしまいかねない。働いても働かなくとも報酬や所得が同じになってしまうからである。そうすると経済は停滞するから福祉を行うことができなくなり、結果的にはみんなが平等に貧しくなってしまって、最も貧しい人にとっても望ましくない。ある程度の格差は存在する方が、最も貧しい人にとっても良いのである。格差の存在によって経済が発展し、さらに福祉によって格差が一定程度に小さくなることによって、最も貧しい人にとっても良い――そういう格差になるべきなのである。

アメリカは貧富の格差が他の多くの国々より大きいから、この論理は福祉国家を正義に適うと正当化することになる。しかもこの哲学は、一定の福祉の実現を義務として強く主張するもの（義務論）である。ただ福祉の権利が想定されるというだけではなく、その権利によって格差をどこまで縮小しなければならないかということ、言い換えれば福祉をどこまで拡充しなければならないかということが、正義という概念によって具体的に主張されるからである。

そこでロールズ的な論理は今日の政治哲学において福祉国家を主張する最有力な議論となった。これは「分配についての正義論」だから「分配的正義論」といわれる。ロールズだけではなく、ドゥオーキンのような法哲学者も「平等な尊重と配慮」という理念から社会保障を主張した（長谷川 二〇〇四）。これらの思想が（平等主義的）リベラリズムと呼ばれる。歴史的に考えれば「イギリス理想主義→社会民主主義→ケインズ的福祉国家→平等主義的リベラリズム」という流れは、いずれも自由と民主主義を尊重しつつ国家による一定程度の福祉を主張するという点において共通しているから、今日のリベラリズムにおける「自由型正義論」（小林 二〇一〇）への展開と位置づけられるだろう。

功利主義の限界を自覚した経済学者たちからも、これに近い考え方が現れている。ノーベル経済学賞受賞者アマルティア・センは既存の経済学の限界を指摘して、独自の正義についての考え方（アイデア）を提起している。その議論は、効用の概念の代わりにケイパビリティ（潜在能力、達成可能性）という観念を中核にして、主体的自由（市民的自由・政治的自由）とともにそれとの関係を考えつつ「福祉的自由（良き状態への自由〔well-being freedom〕）」を実現させようとするものである（セン・後藤 二〇〇八：第二章：Sen 2009=2011）。

自由という概念を強調しているように、この考え方は自由型の平等主義的リベラリズムに近い。ただロールズのように正義の原理を導出するのではなく、人々の公共的関心と熟議によって「一貫した目標――権利システム」の実現を目指している。簡単にいえば、もし望めば個々人が財やサービスなどにより達成できる可能性（ケイパビリティ）を大きくすることを理想として、マーシャル以来の市民的権利・政治的権利・社会的権利を整合的に行使できるように公共的に議論して決めるということである。

日本でも、センらの影響で既存の経済学の限界を認識した経済学者たちの中から、センやロールズらの思想を基盤に福祉国家やそのシステムを主張する議論が経済哲学として提起されている（鈴村 二〇〇四：塩野谷 二〇〇二a：二〇〇四b：後藤 二〇一五）。

（3）自由型正義論における福祉国家批判――ネオ・リベラリズムとリバタリアニズム

今日の政治哲学においてリベラリズムという言葉は、ロールズらの平等主義的リベラリズムだけではなく、自由や権利を中心に主張する思想一般に広く使われることがある。いずれも自由を重視している点では同じなので、この広義のリベラリズムを「自由型正義論」と筆者は呼んでいる。この思想においては正義とは事実上は「権利」のことを指している。だから福利型正義論には経済的発想が強いのに対し、自由型正義論には法的発想が強い。

その背景は、今日の世界においては多様な価値観や世界観が存在していることである。かつては西洋文化圏においては、キリスト教の世界観に基づいて正義を考える哲学が多かった。ところが今では、どれか一つの価値観・世界観に基づいて公共的な政策を正しいとすると、他の価値観・世界観の人々に不利益を与えたり抑圧したりすることになりかねない。そこで価値観・世界観の相違は棚上げして正義を考えざるを得ない。すると皆が合意できるのは「権利」の観念だけである。だから権利の主張が正義とされることになる。[4] そして国家は多様な価値観・世界観の中でどれかに与することはなく、それらについて中立的であるべき、というのである。

ロールズの正義論は格差原理によって事実上は一定の福祉の権利を正義として正当化するものだった。しかも結果から考える福利型正義論（功利主義など）とは違って、どのような結果になろうとも正義は実現しなければならないと考える。だから国家の財政事情や政治的状況とは関係なく、最も恵まれない人にも便宜があるように福祉政策を行わなければならない。

福祉を推進するためにはこれはきわめて強力な論理だが、現実に経済的成長が減少して財政難がおとずれると実現は政治的には困難になる。経済学からはハイエクやフリードマンを出発点にしてネオ・リベラリズムといわれる潮流が現れた。「大きな政府」は経済の効率性を妨げるとして国家の介入に反対し、経済の効率をよくするために「小さな政府」の実現を目指す。政策としては規制緩和や民営化などを主張し福祉は減らして最低限にしようとするのである。

このような潮流は「ニュー・ライト（新右翼）」とも呼ばれる。現実の政治においてはイギリスのサッチャー政権やアメリカのレーガン政権において始まって世界全体に影響を与え，日本でも中曽根政権における国鉄民営化や小泉政権における郵政民営化などにおいて典型的な形で現れた。

福祉国家に反対して国家を小さくしようとするこのような潮流は，政治哲学では広く「リバタリアニズム（自由原理主義）」といわれる。平等主義的リベラリズムとは違って，企業などの経済活動の「自由」を重視するのである。平等主義的リベラリズムよりも徹底して「自由」を尊重するという点でリバタリアニズムという名称が用いられ，「自由尊重主義」とか「自由至上主義」とも訳されている。

ただ政治哲学でリバタリアニズムという時には，経済学的なネオ・リベラリズムとは異なって，権利の概念で自分たちの正義を主張する場合が多い。リバタリアニズムの代表的論者ノージックらは，人間が自分の体を所有するということ（自己所有）から，自分の肉体を用いての労働の成果は自分のものになるということを権利（所有権・財産権）として主張する。労働によって獲得したものを市場経済のもとで正当な取引によって別のものに交換することも正しいことである。こうして自分のものになった所得や財産は自分自身のものであり，自分がそれを自由に用いる資格（権原〔entitlement〕）を持っているのであって，その権利を自由に行使することは正義に適う。

逆に貧者のためとはいっても福祉を行うためとは，強制的に権力を行使して正当な所得や財産を富者から取り上げることだから，不正義である。これはいわば搾取であり，その分について富者を貧者のために「奴隷」として労働させるようなものである。

このような論理でリバタリアニズムは国家が強制的に福祉を過度に行うことに反対する。政治哲学には，国家が不要だとする「無政府主義」も存在し，それに近い主張（アナルコ・リバタリアニズム）もリバタリアニズムには存在する。ただ政府がないと無秩序や犯罪などを招くので多くのリバタリアニズムは国家の必要性は認めており、治安や市場のルールの維持などの最低限の役割に国家を限定して「最小限国家」（ノージック）にすることを主張する。だから福祉国家に反対して「小さな政府」へと戻ることを主張するわけである。

この論理を徹底すると、前述のような自由や所有の権利（自由権・所有権）を重視するので、それと衝突する福祉の権利は認めないことになる。現実的問題としては、「自助努力を妨げる」「貧者が福祉に依存するようにさせるので一層の福祉を作り出す」「人々が自発的に相互扶助を行ったり援助を行ったりすることを妨げる」などと福祉国家を批判したり、それは「費用を少なくしようというインセンティブが働かないから非効率的である」「官僚機構を肥大化させて政府の権力を強化させる」「移民を大量に受け入れると財政が破綻するから移民を制限せざるを得なくなる」というような難点を指摘する（森村 二〇〇四）[5]。

このようにリバタリアニズムは、国家が福祉の名の下に強制権力を行使して私有財産や所有権を侵害することに反対し、そのような介入からの自由（消極的自由）を最大限尊重する。ただ、リバタリアニズム論者（リバタリアン）も全員が福祉を完全に否定しているわけではなく、貧者を放置して死なせることには反対して、最低限の福祉は許容する論者も少なくはない。なぜなら自由や所有の権利も神聖不可侵というわけでは必ずしもなく、貧者の生命の維持という人道主義的な考慮に基づき、最小限の生存の権利（生存権）やセーフティネットは認めることができるからである[6]。

だから、日本国憲法でいう「健康で文化的な最低限度の生活」を可能にするための「最小限の福祉給付」は認めうる。死を招きかねないような絶対的な貧困への対策という点では多くのリバタリアンはこのように福祉を容認するが、強制的な公的年金制度や経済的な不平等の解消を目的として再分配を行うことには反対するのである（森村 二〇〇四：一五五―一五六）。

(4) 美徳型思想の再生――サンデルの自由型正義論批判

ロールズのような平等主義的リベラリズムとノージックのようなリバタリアニズムは、共に自由型正義論（広義のリベラリズム）に属して自由や権利に基礎を置く理論を提起した。いずれも個人中心の思想で、価値観・世界観を棚上げするという点で非倫理的思想である。しかしその擁護する権利には大きな違いがあり、前者は福祉国家を主張するのに対して後者はそれを批判している。

そもそも自由型正義論においては、今日の世界では価値観・世界観が人によって異なるので、皆が合意できる自由や権利によって正義を考えようとしているのだが、その自由や権利の中身について大きな対立が生じている。思想的論争だけが起こっているわけではなく、現実の政治においてもアメリカではこれはリベラルと保守主義という左右の大きな対立になっている。

この論争を外から見ると、この対立には実は「福祉重視／経済的効率性重視」というような価値観の対立が現れていると思われる。自由や権利という概念を使っても、価値観・世界観が影響してくることを結局は避けられないのである。つまり、価値観・世界観の対立を棚上げして正義を考えようという自由型正義論の論理自体に無理があることになる。

そこで価値観・世界観を括弧に入れて棚上げするのではなく、それを正面から議論することによって正義を考えようという思想が現れてくる。それが美徳型正義論である。この思想はしばしばコミュニタリアニズムと呼ばれており、マイケル・サンデルのロールズ批判によって注目を浴びるようになった。

この論理は西洋では歴史的にはアリストテレスなどのギリシャ哲学に淵源を持ち、価値観・世界観に関する「善き生」についての考え方を重視する。ロールズの正義論が自分自身について何も知らない自己を想定していることをサンデルは「負荷なき自己」と批判した。個人が自由に決定できるとリベラリズムの自己観は想定し、自由に決定する権利を主張する。しかし実際には、人間はそのような抽象的な個人ではなく、歴史・伝統を帯びたコミュニティの中で生まれ育ち、その「善き生」の考え方に影響を受けて自分のアイデンティティを形成している。だから自己は具体的な「負荷のある自己（負荷ありき自己）」である。日本語の語感とは違って「負荷」という言葉には否定的な意味はなく、むしろ価値観・世界観を負うことによって「善き生」を探求する物語のように人生をとらえる見方がここには存在している。自己が具体的な価値観・世界観を負いながら考えて決定し、時には自らを振り返って省察し成長していくのである。

またロールズが多様な「善き生」よりも正義を優先する考え方（善に対する正の優位性）を提起したのに対し、サンデルは正義を考える際にも「善き生」との関係を論じる必要性を主張した。なぜなら、前述のように福祉をめぐって思想的にも現実の政治にも大きな対立が存在するし、環境や平和、さらには生命倫理などを考えればわかるように、さまざまな公共的論点においても「権利」だけでは十分に議論を行って決めることはできず、「善き生」に関する価値観・世界観の大きな相違が実は議論に影響するからである。(7)

そこで正義を考えるためにも、「善き生」について考慮しながら公共的な議論を行い、その上で民主的に公共的な決定を行うことが必要になる。「善き生」はまずさまざまなコミュニティの伝統の中で培われているから、コミュニティに目を向けることも重要になる。自由型正義論があくまでも個人を中心に考えるのに対し、人々がコミュニティにおいて共に生きて行動することを重視する。だからサンデルをはじめとする一群の思想家たち（サンデルの師である哲学者テイラーや倫理学者マッキンタイアなど）が「コミュニタリアニズム」と呼ばれるようになった。

もっとも「コミュニタリアニズム」とは彼らの自称ではないので、注意が必要である。この代表的な思想家たちは確かにコミュニティを重視しているが、コミュニティを絶対視してそれに従うことを主張しているのではない。むしろ人々が「共に（コミュナル）」に考えて行動することを重視している。

また「善き生」との関係で正義を考えるという点において、私的生活だけではなく公共的生活についての議論においても、道徳性・倫理性・精神性を重視する。美徳を会得することによって「善き生」を送ることが可能になるとされるから、これは「美徳型思想」である。それとの関係で正義を考えるのが「美徳型正義論」である。福利型思想が経済的な考え方、自由型思想が法的な発想という特色を持つのに対し、美徳型正義論は倫理的・政治的な傾向が強い。

コミュニタリアニズムは、「共に」という共通性と「善」という精神性を重視する思想と要約することができる。アリストテレスは政治の目的を「共通善」の実現にあると考えた。この「共通善」という考え方は「共に」と「善」という特徴を合わせて表現しているといえよう。その意味においてコミュニタリアニズムは「共通善の思想（政治学）」なのである（菊地 二〇一一）。

良い環境や公衆衛生、平和などと並んで福祉は、共通善の代表的な一つと考えられる。だからコミュニタリアニズムの観点からすれば一定程度の福祉政策は、共通善を実現させるためのものとして基本的に擁護されることになるのである。

3　コミュニタリアニズムの福祉論

(1) リベラル・コミュニタリアニズム

サンデルのロールズ批判によってコミュニタリアニズムが注目されるようになり、社会学者エツィオーニは、自由や権利とともに責任を重視するコミュニタリアニズムの社会的運動（応答するコミュニタリアニズム）を開始した。これらに対しリベラル陣営は、伝統的共同体を擁護して個人の自由や人権を軽んじるという点でそれが保守的・反動的であると批判した。エツィオーニらはそれに反論して、今日のコミュニタリアニズムは社会的保守主義と違い、それは自律と秩序とのバランスをとる思想であると主張した（Etzioni 2001=2005：監訳者解説参照）。

今日のコミュニタリアニズムは基本的に北米で始まったので、自由や権利は当然に重要であると考えている。ただ、それらばかりを強調することが弊害をもたらすことを指摘して、伝統・秩序・協調などのコミュナルな側面の重要性を指摘しているといえる。だからその両側面が存在するということを明確にするためにそれを「リベラル・コミュニタリアニズム」と呼ぶことがある。

歴史的には確かに、共同体ばかりを強調して個人や自由を軽視しがちな保守的共同体思想（右翼的共同体主義）が存在し、それは国家主義にもなりがちだった。他方で共産主義は市場経済に革命を起こして私有財産の共有化を主張するから「コミュニズム」と呼ばれている。さらに社会主義に近い思想として、アメリカの初期社会主義で（一八四〇〜一八八〇年頃に）、社会的改革のためにコミュニティないし協同的コロニーを作ろうとする思想や運動が「コミュニタリアニズム」と呼ばれた（小林 二〇一二b：二三九-二四〇）。コミュナルな性格を強調する思想が「コミュナリズム（共同性主義）」と呼ばれたりすることもあった。

今日のコミュニタリアニズムは、右翼的共同体主義とは違って個人や自由の重要性や民主主義を前提にしているし、共産主義や社会主義的コミュニタリアニズムないしコミュナリズムとは違って市場経済や個人の自由も尊重している。だから「リベラル・コミュニタリアニズム」という呼び方は、これらとの違いを明確にするために有意義だろう。

もっとも福祉の哲学においては、社会主義的なコミュニティ思想における「コミュニタリアニズム」や

「コミュナリズム」を今日のコミュニタリアニズムの先駆的思想とみなすこともできよう。そもそも共産主義（コミュニズム）は、理想社会におけるコミュナルなビジョンによって多くの人々を惹きつけた。しかし財産の共有を目的としていたし社会主義においては国有化や計画経済を主張していたので、個人の自由を抑圧しかねない側面を持っていた。実際にソ連のスターリニズムにはその弱点が悲劇的な形で現れたし、計画経済においては個人の自発性が抑圧されたので、経済の停滞をもたらした。ソ連の崩壊はこれらの結果である。

今日のコミュニタリアニズムが注目を浴びるようになった一因は、共産主義や社会主義が失墜して、個人主義や市場経済を絶対視する思想が席捲したので、その問題点を修正する思想が求められるようになったというところにもあるだろう。だから個人主義的なリベラリズムやリバタリアニズムに代わって、「共に」という考え方を重視するコミュニタリアニズムが浮上したのである。このような観点からすれば、福祉についてのリベラル・コミュニタリアニズムの考え方が注目に値するだろう。

(2) 共和主義的コミュニタリアニズムと福祉

サンデルは福祉政策について詳述はしていないが、市場をいわば絶対視するリバタリアニズムに対しては明確に反対している。今日の社会においては、インドの代理母による妊娠代行サービスや、名門大学に入学させる権利、病人や高齢者の生命保険を買って死亡給付金を受け取る権利、命名権などのように、従来は市場経済では売買されていなかったものが価格を付けて商品として扱われるようになっている。それを批判し、それらに関する「善」という道徳的・精神的観点から議論する必要性を主張している（Sandel 2012=2012：序章）。

たとえば医療についてもアメリカではコンシェルジュ診療のシステムがあって、年会費を払っていれば医者はすぐに診てくれるが、そうでない人は診療に時間がかかる。医療に関する「善」という道徳的観点から見て、これは望ましいことだろうか。同じように市場経済の論理だけに基づいて福祉を考えたり運営したりすることにも反対し、むしろ「善」の観点から考えられるべきということになるだろう。

他方でロールズ的なリベラリズムもサンデルは前述のように批判しているが、「負荷なき自己」や「善に対する正の優位性」のような論理への批判であって、福祉政策についての批判ではない。サンデルの議論を福祉について適用し、筆者なりに敷衍して説明してみると、次のようになるだろう。

他者に関心のない抽象的な人間（負荷なき自己）をロールズは想定していて、自分の合理的な選択として格差原理に合意すると考えた。他者に無関心な人が合理的な選択によって福祉や再分配に合意するという結論を導いたのは、その独創的着想によるものであるが、実際にはその論理には無理がある。この論理的魔術を解いてみると、コミュニティにおける友愛や連帯による福祉という考え方に行き着かざるを得ない。

実際の人間はコミュニティの中に生きていて価値観・世界観を負っており、その「善き生」の一つの要素として、同胞に対する友愛の美徳を持っている。その同胞愛に基づき、共通善として一定程度の福祉は実現されるべきであると考えられる。しかしそれは自分の利益を合理的に追求する結果ではなく、同胞愛などの「善き生」の考え方に基づいて貧者や弱者を助けようという気持ちが基礎になっている。だから、ロールズ的なリベラリズムが主張するように、福祉は正義という名の権利によって正当化されるべきものではない。人々が公共的な美徳を持って政治に積極的に参加し、「善き生」の考え方に基づいて福祉を主張することによって、福祉の政策を共通善として民主主義的に実現することができる。

つまりサンデルによれば、福祉は共通善によって正当化できるが、それをどこまでどのように実現するかという点は、人々が政治的に参加して自己統治によって決めるべきことなのだ。公民的美徳（シヴィック・ヴァーチュー）によって政治に参加して自己統治を行うというこのような考え方を共和主義という。そこでサンデルの政治哲学は「コミュニタリアニズム的共和主義」と特徴づけることができる。彼は福祉も共和主義的に決めて実現すべきものと考えているのだろう。

このような公共哲学の観点から、リバタリアニズムの政策的影響により公共的施設が衰退することに彼は反対して、その再建を主張している。公立学校・公園・コミュニティセンター・公共図書館・公共的交通などの公共的な施設や領域・空間が減少し、民営化されて市場でお金を払ってしか利用できないようになったりすると、貧富によってそれらを使える人と使えない人に分かれてしまい、人々が分断されて共通のアイデンティティを失ってしまう。自己統治のためには人々が共に集まって経験を共にし、公共民としての習慣を涵養する公共的空間が必要である。自己統治のための共通のアイデンティティ形成のためには、これらの公共的なものの再生が必要である。これは、リベラリズムのいう分配的正義とは異なった理由であり、共和主義的論理である。

これらをまとめて考えれば、リバタリアニズムに反対して一定程度の福祉を共通善として擁護し、リベラリズムの「福祉の権利」に基づく正義論に反対して、「善き生」の考え方に基づいて共和主義的に福祉の政策を人々が決めるべきだということになるだろう。その具体的な水準は現実の中で人々が決めるべきものということになるから、福祉権論のように硬直的ではなく現実的な議論といえる。ただ、リベラリズムの議論（義務論）のように「いかなる状況や条件においてもこの権利を正義として実現しなければならない」ということにはならないから、財政危機などの厳しい条件の中では民主主義的な議論と決定によって、福祉の水準が低下することはありうる。共通善としての福祉の水準を高めるためには、現実の経済的状況を好転させるとともに、人々が公民的美徳をもって積極的に政治に参加して福祉の水準を高めるように意思表示を行うことが必要になるのである。

(3) 複合的正義論と濃厚な道徳

コミュニタリアニズム的福祉論としてサンデルと並んで注目されるのが、ウォルツァーの複合的正義論である。ウォルツァーは、一方で自由と権利を重視するからリベラリズムの論者とされることもあるが、同時にコミュニティやその構成員としての資格(メンバーシップ)も重視するのでコミュニタリアニズムの論者の一人とされることもある。

『正義の諸領域』において彼は、あるコミュニティの構成員の間で特定の財の分配の基準は人々の生活の中での財の社会的意味と相関していて、分配に関する基準は領域ごとに異なる(相対的自律)とした(Walzer 1983=1999)。そのコミュニティの構成員において共有されている理解(共有理解:shared understanding)が、その領域における正義の基準である。領域ごとに分配の基準は違うから、ある領域(たとえば市場や政治権力)でその人が優越的な状況にいるからといって他の領域でも優越的な地位に立つということ(財の転用)は許されるべきではない。ある領域の中での不平等は存在するが、他の領域では別の人が優越的な状況にあるので、多元的な領域の全体では「複合的平等(complex equality)」が成立するというのである。

この議論によれば、コミュニティの構成員としての第一の義務は「共同的提供(用意、communal provision)」であり、その中核は「安全と福祉」の領域(『正義の諸領域』第三章)である。政治的コミュニティやその公職者たちはこの提供のために存在し、すべての政治的コミュニティは原理として一つの福祉国家である。平等な構成員において、その必要（ニーズ）や共同的な価値についての共有理解があれば、それに基づいて再分配を行うのである。

このような原理に基づいてアメリカの医療看護（ケア）を彼は取り上げ、一九世紀後半の公衆衛生運動などの展開にふれながら、市場的な自由診療（患者にお金がある場合にのみ診療する）に対して、医療上の必要性（ニーズ）に基づき（たとえ患者にお金がなくとも公的な支援によって）最小限妥当な医療を行うという方向への変化を論じている。不十分なアメリカの福祉システムを念頭に置きながら、医療の財は市場の商品ではないから、市場の貧富という優越性の基準から安全と福祉を解き放ち、すべての市民が必要性に基づきコミュナルな医療・看護を受けられるように福祉国家を拡大することを彼は主張している。ただし、共同的提供の水準は初めから（先験的に）決まっているのではない。その実現には計画立案や行政が必要だが、地域の自助や自発的グループも重要であり、ティトマスが強調した贈与のように、共同的利他主義に基づく市民の福祉への積極的参加は共同的統合をもたらし、大事である。

このように福祉の領域においては市場の領域とは異なる基準が適用されるべきであり、市場の領域における貧富の格差が医療などの水準に反映されるべきではなく、人々の共有理解に基づく必要性に応じて福祉が行われるべきである。だからリバタリアニズムのように、公的年金制度や貧富の格差を是正する再分配政策を市場の領域の正義観に基づいて不正義と考えるのではなく、それらが福祉の領域における人々の共有理解に基づいているのならば、その領域独自の正義に適うことになる。この論理は、高水準の福祉についての共有理解がコミュニティにおいて成立していれば、それを擁護して主張することになる。事実、ウォルツァー自身は自分を「社会民主主義者」と呼んでいる。

しかし逆に、そのコミュニティにおいて福祉についての共有理解が存在していなかったり、最低限の福祉しか必要ではないというような共有理解が存在していたりする場合には、高い福祉の擁護にはこの議論はならないだろう。福祉国家が成立している場合には、福祉水準を低下させる議論にもなりうる。たとえば財政難の下で福祉を止める方が望ましいという共有理解が成立すれば、福祉制度をなくすことが正義ということになりかねないのである。

この問題は、ウォルツァーの複合的正義論の難点としてしばしば論じられている。普遍主義に反対して特定主義（particularism）を彼が主張しているからである。たとえばインドにはその地における共有理解があり、それによって各領域の正義が決まる。そこでカースト制のような階層制をその地の共有理解と考えれば、身分制度による不平等な状態を正義と考えることになる。つまり批判者から見れば、彼の議論ではその地域の多数派の人々の考え方によって正義が変わることになる（相対主義）から、リベラリズムのように自由や平等などの普遍的な理念を主張することができなくなってしまうのである。

人権のような普遍主義的な正義をウォルツァーも全面的に否定するわけではないが、それを「希薄な（thin）道徳」と呼び、「最小限の道徳」とする。これに対し、コミュニティの文化や伝統に基づいた「濃厚な（thick）道徳」が「最大限の道徳」であり、こちらの方が人々の心に響き、社会批判を可能にする。分配的正義は濃厚な最大限道徳の一つであり、社会的な意味に基づくから相対主義なのである（Walzer 1994=2004）。

サンデルも、市場経済の論理が他の領域にも際限なく波及していくことに批判的だから、ウォルツァーの議論も市場経済と福祉の領域の正義を区別する点では同じであり、ウォルツァーはサンデル以上にその点を明快に主張しているといえよう。ただ、コミュニティの多数派の意見によって正義が決められるという点（多数派主義）にはサンデルは反対している。コミュニティを超えて「善き生」に基づく議論を行い公共的議論を形成していくべきだ、とサンデルは主張する（小林 二〇一〇：九二-九三：二〇一三b：七一-七二）。この点で、サンデルの議論にはウォルツァーよりも普遍的に福祉を主張する方向性が存在するといえよう。

(4) 「善き社会」への中道主義的福祉政策論

ただサンデルにせよウォルツァーにせよ、一定の福祉を正当化する哲学的論理を提起してはいるものの、具体的な福祉政策を明確に主張しているわけではない。これに対して、より明快に具体的な福祉政策の議論を提起しているのが先にふれたエツィオーニである。彼は『ネクスト――善き社会への道』で自分たちの立場を「中道主義的コミュニタリアニズム」と呼び、第一の道（自由市場）と第二の道（計画経済、社会主義）のどちらでもない「第三の道」とした（Etzioni 2001=2005）。そして「善き社会」とは、人々が互いを道具として扱うのではなく目的として扱う社会であるとして、コミュニティを道徳的に活性化して国家と市場とコミュニティとを均衡させることを主張した。

このような観点から、レーガン大統領時代から一九九〇年代までのリバタリアニズム的な改革の行き過ぎに反対して、「スリムだが活動的な政府」（Etzioni 2001=2005：第四章）が必要だと主張した。福祉に関しては、すべての人を目的として扱う以上は、各人の行いにかかわらず皆が豊かな基礎的最小限の生活水準（ベーシック・ミニマム）に値するとして、どのような人にも住居・衣服・食物・基本的な保健医療などを保障すべきだとする。

彼によれば、このような基礎的最小限の提供によって一部の人が労働意欲を損なったり福祉を悪用したりすることがあっても、基本的な人間性を肯定するための小さな代償と考えるべきである。行き過ぎた福祉切り捨ての改革に対しては、再改革が必要である。権利（ないし権原〔entitlement〕）としての福祉というリベラル派の考え方に戻ってしまうという反対論に対しては、与えられる給付の程度や、給付が過度に拡大されることを防ぐための明確な指標を設定することが大切だと答えている。そしてすべての人に健康保険を設け、公衆衛生にも国が責任を持って、特に病気に対する予防的措置を強化することを主張している。リバタリアニズムの最小限国家論に反対し、エリートと庶民との差がさらに拡大しないように福祉のセーフティネットを主張し、「機会の平等」とともに一定の「結果の平等」にも配慮すべきだとするのである。

エツィオーニは社会学者だから、哲学的に洗練された議論というよりも、現実的にわかりやすい政策的議論を展開している。「個人的権利とともに社会的責任を」と主張する一方で、福祉の権利論には批判的というよりも肯定的ですらあり、リバタリアニズムを批判して福祉政策を再生させることに力点がある。『ネクスト』の序文では、二〇〇〇年の大統領選で共和党のJ・W・ブッシュと民主党のゴアとの間の中道というスタンスを主張しているが、今から見ると思想的にはリベラリズムの福祉国家論とリバタリアニズムの福祉国家否定論との中道を主張しているように思われる。

（5）社会民主主義とコミュニタリアニズム――「第三の道」におけるポジティブ福祉

エツィオーニの中道主義的コミュニタリアニズムは、アメリカでクリントン政権や特にゴア副大統領に思想的な影響を与え（菊地 二〇〇四年：一七九-一八〇）、さらに当時イギリスのブレア政権（一九九七～二〇〇七年）における「第三の道」に影響を与えた思想の一つとして注目された。

イギリスでは保守党のサッチャー政権（一九七九～一九九〇年）とメージャー政権（一九九〇～一九九七年）の後で政権交代が生じ、労働党のブレア政権が「新しい労働党（ニュー・レーバー）」のかけ声の下で誕生した。ブレアは、オックスフォード大学時代に哲学者マクマレーの思想の影響を受けてコミュニティの重要性を自覚したといわれているが、マクマレーの思想もコミュニタリアニズムに近いといわれている。

コミュニタリアニズム運動はイギリスでも展開され、排他主義的ではない「包摂的コミュニティ（inclusive community）」を主張する理論家（ヘンリー・タム）は、運動の知的源流をアリストテレスから始めて前述のオウエンのような社会主義者やJ・S・ミル、グリーン、ホブハウスなどにふれている（菊地 二〇〇四：一九二）。

ブレアは自らの「第三の道」を、中道左派思想の二つの流れである民主社会主義とリベラリズムとを統一することであるとして、「価値の平等・機会の均等・責任・コミュニティ」という四つの価値を挙げた（菊地 二〇〇四：一九七）。この中の「責任」と「コミュニティ」は明らかにコミュニタリアニズムと共通する考え方である。

「第三の道」の理論として最も影響力があった社会学者アンソニー・ギデンズは、社会民主主義の刷新を主張し、古い社会民主主義とサッチャー主義的なネオ・リベラリズム（リバタリアニズム）という二つの道を克服するのが「第三の道」である、とした（Giddens 1998=1999）。「活動的（アクティブ）中道」とか「中道左派」というようにも彼は呼んでいる。

その新しい政治の第一のモットーを「権利は必ず責任を伴う」と彼はしており（Giddens 1998=1999：第二章）、これも、「権利と責任」というエツィオーニの議論を想起させる。そして「哲学的保守主義」として「変化へのプラグマティックな対応を意味する保守主義」を主張した。コミュニタリアニズムとの類似性がここにも存在している。

政府は市民社会のさまざまな組織と協力してコミュニティの再生と発展を促さなければならないとし、そのプログラム（Giddens 1998=1999：第三章）として「急進的中道、新しい民主主義国家、活動的市民社会、民主的家族、新しい混合経済、包摂としての平等、ポジティブ福祉、社会投資国家、コスモポリタン国家、コスモポリタン民主主義」を挙げた。

活動的市民社会とは、政府と市民社会とが協力関係を築いて「市民社会の再生」を行うことである。コミュニティとは「単なる抽象的スローガンではなく、第三の道の政治的拠り所」であり、「失われた地域の連帯の立て直しを意味するのではなく、近隣、都市、より広い地域を、社会的・物理的に刷新するための実践的手段」である（Giddens 1998=1999：139）。市民参加や社会事業によってコミュニティを再生することが重要であり、公共的領域や公共的空間（街路、広場、公園など）をコミュニティにおいて保全するように注意する必要がある。教育・説得・カウンセリングなどによって地域コミュニティのモラルや品行の向上を図り、礼儀正しさや近所づきあいを復興して、コミュニティを基盤として犯罪を防止すべきである。このようにギデンズは、市民社会という表現においてコミュニティを重視しているし、民主的家族の実現によって家族や社会的連帯を復興することを主張した。ここにはコミュニタリアニズムとの共通性がある。

彼の福祉論において最も注目されるのがポジティブ福祉という考え方である。再分配という理想を維持すべきだが、従来の社会民主主義における単純な「結果」の再分配に代えて、個々人の潜在能力を可能な限り研磨して「可能性の再分配」の実現を重視する。平等と不平等とを量的格差と考えるのではなく、それぞれを包摂（inclusion）と排除（exclusion）と定義する。包摂とは、市民権を尊重したり機会を与えたりすることであり、公教育・医療サービス・公共施設・環境保全などによって公共空間を再生させ、そこに参加する権利を保障することを主張する。貧困対策も、コミュニティを中心にして地域におけるイニシアチブを支援すべきであるという。

従来の福祉国家は、トップダウンで決まる点で非民主的であり官僚的・不親切・非効率的なので、リバタリアニズムからの福祉国家批判を部分的に受け入れる必要がある。だからといって福祉国家を解体するのではなく、再建することを主張する。ベヴァリッジ報告では、前述のように「不足・病気・無知・不潔・怠惰」という五つに宣戦布告したが、これらはいずれもネガティブなものばかりであり、これからはポジティブな福祉が大事である。福祉（ウェルフェア、welfare）とは本質的には経済的な概念ではなく、「良き状態（ウェルビーイング〔well-being〕）」に関する心理的概念だった。だから経済的給付や優遇措置だけではこの意味の福祉は達成できず、経済的便益だけではなく心理的便益を増やすように努める必要がある。簡単にいえば、――ギデンズが言うには――お金で支援するよりもカウンセリングの方が効果的な場合も多い。だからこの福祉の担い手は個人やNPO・NGOなどの市民社会である。

そこで生活費を直接支給するよりも、できる限り人的資本（human capital）に投資し、福祉国家の代わりに「ポジティブ福祉社会」を作るために「社会投資国家（social investment state）」を構想しなければならない。「福祉国家」は「福祉社会」に置き換えて、トップダウン式給付方式は分権化する方式に改編すべきである。公的年金は必要だが、定年退職制を廃止し高齢者も人的資源とみなすべきだ。福祉予算はヨーロッパの水準を保つべきだが、給付制度が怠惰という道徳的問題（モラル・ハザード）を生み出さないように、福祉予算もなるべく人的資本への投資に切り換えて、労働のポジティブな再配置を政府が支援すべきである。福祉給付は、政府単独ではなく企業をはじめNPOと連携して行い、個人の自主性を尊重する。ポジティブ福祉社会では、個人と政府との契約は（個人的責任が果たせるように）自律と自己の発展が基軸になるように変化し、福祉は貧者とともに富者にも関わることになる。ベヴァリッジ報告で挙げているネガティブな五項目を「窮乏（不足）→自律、疾病（病気）→活動的健康、無知→（生涯の）教育、不潔→良き状態、怠惰→イニシアチブ（進取）」というようにポジティブなものに置き換えていくべきである（Giddens 1998=1999：213）。

ポジティブ福祉というギデンズの考え方はコミュニタリアニズムと直接には関連してはいないが、人間やモラルに注目する点で共通性が存在する。心理的な面も含めて福祉を考える以上、この五点に代表されるような状況を達成することは「善き生」の目標そのものといえるだろう。

市民社会や公共空間、さらにコスモポリタリアニズム的な考え方を主張している点で、ギデンズの思想は明らかに一つの公共哲学であり、日本のグローバル公共哲学の考え方とも共通性がある。もっとも彼は社会民主主義者であって、後述するようにコミュニタリアニズムとは距離を置いている。しかしその「第三の道」は、コミュニティの活性化とポジティブな生の実現を目指すという点で、「共」と「善」というコミュニタリアニズムの二つの特徴を備えている。だから「第三の道」とコミュニタリアニズムとの親近性が指摘されるのはもっともである。福祉の権利や受給を中心にしている点で旧来の社会民主主義が平等主義的リベラリズムに近いのに対し、彼の言う「社会民主主義の刷新」は政治哲学としては「コミュニタリアニズム的社会民主主義」に近いといえるだろう。コミュニタリアニズムの側からいえば、「中道左派的コミュニタリアニズム」の中で、サンデルやウォルツァーらより少し左寄りということになろう。

（6）急進的コミュニタリアニズム――ベーシック・インカムと社会的正義

当初は大きな期待を集めたブレア政権は、九・一一以後、アメリカのブッシュ政権によるアフガニスタンやイラクにおける「対テロ」世界戦争に協力したために批判を浴びた。またその福祉政策についても市場の効率性を重視しすぎて、リベラル・コミュニタリアニズムよりもリバタリアニズム的な政策に近かったという批判的評価が出されている（菊地 二〇〇四：二一二）。そのためブレア政権後には「第三の道」に対する関心は低下したように思われるが、ギデンズの「第三の道」やポジティブ福祉については、ブレア政権の評価とは別に考察されるべき価値があると思われる。

ブレア政権の時期には他にも多様なコミュニタリアニズムが注目された。かつてはリバタリアニズムを支持した自由主義的政治理論家（ジョン・グレイ）がリバタリアニズムを批判して「コミュニタリアニズム的自由主義（communitarian liberalism）」を主張したことも注目され、ブレア政権に影響を与えたとされる。過去に戻ることを主張する保守主義的・新伝統主義的コミュニタリアニズムとは違って、個人的自律性や文化的多元性をこれは尊重する。共通善の実現を図る公共的文化と共通の生とを個人的自律性は前提としており、市場の交換は個人的自律性に内在的に貢献するものではなく、その特定のコミュニティにおける共通の社会的意味に基づいて財や責任を分配することを公正の観点から必要と考えるのである。このような考え方はリベラル・コミュニタリアニズムに分類されよう（Gray 1997：15-20：菊地 二〇〇四：二〇六-二〇八）。(8)

さらに、より急進的なコミュニタリアニズムも現れて「急進的コミュニタリアニズム」（Little 2002=2010）と呼ばれるようになった。社会福祉におけるその代表者（ビル・ジョーダン）は、つとに一九八〇年代終わりから個人主義的自己利益に基づく制度を批判して、「善き社会」においては道徳性や善き社会関係における共通善が重視されコミュニティの構成員が政治に参加するという共和主義的な思想を主張していた。そして非常に早い時期にベーシック・インカム（無条件の基礎所得）を第一歩として主張した。これは、市場とは別に、社会的・政治的な参加によって共同的(コミュナル)な協力による「善き社会」を作る試みであるという(Jordan 1989)。

ベーシック・インカムとは、最低限の生活を送るのに必要な額の現金を政府が無条件で(所得調査や就労義務なしに)すべての人に定期的に給付するという政策である。最近の左派は理想的福祉政策としてしばしばこれを主張するようになったが、本格的に実施した国はまだない。このような主張を行う急進的コミュニタリアニズムは「左派的コミュニタリアニズム」に位置づけられると思われるが、左派とはいっても自由は尊重するので、大きくいえば「リベラル・コミュニタリアニズム」の中に入るだろう。

かつての福祉国家に代わる新しい試みとして、今ではワークフェアとベーシック・インカムという二つの制度が注目されている(宮本 二〇〇四)。ワークフェアとは、社会保障の給付を支給する際に資格や目的において受給者に就労を義務づけたり、そのための支援を重視したりすることである。前述のようなギデンズの「第三の道」にも大きな影響を受けている。これには、福祉給付の条件として就労を課すという面と福祉の目的を就労支援に置くという面があり、アメリカでは前者の性格が強いのに対し北欧では後者の側面が強いので、後者を前者と区別して「(人的)活性化(activation)」と呼ぶこともある。他方で、ベーシック・インカムはコミュニタリアニズムの思想から生まれたわけではないが、急進的コミュニタリアニズムの中には市場経済の難点を修正するためにこのような平等主義的主張も存在したのである。ワークフェアとベーシック・インカムの二つが、いずれもコミュニタリアニズム的発想の下で主張されたことは注目に値しよう。

道徳性やコミュニティを重視する点でこの二つには共通性があるが、急進的コミュニタリアニズムは、今日の市場経済やその下における「労働の分業」の問題点を指摘し、その変革を求める。それによればブレア政権やアメリカのクリントン政権は、コミュニタリアニズム的なレトリックを取り入れて新しい福祉政治（new politics of welfare）の正統派（ブレア－クリントン正統派〔Blair-Clinton Orthodoxy〕）を形成し、社会的正義（social justice）の名の下で市場経済を活用し、個人的責任と民間の私的提供の比重を増やそうとしている。しかしその結果、地位による有利さ（positional advantage）を個々人が求める方向に向かい、階層的な分極化と貧困の増大を招いている。そこでそれに代わる「社会的正義のための政策プログラム」として、普遍的で無条件のベーシック・インカムを採用して分配的正義を実現すべきである。さらにそれを補完して、ブレア－クリントン正統派とは別のコミュニタリアニズム的政策として、貧困地帯における非公式の集団や草の根のコミュニティの結社を活かして共同的な活力を引き出し、近隣の社会的・物理的環境を改善し集合的な施設を作り出すべきである（Jordan 1998）。

今日では、ブレア政権のような「第三の道」が魅力を失って貧困問題が深刻化し左右の分極化が進んでいるから、このような急進的批判には妥当性がある。ベーシック・インカム政策への賛否は別にして、このような批判を前提にして新しい道を考える必要があるだろう。

急進的コミュニタリアニズムの論者は、「第三の道」の失敗は道徳的なものだとする。それによれば、ネオ・リベラリズムの秩序にとらわれていて、コミュニティや責任というような道徳的レトリックを使っていても実際には、効用最大化という経済学的な発想に基づいて法・規則・政策などに契約的規制だけを導入したところに、その失敗の原因があるという。そしてサンデルのアリストテレス的正義論などを援用して、契約的方法だけではなく、美徳を涵養してコミュニティの人間間のコミュニケーションにおいて経済・社会に対する文化的・道徳的規制を行い、それによって道徳的秩序を作って共通善の政治を目指す必要があると主張している（Jordan 2010：1-19）。

そしてソーシャルワークに関して「第三の道」を批判的に検討した（Jordan & Jordan 2000）上で、近年の（主観的良好状態などの）幸福研究や幸福経済学に示唆されて、「良き状態（ウェルビーイング）」の増進という観点からソーシャルワークを再定義している。そうすることによって、ソーシャルワークないしコミュニティワークを活性化させようとするのである。一般に先進国では物質的状況よりも身心の健康や他者との関係の方が幸福感にとって重要であるとされているので、人間間経済（interpersonal economy）という観点から、人間関係を良くするためにもソーシャルワークが大事になるからである（Jordan 2007）。

さらに彼は、ある水準を超えると経済的成長はそれほど幸福感の上昇につながらないという知見（イースターリンの逆説）を手がかりにして、福祉（welfare）と良き状態（well-being）とを区別することを主張している。前者は経済的概念で個人的効用の最大化を目指すのに対して、後者は人々の社会的価値の水準を表す。主観的良好状態や社会的関係資本の研究に示唆されて経済的モデルを批判し、相互性・尊敬・親密性などの文化を通じて良き状態の増進を公共政策の目標とすることを彼は提唱するのである（Jordan 2008）。これはきわめて重要な考え方なので、節を改めて考えてみよう。

4　ポジティブ公共哲学における福祉の概念

（1）ポジティブ心理学と幸福研究――主観的幸福感と「善き生」

自由型思想とは異なって、「第三の道」も含めて美徳型のコミュニタリアニズム的な福祉論は、人間そのものを正面から見据え、福祉によって「善き生」を可能にすることを目指している。ただ、これまで「善き生」の中身については哲学的・倫理学的に論じることが多かったから、福祉の基礎にそれをすることとは難しかった。自由型正義論では、その内容について価値観・世界観によって意見が分かれるから、それを棚上げにしようとしてきたのである。

ところが二一世紀になって科学的な幸福研究が飛躍的に発展し、中でもポジティブ心理学という新しい心理学は、「善き生」によって幸福がもたらされる傾向があることを科学的に明らかにしつつある。このような学問的展開に基づいて、前述のように良き状態（ウェルビーイング）という観点からのソーシャルワーク論が提起されているわけである。そこでこのような幸福研究や心理学の成果をミクロな人間論として基礎に置いて、新しい福祉の考え方を提起してみよう。

従来の心理学においては、鬱をはじめとする精神疾患を治すことが主たる目的だった。それはネガティブな心理の研究であるのに対し、アメリカ心理学会長だったセリグマンが二〇〇〇年に心理学の新しい課題として、健康・幸福・成功などにおける人間のポジティブな心理を科学的に研究する必要性を挙げ、ポジティブ心理学とそれを名づけた。この言葉はもともとマズローが使ったことがあり、内容的に彼らの人間性心理学とも共通するところがある。(9) ただそれとは違ってポジティブ心理学は、調査票などを用いた科学的研究を推進することによって急速に発展し、人間の幸福をもたらす心理を統計的に明らかにしつつある。(10)

主観的幸福感を調査することによって、楽観主義・喜び・感謝・安らぎ・興味・希望・誇り・愉快・鼓舞感・畏敬・愛などのポジティブな感情を持つ人の方が幸福感は高く、健康になったり成功したりしやすいという傾向が明らかになった。多くの研究によって、他の条件が同じならばポジティブな感情を持っている人の方が長寿だったり、健康である可能性が高いことが統計的に明らかになってきた。さらにそれは仕事の成功をもたらす傾向もあることがわかった。

それまでの経済学や功利主義では、所得が多ければ多いほど幸福感が高まると想定されがちだったが、これは正しくないこともわかった（第1章参照）。アメリカのような先進国の国内の調査でも国際的な比較でも、生きていくのが困難に思えるような貧しい人々は、収入が高まれば確かに幸福感が高まる。しかし、そのような貧困状態を超えて一定程度以上の収入を得ている人々にとっては、収入がさらに増えてもそれによる幸福感の増加はさほどではないのである。

だから人間の幸福を増加させるためには、福利型思想の経済学や功利主義がしばしば想定していたように、単純に所得を増やせばいいというわけではない。幸福と福祉は深く関係するから、このようなことがわかると、福祉にとってはお金だけではなくその他の側面も大切だということが明らかになる。そこで自由型や美徳型の思想にも目を向ける必要が生じるわけである。

もっとも初期のポジティブ心理学では幸福感を主観的な感情によって調べることが多く、福利型思想に似た面があった。幸福感の調査で最もよく使われていた指標（主観的良好状態（ウェルビーイング））では、生への満足と感情が聞かれていた。このような指標に基づく心理学を「快楽的心理学」（エド・ディーナー、ダニエル・カーネマン）と自称する場合もあった。

これに対して、このような方法では人間の一時的・表面的な感情的幸福感しか調べられないという批判が現れ、自己実現や意味などのように持続的で深い内なる喜びや幸福を考えて調査する必要が主張されるようになった。古代ギリシャのアリストテレスの幸福概念を用いて、これを「エウダイモニア的良好状態（ウェルビーイング）」という。「エウダイモニア」という言葉で彼は幸福を表したからである。

アリストテレスは、「美徳（資質）に即する魂の活動」によって「エウダイモニア」がもたらされると論じた。これは、各人の潜在的資質が開花して心の底からの深い喜びをもたらすことを意味しており、一時的な幸せ（ハッピー）の感情ではない。そこで最近は英語では「happiness（幸福）」よりも「flourish（開花・繁栄）」などとこれを訳すことが増えている。以下では「善き幸福」、造語になるが「善福」と略すことにしよう。既存の日本語では「清福（清らかな幸福）」としてもよいだろう。

エウダイモニア的良好状態の指標やそれに関連する議論が現れてから、一時的・主観的幸福感だけではなく持続的で主観的ではない深い幸福も、この心理学では調べるようになった。アリストテレスが言ったような「善き生」が深い幸福をもたらす傾向があることを、統計調査により科学的に明らかにしつつある。

この心理学の代表的な創始者セリグマンは「本当の幸福」に至る道の一つとして「善き生」を挙げて、自分を超える大きなもの（人々や世界）に貢献するという「意味」も、ポジティブな感情と同じように大事であることを指摘した（Seligman 2002=2004）。さらに近年では良好状態をもたらす要素を、ポジティブ感情・没入・人間関係・意味・達成という五つの指標で計器板のように調べるという理論を提起している（Seligman 2011=2014）。また彼らは、人格的な特性に注目して美徳ないし個人的な強みが、幸福に影響していると考える。知恵・知識や勇気、愛・人間性、正義、節制、精神性（スピリチュアリティ）・超越性という六つの美徳・個人的強みは世界で普遍的であるとして、各人にどれが相対的に強いかを調べる調査票（VIA）も開発している。

このように最近のポジティブ心理学では、アリストテレスが述べたような善い生き方が健康・成功などの幸福を継続的にもたらす傾向があることを明らかにしつつある。だからこの心理学は、当初思われていたように快楽を基礎にする福利型思想（主流派経済学や功利主義など）と整合的なのではなく、むしろアリストテレスのような美徳型思想に近いのである。

ポジティブ心理学は広くいえば幸福研究の一翼を担っている。それは人間の心理を中心に研究しているので、これまでは精神的な幸福を指標として計測することが多かった。これに対し幸福研究においては、精神的幸福と物質的な客観的幸福の双方を計測する必要性が自覚されつつある。そこでポジティブ心理学が開発してきた幸福の心理的研究と、その客観的・物質的側面についての研究を共に活かして発展させ、幸福を双方の側面から考えることが必要だろう。

アリストテレスはエウダイモニアを内的な心理的側面を中心に考えつつも、善い行為を可能にする外的な物質的条件（富や友人など）も一定程度は必要と考えた。その点で、内的・外的双方の側面から幸福を統合的に考えるということは、アリストテレス的な「善き生」の考え方に即している。[11]

(2) ポジティブ公共哲学における福祉の定義――幸福の公的・公共的実現

ポジティブ心理学はこれまでは個人のミクロな心理を中心に研究してきたが、制度やマクロな社会もその対象に含まれている。そこでこの心理学を基礎にして福祉の哲学や公共哲学を考えてみよう。ポジティブ心理学の科学的成果を援用することによって、世界や人間のポジティブな側面に目を向けるという意味においてアリストテレス的哲学を「ポジティブ哲学」として発展させることができるだろう。それに基づく福祉哲学は「ポジティブ福祉哲学」ということになる。その中の公共哲学が「ポジティブ福祉公共哲学」である。サンデルらが自分たちの思想の源流をアリストテレスに求めていることからわかるように、ポジティブ心理学の成果に立脚する公共哲学はコミュニタリアニズムに近く、そのような思想を「ポジティブ公共哲学」と呼ぶことができるのである。

たとえばポジティブ心理学では、一定のお金を被験者に与えて他人のためにそれを使う場合と自分のために使う場合を比べてみると、他人のために使った人々の方が幸福感は高くなることを統計的に明らかにした。このようにボランティアや利他的行為は幸福度を高める。だからNPOやNGOなどによって公共的に貢献する活動を行うことは、善き幸福（善福・清福）をもたらす可能性が高い「善き生き方」だといえる。公共哲学においては自分を活かして公共的な世界や活動に開き（活私開公：金泰昌）、NPOなどによる「新しい公共」の活動を行うことが大切であるとされている。ポジティブ心理学はこのような考え方を個人の幸福感によって基礎づける。だから「新しい公共」の活動は、幸福感を増やすという点で「ポジティブ公共活動」であるといえるだろう。

それでは、このような思想から福祉に対してどのような考え方が生まれるだろうか。ギデンズが言ったように、福祉はもともと物質的なものだけではなく心理的な満足を意味している。だから急進的コミュニタリアニズムの論者が主張していたように、ポジティブ心理学で研究しているような人間の幸福や良好状態（ウェルビーイング）から福祉をとらえ返すことが望ましい。日本でも福祉に関する哲学では、マズローやアマルティア・セン、生活の質（QOL）、幸福度などに示唆されて福祉を人間の幸福から考えるという発想がすでに現れている（秋山ら 二〇〇四：五二；徳永 二〇〇七：八-九；加藤 二〇〇八：四二）。ポジティブ心理学や幸福研究に基づいて、本格的にそれを推進することができるだろう。

日本語の「福祉」という言葉において「福」は、神に供えられた酒樽に由来して、神仏へのお供え物のおさがりを意味し、「祉」という漢字の象形（神に生け贄を捧げる台＋立ち止まる足）も「神がとどまるところ」を意味するから、神から授かる恵みや幸いを両方とも意味した。だから「福」も「祉」も同じ意味であり、もともとは「幸福」そのものを意味する（中山 二〇〇五：一一-一二）。[12]

たとえば辞書では「幸福。さいわい。現代では、特に、公的配慮による、社会の成員の物的・経済的充足をいう」（『精選版　日本語大辞典』）とか、「①幸福。公的扶助やサービスによる生活の安定、充足、②

〈独〉消極的には生命の危急からの救い、積極的には生命の繁栄」（『広辞苑 第6版』）と説明されている。英語でもwelfareは、もともと中世の英語でwell（良い状態）とfare（行く、成りゆく、持続する、やってい く・暮らしていく）から成る言葉で、「ものごとがうまくいく」という意味から「良い暮らし向き」を意味するようになった。今では「①幸福、福利、福祉、繁栄（well-being）、健康（health）、②生活保護、補足給付、③福祉（社会）事業、厚生事業」、④〈英〉（貧困者・失業者などを援助する政府の）社会福祉機関」（『新英和大辞典』）などと説明されている。

つまり、英語でも日本語でも「福祉（welfare）」は、広義では幸福とか繁栄・健康と同じ意味であり、狭義では自発的な社会事業や政府などの公的な扶助機関・サービスをいう。本章では広義の意味の方は「幸福・幸せ」という言葉で表現することにしよう。ただ通常は、幸福という言葉では個人的な幸福を想起しやすいのに対し、「福祉」という言葉は人々の社会的な幸福を指すことが多いように思われ、「社会福祉」という概念がしばしば用いられる。

また「幸福」には平和や良い環境なども含まれるが、これらとは福祉は概念としては区別されていることが多く、「幸福」の中で日常生活に関するものを表すことが多いように思われる。そこで福祉の特色を表すためには「人々の日常生活における社会的幸福」とすればよいだろう。医療・看護や教育などは日常生活と密接に関わるから、これらの充実は福祉の一環をなす（図2－2）。

そして、この意味と狭義の福祉を関連させてとらえれば、狭義の「福祉」とは、人々の日常生活における幸福を公的ないし公共的に実現するための機関や事業・サービスと説明できるだろう。ここで「公的・公共的」としているのは、政府の公的活動と、民間の個人やグループによる自発的な公共的活動との双方を含んでいるからである。社会福祉の概念（岡村 一九八三）としては、公共的活動は「自発的社会福祉」、

図2-2　幸福と福祉の関係

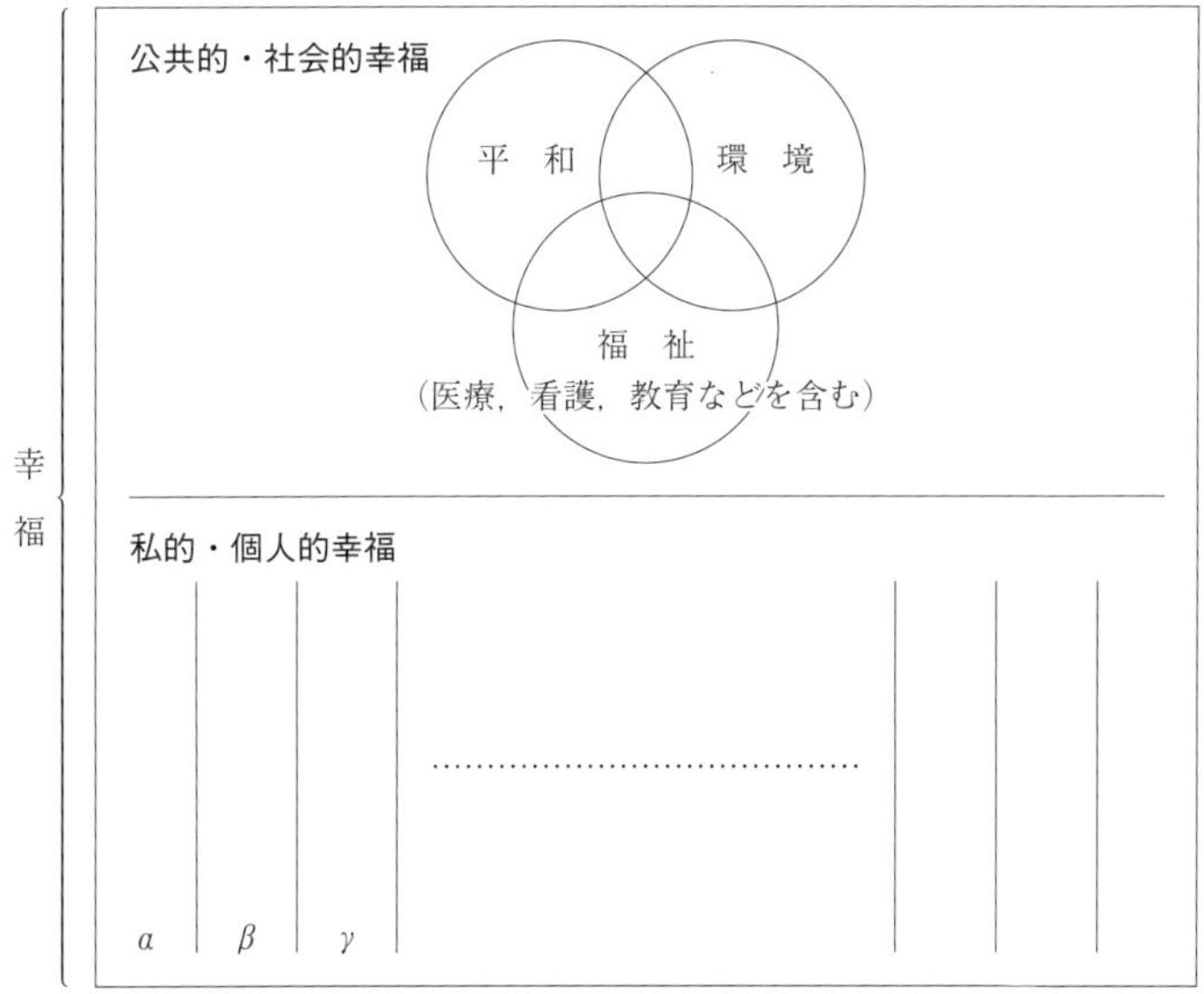

注：α，β，γ…は個人α，β，γの幸福を表す。

公的活動は「法律による社会福祉」に対応する。

そこで本章では，広義の意味の福祉は「人々の日常生活における社会的（公共的）な幸福・幸せ」を指すことにして，狭義の「福祉」を「人々の日常生活における社会的（公共的）幸福を実現するための公的・公共的な活動（機関やサービス）」と定義する。この中の公的活動が前述した「公的福祉」，公共的活動が「公共的福祉」であり，その双方を含めて「社会福祉」と呼ばれるわけである。逆にいえば「私的福祉」は広義の福祉の中の一類型であり，「私的（個人的）幸福」のことだから，狭義の福祉にはあたらない。

このように考えれば，「幸福」一般は「福祉」よりも広い概念であるのに対し，「福祉」は「幸福」の中で（平和・環境などと区別されて）日常生活に関わる幸福であり，個人よりもむしろ人々の社会的・公共的な幸福であって、その実現を公的・公共的に目指すものということになる。だから「福祉」とは、「幸福」の中で特に人々や公ないし公共に関わる概念であり（図2-2）、まさに公共哲学の対象であることになるだろう。

これまでは福祉という言葉は、どちらかというと貧困からの救済のための行為、特にお金をはじめ物質的な給付を指すことが多かった。これに対しこのような考え方においては、幸福は精神面と物質面の双方を指すから、福祉も人々の精神的幸福と物質的な幸福の双方を指すことになる。

前述のようにこのような考え方は、アリストテレス以来の「善き生」による幸福という考え方の伝統に即している。しかも福祉は日常生活における幸福だから、平和・環境とともに、あるいはそれら以上に「善き生」という生き方に深く関わっている。それゆえに、「善き生」との関わりにおいて正義を考えるというコミュニタリアニズムに密接に関連することになる。

（3）不幸解消の福祉と幸福増進のポジティブ福祉

このように考えると幸福としての福祉は、ネガティブな状況からの脱却だけではなく、ポジティブな状態の増進も指すことになる。ギデンズが先駆的に主張したように、ポジティブ・ネガティブ双方の面から福祉を考えることが必要なのである。彼が指摘したようにベヴァリッジ報告で指摘された「窮乏、病気、無知、不潔、怠惰」はまさにネガティブな不幸であり、それに対する福祉という従来の考え方はネガティブな問題を克服しようということだから、ネガティブな福祉観といえよう。これは、福祉自体がネガティブということではなく、ネガティブなものを克服して解消するという意味だから、正確には「ネガティブ解消福祉観」ということになる。

これに対してギデンズは、それぞれを前述（一一四頁）のようにポジティブなものに置き換えるポジティブ福祉を提唱した。ポジティブ心理学の観点から彼の挙げた五点を言い換えれば「窮乏→充足、疾病→健康、無知→知、不潔→清潔、怠惰→勤勉・活力」と言い換えられるだろう。この中で「充足」と「健康」は幸福の重要な要素であり、「知」と「清潔」「勤勉・活力」は美徳の重要な要素である。だからポジティブ福祉の五要素は、充足と健康と美徳の増進という三点に集約できるだろう。ポジティブ心理学では美徳や個人的強みについて「①知恵・知識、②勇気、③愛・人間性、④正義、⑤節制、⑥精神性・超越性」という六点を普遍的なものと考えて、さらにそれらを二四点の特性に下位分類している（Peterson & Seligman 2004）。まさにこの中の「①知恵・知識」に「知」は対応すると同時に、「⑥精神性・超越性」の中の「美と卓越性の鑑賞」に「清潔」は関連し、さらに「②勇気」の中の「活力（バイタリティ）」に「勤勉・活力」は近い。つまりポジティブ福祉の目的は、この三点を中心にする幸福の実現や増進にあるといえるのである。

このようにネガティブ解消福祉とは不幸を解消する福祉であり、ポジティブ福祉とは幸福を増進する福祉である。言い換えればこれらは「不幸解消福祉」と「幸福増進福祉」ということになろう（第1章参照）。「ポジティブ福祉」は、ポジティブ心理学などの幸福研究に立脚する新しい福祉の考え方である。もっとも、だからといって従来の不幸解消型の福祉が不要になるわけではない。

この二つの方向の関係はポジティブ心理学でも問題になっている。従来の心理学はネガティブな問題を解消することを課題にしているので、ポジティブ心理学に反発したり消極的な心理学者も少なくはない。ポジティブ心理学の側でも、従来の心理学とは異なる心理学としてポジティブな心理の研究を強調してきたが、将来のビジョンとしてはあくまでも区別して相互補完的に発展するという考え方と、いずれは双方を合わせてバランスを取る「統合的心理学」に発展していくという見方がある。

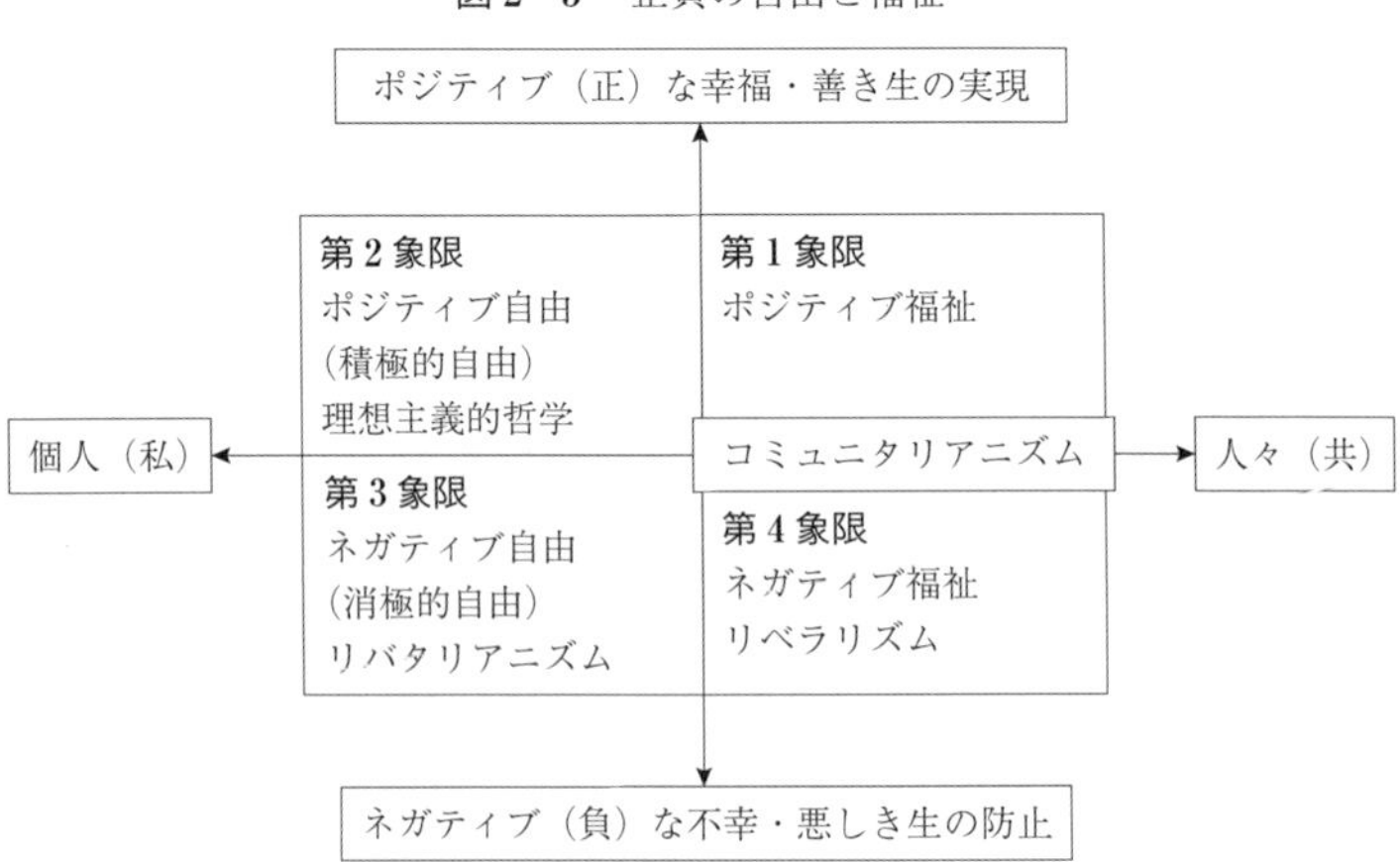

図2－3　正負の自由と福祉

いずれにせよ、ネガティブな問題の解決とポジティブな方向の増進が必要であることは、心理学においても福祉においても同じである。つまり人々の福祉は、ネガティブな不幸の解消とポジティブな幸福の増進とを共に意味し、今後の福祉政策は前者だけではなくこの両面を実現することを目的にすべきだろう。

人々が自発的にこのような両側面を目指すこと自体には異論は少ないだろう。問題は、国家が関わって公的ないし公共的にこれを目指すべきかどうかである。これは狭義の福祉の課題であり、政治哲学固有の問題なので、次項で考察してみよう。

（4）二つの自由と二つの福祉

公的に福祉を実現するということは、徴税や給付・規制などのように国家の強制権力をそのために行使するということを意味している。そこで前述のような福祉の考え方を自由との関係で図2－3のように整理してみよう。この図では、縦軸を「ポジティブ（正）な幸福（善き生）の実現↕ネガティブ（負）な不幸（悪しき生）の防止」、横軸を「個人（私）↕

人々（共）」として、この二軸からなる四象限を形成している。

まず「個人」に関する左半分の二つの領域（第二・三象限）について述べよう。政治哲学において自由は、しばしば二つの代表的な考え方に整理されている。第一は、国家や他人などの外部から個人の活動が強制的に干渉されないことを自由とするもの（○○からの自由）である。第二は、個人が自己の意思を実現しうることに自由（○○への自由）を見る考え方である。この二つは、干渉というネガティブな状態の不在と自己実現というポジティブな状態にそれぞれ着目しているので、「消極的自由（ネガティブ・リバティ）」と「積極的自由（ポジティブ・リバティ）」（アイザイア・バーリン）といわれている（Berlin 1969=1971）。

自由主義的思想は前者に対応し、国家から個人が干渉されないことを何よりも重視するので権利を重視している。近代政治思想ではホッブズやロック、J・S・ミルはこのような自由観を持っており、これは消極的自由の考え方に相当する。これに対して後者に相当する思想（ルソーやヘーゲルなど）では、個人が自分自身の主人として理想に向けて自己の意思を実現していくという自己実現を重視する。

ただ自己実現のために国家が諸条件を整備したり、規制や給付などの形で強制権力を行使すると、その理想を共有していない人にとっては不利になったり、抑圧や独裁をもたらしかねない。だから自由主義思想は消極的自由の考え方を擁護して、積極的自由とされる議論を批判するのである。

この二つの自由はいずれも幸福の一要素といえる。幸福の中に、積極的に自らの理想を追求する自由と、国家に行動を制限されない自由とが存在するからである。だから「個人」と「ネガティブな不幸の解消」との二軸間の領域（第三象限）に「ネガティブな自由（消極的自由）」が入り、「個人」と「ポジティブな幸福の実現」との二軸間の領域（第二象限）に「ポジティブな自由（積極的自由）」が入る。

自由観のこのような相違は個人という私的領域についてだけではなく、人々に関する公共的領域にも関連する。ネガティブな自由の擁護を主張する自由主義思想は、自由な権利を強調して国家の規制や干渉を小さくすることを主張することになるから、自由型公共哲学である。これは、「ネガティブ自由」の方向の下半分の領域（第三・四象限）に相当する。

ただその中には、人々という「共」の間の経済的な格差があまりにも大きくなる場合には国家が権力を行使すべきだと主張する人々もいる。過度な経済的格差は正義に反すると考えて、貧困というネガティブな不幸を縮小しようと考えるのが平等主義的リベラリズムであり、「ネガティブ（解消）福祉」を主張する。広井が本書第1章で言及しているように、民主党政権で菅直人首相（当時）が掲げた「最小不幸社会」という目標は、ネガティブ（解消）福祉という平等主義的リベラリズムの発想に近いだろう。

これに対してあくまでも個人の選択の自由を強調して、人々の「ネガティブ（解消）福祉」を国家が行うべきではないと考えるのがリバタリアニズムである。この双方はいずれも「ネガティブ自由」の考え方を持ちつつ、「人々（共）」の福祉を行うべきか、それとも個人が重視されて「人々の福祉」はあまり考えるべきではないかという点で分かれているから、図2－3中の第四象限と第三象限にそれぞれ対応する。公による「ネガティブ（解消）福祉」を行おうとするのはリベラリズムだから第四象限に位置し、それに反対するリバタリアニズムは第三象限に位置するのである。

これらに対して美徳型思想は、ネガティブな問題を解決するだけではなく、ポジティブな理想の達成や自己実現を目指す。イギリスの理想主義的哲学は主として個人のポジティブな幸福や「善き生」の実現を主張した。だからそれは、「個人」と「ポジティブな幸福」との二軸に挟まれた領域（第二象限）に相当する。これに対して、今日のコミュニタリアニズムは公共的な問題に関しても共通善の実現を目指すから、ポジティブな幸福や「善き生」と人々の「共」との二軸の間の領域（第一象限）に対応する。この領域に対応する福祉の観念が「ポジティブ福祉」の実現である。もっとも今日のコミュニタリアニズムは、リベラル・コミュニタリアニズムという呼称に現れているように、リベラルなネガティブ自由をも尊重するから、単に第一象限だけではなく第四象限にも関わっている。

このように整理してみるとポジティブ福祉という考え方は、ギデンズによって提起されたものの、まさにコミュニタリアニズムの福祉観の特色そのものである。そしてリベラル・コミュニタリアニズムの福祉論とは、人々の間で共にネガティブ（解消）福祉とポジティブ福祉の実現を目指すものということができよう。

5　人々の幸福を目指すポジティブ福祉国家論

(1) ポジティブな「善き社会」——効率と正義と友愛の同盟

ブレア政権の崩壊とともに「第三の道」への関心は薄れた。イギリスでも、ブレア政権後には労働党のブラウン政権を経て、保守党のキャメロン政権やメイ政権に移ったし、ドイツをはじめ「第三の道」に近い政策で注目を集めた諸国の政権も変化していった。近年は、フランスをはじめヨーロッパで極右政党の台頭が見られてアメリカでトランプ大統領が誕生することになった一方で、民主党の大統領予備選挙では、民主社会主義を主張するサンダース候補が善戦して注目を集めたし、イギリスでも左派のジェレミー・コービンが労働党の党首になっている。リベタリアニズム的政策の結果、世界各地で貧富の差の拡大が生じたため、福祉に関心のある人々の中では中道主義よりも左派的政策に期待が集まっているのだろう。

もっともブレア政権などの中道左派路線がさほど成功しなかったように見えるのは、社会民主主義の刷新といいつつもリバタリアニズムの市場主義的な影響が強く、思想的・政策的に不十分だったからだろう。それらの政権自体の評価とは別に、リバタリアニズムと左翼との中道主義という「第三の道」の方向自体は今後も重要ではないだろうか。そこで以下ではポジティブ公共哲学という観点から、ギデンズのポジティブ福祉という考え方を発展させて、「第三の道」の中道主義を進展させる道を考えよう。

エツィオーニは、『ネクスト』刊行の前年に『第三の道から善き社会へ』という小さな本を刊行し、より明晰に「第三の道」のビジョンを定式化しようとして、それを「善き社会」と呼んだ。「第三の道とは、善き社会へと私たちを導く路である」というのである（Etzioni 2000：13）。善き社会とは単に市民的というのではなく「善き」社会であり、ブーバーが言うような「我―汝」という人格的関係が育まれて、人間が手段ではなく目的として扱われる社会である。そこでは国家・市場・コミュニティという三要素のバランスが保たれる。国家も、単に問題とか解決とかではなく、善き社会のパートナーとして考えられる。市場が「我―それ」というような道具的な関係の領域であるのに対し、コミュニティは「我―汝」の目的に基づく関係であり、拡大家族のようなグループへと結びつける感情の絆がそこには存在し、社会的な意味や価値からなる道徳文化が共有されている。

この社会は、国家的社会主義でもネオ・リベラリズムでもないし、右でも左でもない。エツィオーニは、公共政策の原理や重要点を示すような「公共哲学としてのポジティブで規範的な特徴」を描き出そうとした。福祉についていえば、最低限賃金などの政策で貧者の収入や所有物を増やすことによって、「善き社会」の中核の原理にとって本質的に重要な「豊かな基礎的最小限」（ベーシック・ミニマム〔住居、衣服、食物、基本的な健康のためのケアなど〕）の生活水準をすべての人に対して実現することがまず必要である。それに加えて、不平等が常に増えていくことがないような方法が採られなければならない。たとえば、多くのものに累進課税を維持し、相続税を増やしたり、労働とともに資本にも課税が行われたりしなければならない。ただ、一国だけでこのような大きな課税を行って富の大きな再分配を行おうとすると、国外に資本が逃げてしまって難しいので、ＥＵや世界規模の政策調整が必要であり、広汎な道徳対話を促進することが必要である（Etzioni 2000：56）。

物質的財の増加だけではなく人間の「良き状態（ウェルビーイング）」が実現されないと、道徳的に健全な社会にとっては不十分である。マズローの人間欲求の階層論でいわれているように、まず基礎的欲求が満たされた後に、より高い欲求が追求されるようになる。そこで愛情や文化、コミュニティにおける奉仕、精神的達成などが優先されるようになる。これは、穏健な対抗文化や、「自発的簡素」の生き方への大変化である。このような優先順序の巨大な変化においては、知識人と人々の間で巨大な対話が必要なのである。

エツィオーニのこのような考え方は、ギデンズの「第三の道」をコミュニタリアニズム的に定式化したものといえよう。ギデンズの『第三の道』の邦訳書においては「効率と公正の同盟」という副題が付されているが（Giddens 1998=1999）、それにならっていえばエツィオーニは「市場と国家とコミュニティ」のトリアーデのバランスを主張しているので、それぞれに対応するものとして「効率と正義と友愛の同盟」ということになろう。このトリアーデは「経済と政治と文化」にほぼ相当し、「善き社会」とはこの三つのバランスがとれた社会ということになる。

ギデンズは『第三の道』では「コミュニティ」も重視しているが、『第三の道とその批判』ではコミュニタリアニズムに言及し、コミュニティが多義的であって排他主義的なアイデンティティの政治を生み出す危険があるので、「市民社会」という概念を本質的な要素としている（Giddens 2000=2003：第三章）。しかし逆にいえば、それ以外の点では彼のビジョンはコミュニタリアニズムと似ていることになる。事実、ギデンズのいう「責任なくして権利なし」は、エツィオーニのいう「権利と責任」と似ている。エツィオーニ自身も、ギデンズの考え方に基本的には賛成しているのである（Etzioni 2000 : 61, note 32）。

ただしこの点についてエツィオーニは、「責任なくして権利なし」という議論は「深刻な道徳的過ち」であるとして、個人的権利は奪うことのできないものだから「責任を果たしていない人にも権利はある」と論じている。なぜなら、いかに怠惰で責任を果たしていない人でも、基礎的最小限の福祉は受ける権利があるからである（Etzioni 2000 : 29）。この点ではエツィオーニは、ギデンズ以上に最小限福祉の必要性を強調しているといえよう。

またエツィオーニは、ギデンズよりも道徳性や道徳的対話を重視している。ギデンズのポジティブ福祉という考え方も福祉について物質的側面だけではなく心の側面にも注目しているが、エツィオーニの場合にはマズローの欲求五段階説や、人間の「良き状態」についても触れているなどの点で、ギデンズよりもさらに精神的・道徳的側面を重視している。エツィオーニ自身も「公共哲学としてのポジティブな規範的特徴」という表現を用いているように、彼の「善き社会」はポジティブ公共哲学の社会ビジョンといえよう。それは道徳的対話に支えられた「市場（経済における効率性）と国家（政治における正義）とコミュニティ（文化における友愛）」とのトリアーデなのである。

（2）社会的公正への「福祉の正義」——私的責任の遂行を「可能にする国家」

福祉国家が批判されたり解体され、福祉国家の再編が模索されている。その結果として福祉制度や政策において基本的な考え方（パラダイム）に巨大な変容が生じてきたことが、アメリカやヨーロッパ諸国などについての経験的研究によって明らかにされてきた。アメリカの研究（Gilbert 1983=1995：Gilbert & Gilbert 1989=1999）から始まって，こうして生じた新しい国家像を理念型（マックス・ウェーバー）として「可能にする国家（enabling state）」（ニール・ギルバート）と呼ぶことがある（Gilbert 2004）[13]。

特に英米では個人や市場，自発的結社が民間の「私的責任（private responsibility）」を遂行することを可能にするために「公的支援（public support）」を行うようになってきている。失職している人々が仕事に就くことができるように（enable），また社会的な保護（social protection）を与えるための役割を市場や自発的セクターが拡大できるように社会保障の仕組みを大きく変えたわけである。そのためにはワークフェアなどの就労インセンティブや税の便益，サービス契約の購買などの方法が採られている（Gilbert 2004：16-17）。

従来の福祉国家は市場から労働者を守るために，マーシャルが指摘したような社会権の考え方によって公的に便益を与えるという普遍主義的な方法を用いていた。これに対してこの新しい「可能にする国家」は，労働者が市場で働き個人的責任を果たすことができるように民間が私的に社会的保護を行うという選択的な方法を中心にしている。「私的責任の公的支援（public support for private responsibility）」とそれをまとめていうことができるので，「可能にする国家」は「支援国家」とも訳されている（Gilbert 1983=1995：宮崎 二〇〇九：二一三-二一七）。これは，「スカンジナビア半島の北欧的な社会福祉から，市場志向的な英米型のモデルへ」という変化であり（Gilbert 2004：4-5），社会保障の体制類型論（エスピン・アンデルセン〔Espin-Andersen 1990=2001〕）でいえば社会民主主義モデルからの「福祉国家」パラダイムの変容である。その特徴を表2-1のようにまとめることができる。

たとえば，「市民の普遍的な権利として福祉を与える方法から，最も必要でそれに値する人を選択して

表2-1　福祉国家から「可能にする国家」への中心的な傾向の移行

福祉国家	可能にする国家
公的支給 公的機関による配給 サービスの形による移転 直接の支出に焦点を置く	**民間化（privatization）** 民間機関による配給 現金やバウチャーによる移転 直接的でない支出の増大
労働者を守る 社会的支援 労働の非商品化 無条件の便益	**仕事を促進する** 社会的包摂 労働の再商品化 インセンティブと制裁の使用
普遍的な資格付与 スティグマを避ける	**選択的な目標設定（targeting）** 社会的公平を回復する
市民性の連帯 権利の共有という結合力	**構成員の連帯** 価値の共有と公民的義務という結合力

出所：Gilbert（2004: 44）を基に筆者作成。

福祉の便益を与える方法へ」という変化が生じている。失業者に就職させて社会的に包摂する方法が重視され、市場の要請に労働者が応えて就職することができるように、技能などの教育や訓練を受けさせるなどの方法で人的資本を増やすことを目指している。インセンティブや不利益な制裁的措置（サンクション）を与えることによって、仕事に就いたりコミュニティのサービスをしたり、訓練のセッションやクリニックに行ったりするように仕向けようとしている。「労働の再商品化」とこれを呼んでいる。

さらに、福祉国家では市民が社会権を普遍的に持つことによって連帯が存在していたが、公民的義務（civic duties）についての価値の共有や、構成員（membership）として集団に所属しているということによって、結合力（cohesion）を持つように変わってきている。これは、マーシャルが指摘したような社会権の考え方から、社会学者デュルケームが注目した社会的・道徳的同質性に基づく中間集団構成員という発想への変化である（Gilbert 2004：45-46）。

このような変化は、人的資本の増強や「エンパワメント、社会的包摂、人的活性化（アクティベーション）、公平（equity）、社会的責任」などの言葉が使われていることからもわかるように、ギデンズの「社会投資国家」などの考え方が現実化してきたことを意味している。これは、グローバリゼーションの下における「社会的市民性（権利義務：シティズンシップ）」の大きな変容として経験的にも分析されている（Taylor-Gooby 2009）。

当初はこの「可能にする国家」は、アメリカにおいて減税や信用助成などの間接的支出などにより民間の私的活動を政府が助成して、社会的責任を遂行する期待を高めるとともに、それを規制もして適切な社会的保護を提供するという機能を中心にして考えられていた。その後の『福祉の正義――社会的公正を回復する』では理論枠組みを拡充し、「福祉の正義」として社会的公正の回復を主張して、生産性や経済成長に関する社会的便益も強調するようになった（Gilbert 2004：56, note 52）。家庭と市場双方における女性の社会的・経済的貢献に目を向けるとともに、社会的権利と責任との間で、より良いバランスを創ることを主張した。福祉国家に比して「可能にする国家」は、富の分配を平等にするよりも、人々に公平な待遇を与えることを目指す。優しい社会というよりも、公平と独立というような力強い美徳を重視する。市民は、公共的な便益とケアを受動的に受ける人ではなく、政府から時に援助を受ければ自分のことは自分できる存在として扱われる。そうして私的責任を果たせるように促しつつ、そうできない人に対しては人間的な公共的ケアの公正な枠組みを維持するような社会的保護のシステムを創ろうとするのである（Gilbert 1997：xi-xii, 154）。

これに対してエツィオーニはすべての「人々が他人のために責任を果たす必要がある」という考え方に共感して、「善き社会」という観点からこの代表的著作に序文を寄せている（Gilbert 2004：viii-xvi）。彼によれば、仕事やコミュニティへのサービスなどは罰として強制的に課せられるよりも道徳的な期待として実現されるべきであり、それは人々がなす善き気高い活動であり、国家は差別をなくしてこれを可能にすべきである。

このようにギデンズの「第三の道」やエツィオーニの「善き社会」はある程度は現実の国家に影響を与えたが、これは必ずしも良いところばかりではない。「責任」などはレトリックとしては美しくても、実際には資本主義の圧力によって福祉の切り下げにしかなっていない部分も多い。エツィオーニも、豊かな基礎的最低限の生活水準は保障されるべきなので、一九九〇年代の改革における行き過ぎは再修正されるべきであると論じている（Gilbert 2004：xiii-xiv）。それでは、このような市場的効率への過度の行き過ぎを避けるために、今後はどのような道を目指すべきだろうか。

(3)「善き生」を可能にするポジティブ福祉国家

社会学者ギデンズの議論は政治哲学に深く立ち入ってはいないので述べられてはいないが、「第三の道」や「善き社会」が示すような「可能にする国家」への変化においては、政治哲学におけるリベラリズムの発想からの大転換が起こっている。リベラリズムにおいては、前述のように国家は価値観・世界観について中立的でなければならないから、一定の「善い生き方」を公共的政策に持ち込んではいけない。ところが社会的投資国家や「可能にする国家」におけるワークフェアでは、失業者が市場で働けるようにすることが政策の目標とされている。

労働市場の要請に応えて人々が働くという生き方がここにおいては「善き生」と考えられていて、それを実現するために公共政策が行われていることになる。しかし労働市場の要請に応えるという生き方にはすべての人が合意しているわけではなく、「労働市場の要請は非人間的だから、それに従うことは『善き生』ではない」という考え方もありうる。だから、もしリベラリズムの主張のように国家は価値に中立的でなければならないと厳密に考えるならば、このような就労支援政策を国家が行うことはできない。そこで社会民主主義モデルのように権利として福祉を与えるしか方法がないのである。

これに対して国家による就労支援政策を認めることは、市場で労働するという「善き生」を国家が促進することを認めることだから、権利ではなく「善き生」を実現するための公共政策を正義と考えていることになる。ここでは、ロールズがいうような「善に対する正義（＝権利）の優先性」は崩れており、サンデルが主張するような「善に関係する正義」が政策として行われているわけである。そこで社会的投資国家や「可能にする国家」は、本質的にコミュニタリアニズムの発想をすでに採用していることになる。だからこそエツィオーニが共感するわけである。

しかしコミュニタリアニズムの理想からすれば、ここには限界がある。この「善き生」は、あくまでも労働市場における要請に応える生き方・働き方を意味している。「可能にする国家」は「市場経済における労働を可能にする国家」になっているのである。だから、たとえばもし労働市場が過酷なものとなって、いわば奴隷労働のようなものを強いることになっても、それを「善き生」と考えることになりかねない。これらの考え方が過度に市場志向的であって資本主義の要請に屈しているという難点が生じているわけである。

この問題を克服するためには、今の労働市場の要請から「善き生」を解放して、思想的・科学的な「善き生」そのものから考え直す必要がある。たとえば前述のように、幸福研究やポジティブ心理学は幸福をもたらす「善き生」を科学的に明らかにしつつある。失業者も含め人々がこのような「善き生」そのものを生きることが可能になるように国家が公共政策を行うことが、コミュニタリアニズム的な考え方からすれば正義である。

このような考え方からすれば「ワークフェア」は、今日の市場経済における「ワーク（仕事）」を強いるのではなく、「善き生」の一環としての「仕事」を促すものとなるべきである。そのような仕事を「善き仕事（good work）」、それを促す「ワークフェア」を「善きワークフェア（good workfare）」と呼んでもいいだろう。

ある程度までは今日の市場経済においても、「善き生」を生きている人々は元気に働くことができると想定することが可能である。逆にいえば失業者の中には、教育や心理や勤労意欲の点で問題があるために失業している人もいるだろう。そのような人は「善き生」を生きてはいないし、幸福でもない。メンタルな面も含めて就労支援を行えば、そのような人も「善き生き方」を知り、仕事に就くことができるかもしれない。このようにすれば、社会投資国家や「可能にする国家」は人々の「善き生」を可能にし、しかも市場で働ける人も増やせることになろう。それは、福祉受給の金額を減らして市場経済を活性化することにもつながるはずである。

これは、人々が生産的にポジティブに生きて働くことを可能にすることである。だからこのような福祉は「ポジティブ福祉」[14]といえるし、それを行う国家を「ポジティブ福祉国家」といっていいだろう。ギデンズは、「ポジティブ福祉社会」というように「社会」に限定してこの言葉を使っているが、コミュニタリアニズム的なポジティブ公共哲学においては、より直截に「ポジティブ福祉国家」という表現を用いてもいいだろう。

もちろん今の労働市場にはさまざまな問題があり、ブラック企業を考えてみればわかるように、そこで働くことは「善き生」にそぐわないこともありえるだろう。そのような場合には労働者が「善い生き方」をできるように、国家が労働市場を変革させることも「ポジティブ福祉国家」における正義である。規制立法を行ったり取り締まりを強化することによって、国家の強制力によって善い生き方・働き方ができるように市場を変革することが必要になろう。

だからポジティブ福祉国家は、単に市場志向的なのではなく、市場を改革する方向へと向かう場合もありうる。それは、あくまでも人々の「善き生」を「可能にする国家」であり、人道的な「善き社会」へと向かう「社会投資国家」なのである。こうしてポジティブ福祉国家は、従来の「第三の道」や「可能にする国家」が陥りがちだった市場志向的偏向を是正し、人々が本当に「善き生」を生きるようなポジティブな福祉の実現を目指すのである。

（4）統合的な幸福国家における自由と福祉

アリストテレスやポジティブ心理学に基づいて「善き生」が幸福をもたらすと仮定すれば、ポジティブ福祉国家は、人々が「善き生」を送ることによって幸福になることを促進する。つまり、「福祉」という言葉の原義そのものである「幸福」を可能にするのである。「可能にする国家」は「幸福を可能にする国家」となる。単純明快にこれを「幸福（促進）国家」と呼ぶこともできるだろう。前述したように幸福には平和・環境などさまざまな要素があるが、その中でも福祉は最重要要素の一つである。その意味では、ポジティブ福祉の実現が幸福国家における国家目的の中核であり、国家の第一の存在理由であるといえよう。

そもそも歴史的には今日の「国家」に相当する政治体・公共体は、西欧では common-weal とか common-wealth と呼ばれていた。これらは「共通福祉（体）」とか「共通富（体）」というような意味である。「公共善」としての福祉や富を実現することが国家のそもそもの存在理由であるという考え方がそこにはあった。だから、この原義に戻って考えれば「国家」は「共通福祉体」とか「福祉公共体」ともいえよう（小林 二〇〇四b：一六〇）。ウォルツァーがほのめかしていたように、福祉国家は国家のもともとの存在理由でもあったのである。

ところが自由主義の下では、国家は個人の自由を侵害する危険があるのでそれを妨げることが重視されたから、このような発想はなくなった。国家は、いわば必要悪のようなネガティブな存在とされたわけである。これに対して、コミュニタリアニズムのように共通善ないし公共善を実現することが国家の目的と考えるならば、基本的にはポジティブな存在と国家を考えていることになる。ここにはいわば「ネガティブ国家観」と「ポジティブ国家観」という大きな相違が存在しているのである。

ポジティブ福祉国家ないし「幸福国家」という考え方は、このようなポジティブ国家観への大転換を起こして、正面から人々を幸福にする政策を国家が実行できるようにするということを意味している。ネガティブな状態からの脱却を目指すという点で従来の福祉国家が「不幸減少国家」を目指すものだったのに対し、「幸福増加国家」を目指すことになる。

前述したようにポジティブ国家観における「幸福（促進）国家」は、不幸の減少と幸福の増進、つまりネガティブな不幸の解決とポジティブな幸福の増進という双方を目指している。その意味で、人々の幸福という私的善及び公共善の推進を一義的な国家目標とするのが「幸福（促進）国家」である。従来の福祉国家論は、この実現を目指す「幸福国家論」として再編されるべきだろう。

この国家は、自由に関してもネガティブな自由とポジティブな自由の双方を尊重する。前述のようにリベラル・コミュニタリアニズムは、自由や権利を尊重しながら責任や義務をも重視する。エツィオーニがいう「権利と責任」はその端的な表現であり、第三の道や「可能にする国家」においても責任が重視されていた。

「善き生」においては責任を積極的に担うことも大事だから、ポジティブ自由の観念においてはそのような人格の形成も国家の目標となる。もっとも、慈恵的な専制国家や家父長制国家とは違い、ここでいう幸福国家においては人々に一つの「善き生」を国家が強制するわけではない。あくまでも人々は自由に自らの生き方を選ぶことができる。その意味において人々の自由に国家は干渉はしないから、自由主義的国家と同様に「ネガティブ自由」も尊重されている。

しかし「ポジティブ自由」を実現するために公的教育においても「善き生」について教えることができるし、失業者にも、ポジティブ福祉の方策としてインセンティブや制裁的措置を与えて支援することによって、それを教えて勧めることは可能である。善きワークフェアにおいても、福祉の条件として就労を課すという側面と就労支援という側面（人的活性化：アクティベーション）が考えられる。ネガティブ自由という観点からは後者の方が望ましい。それは「善き人的活性化」と呼べるだろう。しかしポジティブ自由という観点からも、やむを得ない場合には前者のように「善き仕事」に対して就労を課すことも倫理的に肯定できるだろう。

それによって人々は自由に「善き生」を送り幸福を実現することが可能になるだろう。その点では、人々が「善き生」によって自己実現を行うことを国家が促進するから、「ポジティブ自由」も重視されていることになる。

ポジティブ公共哲学における幸福国家では、ネガティブ自由とポジティブ自由の双方がこのように尊重されているから、統合的な自由が重視されているといえよう。言い換えれば、自由主義における「自由」とコミュニタリアニズムにおける「共通性・共同性」の双方が重視されているということである。この双方の要素のバランスが大事なのである。この二つを、リベラル・コミュニタリアニズムにおける「リベラル（自由）」な要素と「コミュナル（共同）」な要素と呼ぶことができるだろう。この双方の契機のバランスをとって統合的に発展させることが理想なのである。

この二つを正義についての第一基本原理と第二基本原理と考え、それぞれを「①自由（リベラル）原理、②共同（コミュナル）原理」と呼ぶことができよう。この二つの原理は、社会科学や政治哲学の論理としては「（1）すべてを個人に還元して考える（原子論）」か「（2）個人の合計や総和以上のものを考える（全体論）」か、という相違に相当している（小林 二〇一三b）。実は経済学や福祉の哲学においても、この論理的な対立が歴史的に存在しているのである（塩野谷 二〇〇四a）。

ロールズの正義論は、合理的な個人に基づく自由原理に基づいてすべてを説明しているが、その論理的魔術を解いて考えれば、実際には①の自由原理は第一原理（平等な自由の原理）に対応し、②の共同原理は第二原理にほぼ対応する。ただ、ロールズ的なリベラリズムでは第一原理が第二原理に優先する（辞書的優先）とされているのに対し、リベラル・コミュニタリアニズムではその双方のバランスをとることが重視されているのである。

幸福国家は、リベラル／コミュナルな要素（とそれに伴うネガティブ／ポジティブな自由）を統合的に発展させるという点で、「統合的自由」を追求する。同時に、不幸の減少と幸福の増大という「ネガティブ（解決）／ポジティブ」な福祉を目指すという点で、「統合的福祉」を目指すといえよう。この二重の意味で、ポジティブ公共哲学ないしリベラル・コミュニタリアニズムにおける国家は「統合的幸福国家」といえよう。

6　コミュニタリアニズム的正義論——分配的正義の三原理と福祉の種類

（1）最小限福祉という倫理的正義——統合的な「権利＝権義」の観念

このような統合的観点からの福祉論を「統合的福祉論」と呼ぼう。この観点からは、福祉にとって決定的に重要な「平等」の問題をどのように考えるべきだろうか。前述のようにギデンズは、「平等」を社会的包摂の問題へと置き換えている[15]。もちろん差別の解消や社会的包摂は大事な問題であり、幸福国家もこれらを目標にするだろう。しかし国家における正義という観点からは、それだけでは十分ではない。

エツィオーニがいうように、まず基礎的最小限の生活水準は国家により保障されるべきである。以下ではこれを「最小限福祉」と呼ぶことにしよう。これは日本でいう「生存権」に相当するだろう。この福祉の原理を「生存原理」と呼ぶことができよう。この部分に関しては、勤労意欲などとは関係なく人間としての普遍的な権利として認めるべきだろう。エツィオーニも、多くの人々はこれで勤労意欲を失うことはないし、たとえごく一部の人が福祉を悪用してそれに依存する危険性がわずかにあるにしても、これは基礎的な人間性を確保するためには小さな犠牲であるとしている。

これに関しては、前述のようにリバタリアニズムにおいてすら最低限のセーフティネットは必要と考える論者も少なくない。このように最小限の福祉政策が必要だという点については、政策的意見の対立にもかかわらず、リバタリアンも含め多くの論者の間で、いわば「重なり合った合意」のように一致点が存在しているのである（小林 二〇〇四b：一四八－一五〇）。

この生存原理については、リベラリズム（やリバタリアニズム）と同様に、コミュニタリアニズムにおいても普遍的な「権利」の観念を用いることができる。そもそも、「権利≠正義」と「善」とを峻別する考え方は自由型思想が提起したものであり、美徳型においてはその二つは関係がありえる。サンデルが説明しているように、「善き生」と関係する「正義」の観念がありうるのであり、これを「善あり正義（善相関型正義）」ないし「倫理的正義」と呼ぶことができよう（小林 二〇一〇：第五講）。

そもそもrightsやrechtは「正しさ」を語源とするのだから、日本語では「利益」という語感を含む「権利」よりも「権義」（福沢諭吉）ないし「権理」（中江兆民）というように訳した方が、語源には即している。ただ、今日の日常的用語では「義」以上に「利」の意味を含んでいるから、「権利」という訳語も一定の妥当性を持つが、コミュニタリアニズムにおいては「善」との関係で正義も考えようとするから、倫理的な「権義」や「権理」という意味が重要になるのである。

前述のようにリバタリアニズムにおいてすら最小限福祉を認める場合が多いのは、人間は生きる普遍的「権利＝権義」を持つと考えるのが人道主義的だからである。それゆえ「生存権」は、「善き生」という観点から見て普遍的に認められるべきであり、倫理的「権利＝権義」と考えるべきである。ここには、リベラリズムにおける「正義＝権利」の概念と、コミュニタリアニズムにおける「善」の観念が統合されているので、この「権利＝権義」は、自由原理と共同原理の「統合型正義」と考えることができる（小林 二〇〇四b：一五三）。

実際には個人だけに注目し自由原理に徹して考えれば、他者に対して人道主義的な観点から生存権を考える論理的必然性は存在しない。だから、最小限福祉を認めるということは、リバタリアニズムにおいてすら他者に対する最小限の関心と配慮という共同性（communality）・共通性（commonality）を容認していることである。いかなるものであっても、福祉擁護論においては最小限のコミュナルな原理が実は存在しており、それゆえに最小限福祉の生存権においてはリベラルとコミュナルな原理とが統合されている。

統合型正義という考え方は、自由型においてすら存在しているこの双方の要素を明示的に理論化したものである（小林 二〇〇四a）。最小限福祉であれ、それ以上の福祉であれ、福祉は実際には何らかのコミュナルな原理に支えられている。

そこでコミュニタリアニズムでは、エツィオーニのように最小限福祉を明確に擁護する。もっとも、その方法や程度には議論がありうる。通常は生活保護や失業保険などのように、セーフティネットとして個別的な対策によって最小限福祉を実現しようとする。これに対して急進的コミュニタリアニズムにおけるベーシック・インカム論は、国民全員に基本的には最低限の生活のための現金を給付することを主張する。これは一般的には、通常のセーフティネットよりも急進的で強力な福祉政策と考えられているが、本当に最低限の生活のための現金給付に限定されている場合には、その現実的妥当性は別にして、論理的にはこれも最小限福祉のための制度的提案と位置づけられよう。

(2) 統合的平等論——機会均等と相応的均等の原理

しかし、最小限福祉だけでは福祉政策は十分とはいえない。それを超える福祉には、さらにコミュナルな原理が強く働いている。その福祉政策の規模や種類、その度合いについては大きな論争が存在している。エツィオーニも最小限福祉以上の福祉と不平等の解消を主張しているが、その水準は明確にはしていない。

この点について平等主義的リベラリズムでは、最も恵まれない人にとっても便益のある格差のみが許容されるという格差原理をロールズが提起していた。しかしこの考え方は、サンデルらが批判しているように論理的に難点があると同時に、「最も恵まれない人にとって」の便益を優先するという点で恣意性がある。たとえば「無知のベール」という論理構成を仮に認めるとしても、弱気な人は実際には自分が最も恵まれなくとも後で後悔しないような原理に賛成するかもしれないが、強気な人はそうは考えないかもしれないからである。

福祉の正義に関してサンデルは詳細な議論を展開していない。しかし彼は、正義一般に関してアリストテレス以来の考え方（目的論）もしばしば用いている。そこで福祉についても、アリストテレスの古典的な平等論に遡って考えてみよう。平等に関する正義として、「算術的な平等」と「幾何学的な平等」をこの哲学者は考えた。前者は、算術的に単純に平等な場合を正義とする考え方である。後者では、物や事について、その価値にふさわしい適合的な報酬を与えることを正義と考える。その実質的な道徳的価値に比例して対価や報酬を決めるわけである。この適合的な値を「道徳的適価（デザート〔desert〕）」と呼ぶことができよう。これは「その人や物・事にふさわしい価値や値するもの」という意味である（小林 二〇一〇：一三二―一三三）。

今日における「機会の平等」は、人々が教育を受けたり仕事に就いたりする機会における平等であり、「結果の平等」は結果として得られる所得や資産における平等だから、これらは単純な算術的平等に対応する。この二つの平等は、ロールズの正義論でいえば第二原理における二つ（機会均等原理と格差原理）にほぼ対応する。

「機会の平等」は、エツィオーニがいうように人間がそれぞれ目的として尊重されるべき存在である以上、アリストテレスの古典的な正義論を適用して考えても、この平等が実現されるべきだろう。この原理は正確にいえば「機会の算術的均等原理」ということになるが、ロールズと同じく「機会均等原理」という方がわかりやすいだろう。これを目的にする福祉を、「機会均等（平等）福祉」と呼ぶことにしよう。

これに対して「結果の平等」を目指す福祉を、「結果均等（平等）福祉」と呼ぼう。これについては、人々の働き方が結果として所得の相違として現れるという点をどのように考えるかが問題になる。

リバタリアニズムは、「結果の平等」を実現しようとすると、真面目に働いた人もそうでない人も同じ報酬を得ることになってしまうから、道徳的にも望ましくないと主張する。福祉国家においては、勤勉でない人も福祉に依存して生きていくことができるようになるから、道徳的堕落をもたらすと考えるわけである。

道徳的適価という古典的な考え方を適用して考えれば、このような勤勉でない人にはそれにふさわしい報酬が与えられるべきだから、「結果の平等」という考え方にはやはり問題があるということになる。仕事の報酬は、その人の意欲・能力や働き・仕事にふさわしいものであるべきだからである。人によって働き方や仕事の内容が実際には違う以上、それに値する報酬が与えられるべきであり、所得や資産には差があって不思議ではない。

しかしこの考え方は、リバタリアニズムのように市場経済における報酬や所得、そしてそれに基づく資産の格差を自明視するわけではない。今日の市場においては独占・寡占などさまざまな要素が存在するので、人々の得る報酬は、その仕事に本当に値するものとは必ずしもなっていないからである。実質的な価値から見て報酬や所得が不当に高かったり低かったりする場合には、それを是正して適切な報酬や所得・資産にすることが「幾何学的平等」を実現することになる。

だから幾何学的平等や道徳的適価という考え方からすれば、現在の経済的不平等は一定程度是正されるべきであり、そのために国家は積極的な役割を果たすべきである。たとえば、資本主義においては資本や資産が増大していくメカニズムが存在するが、資本家や資産家の働きに真にふさわしい報酬や所得がそこで実現しているかどうかは疑わしい。そこで相続税や資産・不労所得に対する課税などという方策は、道徳的適価の実現という観点からも正当化できるだろう。

他方で前述のように、働く能力や環境があるのに勤労意欲がなくて働かない人には、それにふさわしい所得しかなくともやむを得ないだろう。だから単純に「結果の平等」を実現しようとすることがいいわけではないし、最も貧しい人の立場にとっても便宜がある格差だけを認めるということにもならない。貧富双方の人がその働きにふさわしい所得を得ていて、大きな格差が生じることも考えられるからである。格差の正当性を考えるためには、やはりその人の具体的な状況や意欲・能力などを考える必要が生じてくる。

そこで「結果の平等」に関する格差の縮小のためには、その人やその仕事・貢献・功績などにとってふさわしい適切な収入や所得をもたらすことが望ましい。これは、道徳的適価に基づく「幾何学的結果平等原理」ということになる。ただ今日では、平等という言葉は単純な算術的平等という意味で使われているから、一般の人にはこれでは意味がわかりにくいかもしれない。そこでロールズの格差原理を念頭に置いて、この原理を「幾何学的格差原理」ないし「相応的格差原理」と呼ぶことにしよう。これは、格差については その人の意欲・能力やその仕事の内容や価値にふさわしいものだけが許されるという原理である。このための福祉を「相応的（幾何学的）福祉」と呼ぶことにしよう。その人の勤労意欲などにこの福祉は対応するから、「可能にする国家」のように選択的に社会保障を考える必要がある。

このように社会保障における平等を考えるためには、アリストテレスのいう算術的平等と幾何学的平等、言い換えれば単純な平等と価値に即した比例的平等を考えることが重要だろう。これを「統合的平等」ということができると思われる。(算術的)機会均等原理と幾何学的結果均等原理を統合的に考えるという点で、これは「統合的平等原理」ともいえるだろう。

(3) 複層的福祉における公民的福祉――基礎的福祉と相応的福祉

以上をまとめれば、分配的正義に関して「1. 生存原理、2. 統合的平等原理(2-1. 機会均等原理、2-2. 相応的格差原理)」という二つないし三つの正義の原理を考えることができるだろう。これを分配的正義における三原理と呼ぶことにしよう。前述の正義の二基本原理に即していえば、分配的正義はコミュニティの同胞としての共通性に基づいて行われるものだから、第二基本原理(共同原理)の一つの現れである。

ロールズの正義論に対比して説明すれば、この第二基本原理の中における分配的正義の第一原理(2-1. 生存原理)はロールズには対応するものがないが、基本的社会財の提供はほぼそれに相当する。分配的正義の第二原理(2-2. 統合的平等原理)における二つ(2-2-1. 機会均等原理、2-2-2. 相応的格差原理)は、それぞれロールズの第二原理(2-1. 機会均等原理、2-2. 格差原理)に対応する。この二原理は、コミュニタリアニズム的な分配的正義論の中核と考えられよう。

最小限福祉は、生存権という普遍的な「権利＝権義」の概念で考えることができるのに対し、それ以上の福祉は、一義的には権利の概念よりも共通善の観念で考えるべきだろう。ウォルツァーが論じたように、このような福祉の水準や方法は実際には国家をはじめとするコミュニティによって異なるし、その人々の考え方によって変化する。つまり生存権に基づく福祉は、人間としての不可譲の普遍的権利として絶対に実現しなければならないのに対し、それ以上の福祉を実現するか否かは、そのコミュニティの構成員の判断に委ねられている。だから分配的正義における第一原理（生存原理）に基づく正義は「絶対的正義」であるのに対し、第二原理（統合的平等原理）に基づく正義は「相対的正義」といえよう。

リベラリズムの考え方とは異なり、第二原理に基づく福祉は、コミュニティの人々が貧しい同胞に対して友愛ないし同胞愛という動機によって行うものであり、しばしば連帯の観念で説明されている。そこでこの福祉を「公民的福祉」と呼ぼう。「可能にする国家」論で指摘されているように、そのコミュニティの構成員が他の構成員に行うという意味において、公民としての福祉だからである。

機会の平等と結果の平等をどこまで実現するかについては、コミュニティによって考え方が異なる。コミュニタリアニズムにおいてはコミュニティの個性やそこにおける共有理解が尊重されるから、この相違は必ずしも悪いというわけではない。たとえば北欧諸国と英米との間における福祉についての考え方の相違（高福祉・高負担、低福祉・低負担）は、その一つの例である。

いわゆる先進諸国では、機会の平等については賛成する人が相体的には多いだろうが、親の所得格差が子どもの機会に影響を与えていることを考えてみれば、実際には完全にこの平等が実現しているわけではない。たとえば相続税は機会均等を実現するための一つの方策ではあるが、この税率などの度合いについても意見は分かれるのである。

福祉についても、最小限福祉以上の福祉をどこまで実現するかは、やはりコミュニティによって考え方が異なってくる。コミュニティによっては、最小限福祉以上の福祉も一定程度は、その人の考え方や仕事の価値と関わりなく、普遍的に認めるべきだと考えるところもあるだろう。社会民主主義では「社会権」の考え方にこれは相当するが、ここではそれを「基礎的福祉」と呼ぶことにしよう。

基礎的福祉を設定するかしないかは、人類の普遍的権利の現れというよりもそのコミュニティの構成員

図2-4　福祉の哲学的原理と種類

福祉の種類		
	相応的福祉（2-2-2. 相応的格差原理）	公民的福祉（2-2. 統合的平等原理）
	基礎的福祉（2-2-1. 機会均等原理＋α〔結果均等原理〕）	
	最低限福祉（2-1. 生存原理）	

の判断によることだから、理論的にはこれは公民的福祉の一つである。コミュニタリアニズムにおいては「善き生」と関連させた正義を考えるから、「共通善」とともに「権利＝権義」という概念でこの福祉を表すことも可能である。それを「社会権」と呼ぶこともできるだろう。ただし、この「権利＝権義」は人類の普遍的で不可譲の人権ではなく、あくまでもコミュニティの共有理解に支えられて成立している正義である。権利という概念を使うにしても、そのコミュニティの内部で共通善として構成員に認められている法的・政治的な「権利」であって、いわば「コミュニティ構成員としての権利」なのである。

機会平等の実現のための福祉は基礎的福祉に入る部分が多いだろうが、結果平等のための福祉もこの中に入る部分があるだろう（図2-4におけるα）。コミュニティの人々の共通の理解によってこれは決められるから、その内容や水準は状況によって変動しうる。

これに対して、相応的格差原理に基づく福祉は、コミュニティの構成員全員に認められるわけではなくその人の考え方・意欲や仕事に対応するから、基礎的福祉には入らない。構成員であってもこれを認められない人がいるわけだから、それは「権利」とはいえない。この福祉は、あくまでも共通善として認められるのである。この「相応的福祉」は、基礎的福祉を超える部分の福祉であり、基礎的福祉と相応的福祉の双方が公民的福祉の中に入る（図2-4）。

普遍主義的な平等主義的リベラリズムならば、この内の「最小限福祉」と「基礎的福祉」は「権利＝正義」と考えて、相応的福祉という概念には賛成しないだろう。「相応的福祉」は、コミュニタリアニズム独自の福祉概念である。もっともリベラリズムの中からも、リベラルな不偏的正義とケアの個別的視点とを共に考える議論として、リベラリズムの普遍的権利とコミュニタリアニズムの「個人間の関係性や協働性を反映した評価基準」（貢献や功績）との双方に基づく「重層的福祉保障の構想」（後藤 二〇〇四：三二四）が現れている。このような考え方を「複層的福祉」と呼ぶことにしよう。[16]

統合的なリベラル・コミュニタリアニズムから見れば、前述の分配的正義の三原理に即して、「最小限福祉」と「基礎的福祉」「相応的福祉」という「三層的福祉」を構想することになる。この内の「最小限福祉」は、リベラリズムとも共通する普遍主義的な権利であるのに対し、基礎的福祉と相当的福祉は、本質的には共通善に基づく公民的福祉であり、コミュニタリアニズムの論理に基づく福祉である。もっとも、基礎的福祉においては法的には権利の概念を使うことも不可能ではない。その点で、ここにはリベラリズムの論理とコミュニタリアニズムの論理が接しているといえるかもしれない。こうして、基礎的福祉を中間に置くことにより、リベラリズムとコミュニタリアニズムとの福祉の観念が三層的福祉において統合されているともいえるだろう。

(4) 共和主義的福祉における熟議と共有理解——科学的・哲学的「善き生」と幸福公共政策

公民的福祉の水準やその方法は、共通善の達成を目指して賢慮を働かせ熟議によって決める他はない。その時点における財政状態や人々の意識によって影響を受けざるを得ないからである。これは、正義論としては確定的な強さがないように思われるかもしれないが、逆に財政などの現実的制約の中で、可能な限りの福祉の理想を実現するための現実的な考え方である。このような考え方を公共哲学では「理想主義的現実主義」（山脇 二〇〇四a）という。

前述のようにサンデルは、正義を考えるにあたって共和主義的な議論を重視している。最小限福祉は、普遍主義的な生存権に基づく絶対的要請だから、議論を俟たずに絶対的正義として実施しなければならないが、その方法や具体的金額などの水準は、議論して政治や司法などによって決めることになる。公民的福祉については、そもそもそれを実施するかどうかも含めて、その水準や方法について人々が公共的関心を持って議論して自ら決定していくことになる。このように公民的関心に基づき自己統治によって決める福祉を「共和主義的福祉」と呼ぼう。共和主義は語源からいえば「公共主義」とも呼べる（小林 二〇〇五）から、人々が公共的議論によって公共善として決める福祉という意味において「公共主義的福祉」といってもいい。公民的福祉は共和主義的福祉であって、その実現は相対的正義の要請だから、コミュニティの構成員がそれを共通の善であると考える時には実現しなければならない。

前述のようにウォルツァーは、コミュニティの構成員における共有された理解に基づいて分配的正義が決まると考えている。その複合的正義論は、コミュニティの人々の共有理解を重視するあまり、相対主義という批判を受けているし、サンデルもこの点については批判的である。これに対して最小限福祉という考え方においては、その限りでは普遍的な福祉を絶対的に主張することになるから、その難点を免れている。ウォルツァー自身の用語を用いればこれは、権利のように普遍的に認められる最小限の「希薄な道徳」である。

これに対してそれを上回る公民的福祉に関しては、サンデルのいう熟議、ウォルツァーのいう解釈行為と議論により、コミュニティの中で共有理解を形成し、それに基づき共通善として実現を目指すことになる。ウォルツァーの言葉でいえば、これは最大限の「濃厚な道徳」に対応する。特にポジティブ福祉に関しては、「善き生」に関しても公共的な議論を行い、それとの関係も意識して福祉のあり方を決めていくべきである。

前述したように福祉は幸福の重要な一環と考えられるから、福祉政策は幸福の公共政策の支柱である。第1章に従って、幸福に関する公共政策を「幸福公共政策」と呼ぶことができよう。この「公共」は政府などの政策という意味だから、「公」と「公共」を呼び分けるという方針からすれば「公的政策」ということになる。ただ「公共政策」という言葉が一般的に使われているので、この用語を用いる。この場合は、人々一般に影響を与えるという意味で「公共的」な（公的）政策という意味である。

リベラリズムなどの自由型正義論においては、人々の意見が分かれるという理由によって、このような政策を国家が行うことは難しい。しかし幸福に関しては、前述のように幸福研究やポジティブ心理学などによって科学的研究が進んでいる。この科学的成果に基づいて、幸福をもたらす「善き生」は存在するということがわかったわけである。だから、「善き生」に基づいて公共政策を立案して実行することが正義であるという議論は、科学的な根拠を持つことになる。これは、善に基づく正義を考慮すべきであるというコミュニタリアニズムの主張を正当化するだろう。

一定程度はそれらの科学的研究の成果を活かして幸福政策を立案することができるだろう。たとえばポジティブ心理学では幸福指標を提案しているが、各地や各領域でこれを計測し、その結果に基づいて政策を立案することが考えられる。たとえば前述のように一定程度の所得水準を上回ると幸福度の上昇率は減っていく場合が多いから、その所得水準を達成するまでは経済的発展の政策に力点を置き、その水準を超えた後は教育や医療など福祉の他の領域に傾注した方が、全体としての幸福度は高まるかもしれない。そのための方策も、科学的研究によって発展させることもできるかもしれない。

しかし少なくとも現時点では、幸福に関する科学的研究はようやく本格的に発展しはじめた段階であり、

「善き生」の内容についても、幸福を達成する方策に関しても、断言できることは限られている。おそらく予見しうる限りの将来においても、これらについて不確定なところは残るだろう。いかに幸福についての科学的研究が進展しても、その科学に基づいてテクノクラティックに幸福政策を決定することはできない。だから科学的研究の成果を摂取し参照しつつも、幸福公共政策は最終的には「善き生」を考慮して熟議によって決める他はない。

科学的研究の成果はネガティブ自由とポジティブ自由にも関連させることができるだろう。「善き生」を考える必要性は、現時点でも科学的に主張できる。その意味で、いわば「科学的善き生」を考えることができる。これに関しては国家が促進することも決して不当とはいえないから、ポジティブ自由の実現のために積極的な公共政策を実行することが正しいだろう。ネガティブ自由に反しているという議論は、科学的根拠の前に説得力を失うだろう。

しかし科学的「善き生」は「善き生」の全体ではない。「善き生」を総体的に考えるためには、哲学的・思想的な「善き生」についての見解も参照する必要がある。これを「哲学的善き生」と呼ぼう。「善き生」を実現する政策に関しても同様である。哲学的善き生に基づく正義に関しては、価値観・世界観に基づく異論が十分にありうるから、ネガティブ自由の要請をも尊重して、慎重な幸福公共政策が行われるべきだろう。

幸福に関する科学の進展度合いにかかわらず、人間はその生を送らなければならない。だから福祉をはじめ幸福公共政策の決定にあたっては、「科学的善き生」だけではなく「哲学的善き生」も念頭に置きながら、最終的にはやはり人々の賢慮と熟議によって決定していく他はないのである。

7　ケアを容易にする幸福公共政策

(1) ケアリング・コミュニタリアニズム

「善き生」の一環としてケアに注目し、それに基づく福祉公共政策を考えてみよう。近年、福祉や医療・看護・教育などの領域では「ケアの倫理」の重要性が自覚されるようになってきており、福祉の公共哲学においても注目されている（今田 二〇〇四）。

一般的にケアとは愛や思いやり、気遣い、配慮などのことを指し、メイヤロフはケアについて他者の成長や自己実現を助けることと考えている（小林 二〇一三a）。経験的研究によって発達心理学者ギリガンは、男性と異なる心理的発達経路が女性には存在することを発見し、発達した女性の心理的特質として文脈的・物語的・関係的な思考が存在して、責任・責務の感覚も敏感であることを明らかにした。さらに教育学者ノディングズは、母子の関係を原点に考えて「ケアする人／ケアされる人」という「ケアリング」がさまざまな領域に存在することを指摘し、相互性・関係性をその特色として指摘した。

ギリガンやノディングズの議論からは、「ロールズのような正義の観念が男性的な普遍主義的・理性主義的発想に即していて男性中心主義的であり、これに対してケア倫理はその偏向を打破する女性的な倫理である」という考え方が導かれうる。そこでこの両者の「結婚」という統合的な理想が考えられる。

フェミニストには、「正義／ケア」を「男性的／女性的」とみなすのは性差の存在を肯定することにな り、男女差別を強化することにつながると考える人も多い。だから「正義」と「ケア」の結婚という展望に賛成しない人も少なくはない。

けれどもノディングズが進化論的に説明しているように、一定の心理的性差の存在は科学的な事実である。だからその事実を前提にしながら、両者の統合を考えることが望ましい。そのためにコミュニタリアニズムの思想は大きな役割を果たしうる。正義がケアと対立しているように思えるのはロールズ的な正義論を念頭に置いているからであり、コミュニタリアニズムは正義とケアとを統合的に理解することができるのである。

ケアとは愛や思いやりのことだから、人間の生き方と関わる。一生懸命にケアをしている人は、「善き生」を送っているといえる。ところがロールズのようなリベラリズムは正義を「善き生」と峻別して普遍主義的に考えるから、正義がケアとは無関係になるのである。これに対してコミュニタリアニズムでは正義を「善き生」との関係でも考えるから、ケアに基づく正義も考えられる。簡単にいえばケアという「善き生」を不可能にするのは不正義であり、逆にそれを可能にすることが正義に即していると考えられうるのである。そこでケアを容易にするような公共的政策は正義に適っているということになりうる。たとえばケアワーカーの給与や報酬が他の仕事に比して不当に低ければ、公共政策によってそれを引き上げることが正義に適う。

ケア倫理の論者も、文脈や状況の重視や、「負荷ある自己」というような自己観、責任・責務の重視、関係論的発想などの点で、ケアとコミュニタリアニズムとに親近性があることは認めている。しかし「ケア倫理は関係を重視する倫理だから、コミュニタリアニズムが重視する美徳倫理とは違う」という理由によって、その相違を強調することが多い。おそらくエツィオーニらのコミュニタリアニズムに「古き良きアメリカ」を理想とするような伝統的イメージがあるので、多くのケア倫理論者からは保守主義的に見えるのだろう。

しかしエッツィオーニ個人についてはともかく、サンデルや、さらに急進的コミュニタリアニズムまでも考えてみれば、このイメージはリベラリズムの影響を受けた偏見である。コミュニタリアニズム全体について伝統的な家庭や社会を理想としているという考え方は当てはまらない。論理的には美徳の中に関係的な美徳を考えることができるから、ケア倫理も美徳の一つとみなしうる。愛（キリスト教）や慈悲（仏教）、仁（儒教）が代表的な美徳であるように、ケアも重要な美徳に他ならないのである。

つまりケアとは関係の美徳であり、ケア倫理とはコミュナルな美徳の一つである。そこで家庭をはじめ多層的なコミュニティにおいて、「善き生」としてのケアに基づいて正義を考えることが必要である。このようにコミュニタリアニズムにおいて正義とケア倫理とは「結婚」することが可能であり、そのようなコミュニタリアニズムを特に「ケアリング・コミュニタリアニズム」と呼ぶことができるだろう。この思想は、ケアに基づく正義を公共政策において実現することも主張するのである（小林 二〇一三a）。

ケアは福祉・医療・看護・教育などにおいて決定的に重要だから、これらの公共政策においてケアリング・コミュニタリアニズムの考え方は重要な役割を果たしうる。たとえばリバタリアニズムの影響によって、少子高齢化などによる財政難を根拠に医療や福祉・教育に対する助成が削減されたり、それぞれの現場に対してコスト削減や効率化などの圧力がかかったりしている。これに対しケアを容易にするための正義という考え方が認められれば、そのような傾向に抗してこれらの領域における支出を行うことが正当化されるだろう。

前節の考え方を適用すれば、医療・看護にせよ教育にせよ、人間としての最低限のケアは最小限福祉として認められなければならない。さらに、それ以上のケアも実現するのが共通善に適う。その具体的な水準や方法はコミュニティの人々における賢慮や熟議によって決められるべきであるが、医療・看護や教育においてケアを受ける人がそれに値する限りケアは重視されるべきであり、少なくともリバタリアニズムが主張するよりも高い水準のケアを目指すべきなのである。

(2) ポジティブ健康とケア——善き医療・看護への道

ケアの考え方は、ポジティブ心理学の観点からも重要である。近年はポジティブ心理学に基づいて「ポジティブ健康（positive health）」という概念が提起され、健康を病気からの回復としてだけ考えるのではなく、健康な心身やそれをさらに良くする方法が研究されはじめている（Ryff et al. 2004）。

ケアはキュアと対比されて用いられることがあり、一般的にはキュア（cure）は身体的な病気に対する医学的な治療やそれによる治癒を意味するのに対し、ケアは心身に対する介護・看護・援助などのサービス全体を指し、肉体的側面とともに精神的・霊的側面の回復や向上を意味している。キュアがネガティブな身体からの回復を意味しているのに対し、ケアはポジティブで健康な心身への気遣いをも意味し、さらに健康を増進させるためのものでもある。だからキュアは基本的に肉体的な病人に対するものであるのに対し、ケアは病人だけではなく健康な人々に対しても重要である。そこでキュアが従来の医療の目的とされていたのに対し、ケアはポジティブ健康の中心的概念になる。

医療も従来はキュアが中心だったのに対し、今後はポジティブ健康をも中心的課題とすべきだろう。ポジティブ心理学やポジティブ健康の概念に基づいて「ポジティブ医療」や「ポジティブ看護」を発展させ、[17]それによって「善き社会」にふさわしい「善き医療・看護」を実現していくことができるだろう。そしてポジティブ福祉の考え方は「人々をより幸福にする福祉（政策）」を意味し、前述のようにたとえば「充足、健康、知識・知恵、清潔、勤勉・活力」というような五点を中心にする。その中の「健康」は、まさにポジティブ健康の実現や増進を目的にすることになる。つまり、人々がより健康で健全になる政策が「ポジティブ健康政策」である。

病気の予防にもこれは役立つ。「公衆衛生（public health）」という概念がまさに「人々の公共的な健康」の達成を目的にしているように、これは、公共哲学に基づく公共政策における重要な一環である。前述のようにエツィオーニも、コミュニタリアニズムにおける医療政策として予防医療を重視している。病気になる人が少なくなれば、医療費の削減にも役立つ。

リベラリズムの考え方では、意見の分かれる人々の生き方に対しては公共的な決定ができない。だから厳密に考えれば、病気の予防のためには不衛生・不節制な生き方を改める必要があると思われても、異論があれば公共政策としてそれに対する公衆意識の啓発や教育を行うことが難しいのである。そのためケアについては今日では公的機関による啓発は、異論が生じない最低限の範囲でしか行えず、それ以上の心身のケアは個人の私的関心に委ねられている。

ケアリング・コミュニタリアニズムの考え方に立てば、もとより最低限の啓発や予防措置は可能であり必要である。それは最小限福祉の要請であり、人々の生存権の要請ですらある。のみならず、人々が「善き生」に関する熟議によって必要だと考えれば、それを超えたケアのための啓発・教育・予防措置を行うことが正義の要請となる。病気の予防措置だけではなく、健康増進のための政策も積極的に行うことが可能になるだろう。

肉体的な医療についてだけではなく、メンタルな側面についても同様である。近年は鬱病などのメンタルな問題によって仕事ができなくなる人が多く、自殺なども大きな社会的問題となっている。このような精神的問題に対しても、ポジティブ心理学をはじめさまざまな心理学では心身のケアのための対処法や回復法が開発されている。さらに、より健康で生産的な生き方が可能になる方法も多々提案されている。

しかし無関心な人は、このような情報に接する機会が少ない。これに対して公共的な機関でこのような情報を周知し、実際にそれらの「ケア」の方法を行う機会を提供すれば、心身共に健康で健全な人が増えるだろうと期待できる。

実際、失業者の中には心身の問題を抱えている人が少なくない。このような人々が仕事に就いて働くためには知識や技能だけではなく、心身のケアのための知識や方法も知らせた方がいいことが多い。ケアリング・コミュニタリアニズムはこれを公共的な正義として主張する。それは、人々のポジティブな健康と幸福のためになる。同時に、医療費や福祉費用の削減により財政難を軽減し、市場経済を活性化するためにも貢献できると思われるのである。

(3) コミュニティ福祉とコミュニタリアン・ケアシステム

コミュニタリアニズム的なポジティブ公共哲学では、前述のように国家や市場とともにコミュニティを重視する。これは医療・看護、教育を含む福祉においても重要である。「コミュニティ良好状態（community well-being)」(Collautt 2005) が公的・公共的福祉の目標とされるべきだろう。これは「コミュニティ福祉」ともいうことができるだろう。

福祉一般に関して、福祉国家が財政的に維持できなくなったために地域のコミュニティに期待するという考え方が提案されるようになった。コミュニティにおけるＮＰＯなどの福祉ボランティアや自発的グループによる公共的活動が重視され、人々の助け合いが称揚されるようになった。「幸福を可能にする支援国家」はこのようなグループの活動を支援するのである。

これは必ずしもバラ色の出来事ではない。実際には財政難によってリバタリアニズムの考え方が強まり、行政が縮小して福祉活動やその機関を人々に担わせようという側面が大きいからである。

しかし私たちはこの現実から出発して、その中に可能な限りの理想を実現していく方策を考える必要がある。たとえば財政難や地域における病院数の減少のために、医療や看護の領域では従来のように病院で高齢者を最期まで治療することが難しくなってきた。このため一定の治療の後で患者に退院してもらい、在宅看護を行う必要が高まっている。そこで日本でも公共政策として、病院だけではなく家族・地域などにおけるケアを行うことが必要になってきたので、そのための体制を整えることが主張され、実際に推進されている。これを「地域包括ケアシステム」と呼んでいる。看護から見れば、訪問看護・在宅看護などの体制を整備することが急務となっている。

これは財政的な要請に基づいて進められていることではあるが、コミュニタリアニズムという観点からすれば、コミュニティが果たすべき重要性が再認識されてきたということでもある。今までは風邪や病気になって病院に行き、その時にはじめて心身の問題に注意を向ける人も多かった。けれども、本来、健康は、日常的に関心を向けるべき事柄であり、病院だけではなく家族や地域コミュニティも、健康の維持や増進に大きな役割を果たすべきである。家族や地域のケアが重要になるということは、それらのコミュニティにおけるケアのシステムを整え、その意識を高めることが必要になる。これは「コミュニタリアン・ケアシステム」であり、そこにおけるケアを「コミュニティ・ケアリング」ということができるだろう（山田ら 二〇一五）。

そして医療者もただ病院で働くだけではなく、家族や地域といったコミュニティに積極的に関わっていくことが大事になる。このような医療者・看護者を「コミュニティ（関与）型医療者」とか「コミュニタリアン医療者」とか呼ぶことも考えられるだろう。

同じようなことは教育についてもいえる。過疎化が進んで地方ではしばしば初等中等教育などの学校数も減らさざるを得なくなっている。そうすると学校の教師だけでは教育を十全に担うことが難しくなる。このため、地方ではコミュニティの人々が学校に関わって教育の一環を担ったり教育に協力したりする試みも始まっている。これを「コミュニティ・スクール」という。

寺子屋などを考えてみれば、地域の人々がコミュニティの教育に関わるのは、むしろ教育の原点に回帰する方向ともいえるだろう。財政的必要に迫られて生じているという側面もあるが、これを機に家族や地域のコミュニティの人々が教育に協力してその意識を高める方向に進むことも不可能とはいえないだろう。これは「コミュニタリアン教育システム」ともいえるかもしれない。教育もケアの一つと考えれば、これも「コミュニタリアン・ケアシステム」の一環となりうる。

これらは必要性に迫られて生じている試みではあるが、ポジティブ公共哲学やコミュニタリアニズムの思想から考えれば、新しい可能性をそこに開拓することは不可能ではないだろう。いわば「禍を転じて福と成す」ということだ。これは、医療や教育のみならず福祉一般についていえることである。それが「福祉国家の解体」を「ポジティブ福祉国家」の建設に転じていくという理想なのである。

8　ポジティブ公共哲学の福祉ビジョン――幸福な世界への新しい「第三の道」

福祉国家の限界や解体が叫ばれてから久しい。その思想的基礎をなしていた社会民主主義やリベラリズムは財政難によって説得力を失い、リバタリアニズム的改革によって多くの国々で福祉の制度は大きく縮減された。

しかしその結果として貧富の格差は増大し、リバタリアニズムの主張する「自助」だけでは弱者は救われないことが明白になった。やはり人々が共に考えて行動する「共」や「公共」が必要である。それでは、どのような公共哲学がこの問題を解決することができるだろうか。一九九〇年代には「第三の道」が現れたが、それも今や輝きを失ってしまっているように見える。しかし、私たちに希望がなくなったわけではない。ポジティブなリベラル・コミュニタリアニズムの公共哲学は、「第三の道」をさらに進展させて新しい希望の灯火を掲げることができる。

ギデンズの「第三の道」はリバタリアニズムと旧来の社会民主主義との中道として提起され、社会民主主義の刷新を企てていた。しかしそこには、社会民主主義の枠内にとどまるがゆえの限界があったと考えられる。ギデンズは正しくも、コミュニティや責任の観念を重視してポジティブ福祉の観念を提起したが、道徳性・精神性については必ずしも積極的に強調はしなかった。また彼自身は積極的に用いてはいないが、社会民主主義は社会権のような権利の概念を基礎に福祉を主張する。

だから「第三の道」の隘路を突破するためには、社会民主主義の思想的限界を超えて新しい公共哲学へと目を向けなければならない。それがリベラル・コミュニタリアニズムであり、エツィオーニが「善き社会」として示したように、道徳性・精神性といった人格的要素にさらに目を向ける必要がある。福祉についても、物質的福祉とともに精神的福祉をも重視する。なぜなら、福祉とは本来、人間の幸福ないし「良くあること（ウェルビーイング）」がその原義であり、そこから考え直すことが大事だからである。

このような目から見ると、福祉には不幸からの脱却と幸福の増進というネガティブ・ポジティブ双方の課題がある。そこでギデンズの提起したポジティブ福祉という考え方をさらに進めることが重要であり、ポジティブで幸福な人々を増やすことが福祉の新しい目的となる。

市場に任せているだけではそれは不可能だから、コミュニティや国家がそのために役割を果たすことが必要である。つまり家族や地域におけるコミュニティの再編と活性化が必要であり、人々が共に助け合い、NPOなどのグループを通じて公共的に活動することが大事である。これは「共助」であり、家族や協同組合などのように民間の助け合いである「私共助」と、NPOなどによる「公共助」とが共に大きな役割を果たす。このような「私的福祉」と「公共福祉」により、「コミュニティ良好状態」ないし「コミュニティ福祉」を高めることが可能になる。地域コミュニティにおいてはこれらの「共」の活動により、福祉や、医療・看護、教育などの領域で、ケアという関係性の美徳を軸にしてケアシステムを構築することが大事だろう。

もっとも「共助」だけでは貧困問題を解決することは難しい。やはり国家という「公」による「公助」のシステムも、再構築することが不可欠である。すでに多くの国々で福祉国家の変容は大きく進みつつあり、民間の人々がその責任を公共的に果たすように国家が公的に支援するという「可能にする国家」が現れている。これは「公共助」を支援する「公助」といえよう。広義における福祉が私的福祉ないし私的幸福を含んでいるのに対し、狭義における福祉とは「人々の社会的幸福の公的・公共的実現」であり、その意味において公的福祉と公共福祉（稲垣二〇一〇）[18]、つまり「公的・公共的福祉」なのである。

今後の福祉公共政策は、幸福というポジティブ福祉の実現も国家がその目的とするように質的に進化することが望ましい。このようなポジティブ福祉国家が、福祉国家の新しい理想なのである。この「幸福を可能にする国家」は、人々の幸福の推進を目的とする「幸福国家」であり、それを可能にするための政策が「幸福公共政策」である。特に福祉を念頭に置いて、本章ではそのための正義の三原理を提起した。

今の時代においては「公共」を国民国家の中で考えることが多いが、公共哲学やコミュニタリアニズムにおいて公共性を時間的・空間的に拡大して考えることを筆者は主張している（小林 二〇一二b：三一〇―三一二）。空間的には国民国家はさまざまなコミュニティの中の一つであり、公共体の一つである。国家を超えたコミュニティにおいても地域においても福祉の実現は課題となる。そして世界には主に発展途上国で飢えや不衛生による病気で死につつある多くの人々がまだいる。

国家を超えたこのような地球規模の福祉を「地球的福祉」と呼ぶことができる。政治哲学ではこの問題は「地球的正義（グローバル・ジャスティス）」という概念で論じられている。最小限福祉は人間としての普遍的な権利（生存権）に基づくと考えられるから、地球的福祉においても少なくともこれは実現しなければならない。これは地球的正義の要請である。残念ながら現実にはこれはまだ実現していないが、その要請に向かって人々は国境を越えて協力していくことが義務として存在している。

ギデンズは、グローバル化の時代において、文化を超えたコスモポリタニズムに基づくネーション（コスモポリタン国家）という考え方を提起し、国連を再編してグローバル・ガバナンスを機構的に強化しグローバル民主主義を実現することが必要だ、と主張している。長期的には、このような方向に即して地球的な公共体（公共的組織）を形成していくことが、地球的正義を実現するためには不可欠だろう。

このように世界には家族や地域、国民国家、そしてさらに地球という多層的なコミュニティが存在し、それぞれが人々の幸福の実現のために必要不可欠な役割を果たしうる。地域・国家・地球においてはそれぞれ何らかの公共的組織（政府や国連などの公共体）が存在するが、それらの複層的な公共体の目的は実は福祉の実現、つまり人々の幸福という共通善の実現に置かれなければならない。多層的な「公共体」は基本的に福祉を目的として成立していると考えることができるから、多層的な「福祉公共体」ともいえるのである。

そしてこの多層的なコミュニティや福祉公共体は、一つの世代だけからではなく、時間的には多くの世代から成っているから、「世代間のコミュニティ」でもあり「世代間の福祉公共体」でもある。年金制度を考えてみればわかるように、福祉ほど世代間関係が重要になる主題は少ない。この場合における世代は、今生きている世代（現在世代）だけではなく、過去の世代（過去世代）や将来の世代（将来世代）をも含んでいる。その意味においてこれらは世代を超えているのであり、「超世代的コミュニティ」であり「超世代的福祉公共体」なのである。

これが、ポジティブ公共哲学におけるリベラル・コミュニタリアニズムの新しい福祉ビジョンである。それは、リバタリアニズムと社会民主主義、さらには資本主義と社会主義・共産主義との対立を超えた、いわば「新・第三の道」といえよう。それは「善き社会」、そして「善き世界」への「第三の道」である。ポジティブ福祉哲学のこの公共的ビジョンが、多層的なコミュニティにおいて福祉が実現され、幸福な世界が実現するために寄与することを希望したい。

注

（1）公共哲学や公共の概念については、山脇（二〇〇四a）；小林（二〇〇七）などを参照。
（2）ここにはドイツのヘーゲル哲学の影響がある。ドイツにおける社会保障思想の展開については、山脇（二〇〇四b）参照。
（3）以下の近年の政治哲学に関する議論について詳しくは、小林（二〇一〇；二〇一三b）参照。
（4）この論理はロールズにおいては後期の「政治的リベラリズム」で、より顕著になった。小林（二〇一〇）参照。

（5）日本の代表的なリバタリアンである森村進は、この中で後の三つの批判を重視している（森村 二〇〇四：一五三）。

（6）この思想に大きな影響を与えているハイエクも、均質のセーフティネットは容認していた（嶋津 二〇〇四：一一一）。

（7）ロールズは後期になると考え方を大きく変えるが、サンデルはそれについても批判している。詳しくは小林（二〇一〇：第三講）参照。

（8）ただしグレイは、その後にさらに変化していく（Gray 2000=2006：訳者解説参照）。

（9）マズローの議論と福祉との関係については、第1章を参照。

（10）以下について、小林（二〇一六）参照。簡単な紹介として、Boniwell（2012=2015）。

（11）アリストテレスの倫理思想に関しては、小林（二〇一五）参照。

（12）福祉は前漢の焦延壽の『易林』における「福祿繁祉」などに由来し（百瀬 二〇〇二：五－六）、天ないし神やそれらに基礎づけられた皇帝などの統治者に賜った幸福を意味するという説（池田 一九九九：九二－九六）がある。東洋や日本においては福祉にも元来、このように上から下へという垂直的な含意が存在したのだろう。これは今の「公的福祉」へとつながっていく。これに対して、以下に述べる西洋の welfare にはそのような原義はない。福祉の公共哲学ではこのような文化的相違も重要である。

（13）邦語では「権能なき国家」と訳されていることがある（Gilbert & Gibert 1989=1999）が、以下に説明したように民間が福祉の役割を果たすことを「可能にする国家」という意味である。

（14）塩野谷祐一は『経済と倫理』において、ギデンズに触発されて「ポジティブな社会保障」という概念を提起し、「人間の能力の拡大すなわち生の機会の拡大とその成果の達成に向けて積極的に貢献する」社会保障サービスとして、社会保障をセーフティネットからスプリングボードへと変換させ、質の革新と向上を図って「能力と必要」との連結を目指す、と説明している（塩野谷 二〇〇二a：七三三－七三六）。ただ、「社会保障」という概念は個人的リスクの予防や貧困の救済というようにネガティブな問題への対策という意味がもともと強いので、ここでは「ポジティブ福祉」という用語を用いる。なお、この独創的な大著について筆者は書評を行い、塩野谷が応答した（小林二〇〇二：塩野谷 二〇〇二b）。

(15) 左翼的観点からの重要な試みとして、竹内（二〇一〇）。

(16) これは、筆者の論稿（小林 二〇〇四a）に対する応答として書かれたものである。なお、「複層的公的扶助システム」の構想（セン・後藤 二〇〇八：一四〇）もこれと関係している。

(17) 看護における試みとして、手島編著（二〇一四）。

(18) 稲垣は、「公—公共—私」の三元論に基づいて「公共福祉」を「公（＝国家、地方政府）と私（＝個人、家族）の責任をはっきりさせつつ、そのうえでさまざまな中間集団の領域主権を発揮して私から公へと媒介すること、そこから公と私の協働を友愛と連帯のモラルによってつくりだそうとすること」（稲垣 二〇一〇：二三二）と説明している。

参考文献

秋山智久・平塚良子・横山穰（二〇〇四）『人間福祉の哲学』ミネルヴァ書房。

阿部志郎（一九九七）『福祉の哲学』誠信書房。

飯田精一（一九九二）『福祉を哲学する』近代文藝社。

池田敬正（一九九九）『現代社会福祉の基礎構造——福祉実践の歴史理論』法律文化社。

稲垣久和（二〇一〇）『公共福祉という試み——福祉国家から福祉社会へ』中央法規出版。

今田高俊（二〇〇四）「福祉国家とケアの倫理——正義の彼方へ」塩野谷祐一・鈴村興太郎・後藤玲子編『福祉の公共哲学』東京大学出版会、二三五-二六三頁。

岡村重夫（一九八三）『社会福祉原論』全国社会福祉協議会。

加藤博史（二〇〇八）『福祉哲学——人権・生活世界・非暴力の統合思想』晃洋書房。

加茂直樹（二〇一二）『社会保障の哲学――日本の現状を把握し、未来を展望する』世界思想社。

菊地理夫（二〇〇四）『現代のコミュニタリアニズムと「第三の道」』風行社。

菊地理夫（二〇一一）『共通善の政治学――コミュニティをめぐる政治思想』勁草書房。

ギデンズ・アンソニー、渡辺聰子（二〇〇九）『日本の新たな「第三の道」』ダイヤモンド社。

後藤玲子（二〇〇四）「正義とケア――ポジション配慮的〈公共的ルール〉の構築に向けて」塩野谷祐一・鈴村興太郎・後藤玲子編『福祉の公共哲学』東京大学出版会、二六三―二八〇頁。

後藤玲子（二〇一五）『福祉の経済哲学――個人・制度・公共性』ミネルヴァ書房。

小林正弥（二〇〇二）「書評　塩野谷祐一著『経済と倫理――福祉国家の哲学』」『季刊　家計経済研究』五六、六四五―六九頁。

小林正弥（二〇〇四a）「福祉公共哲学をめぐる方法論的対立――コミュニタリアニズム的観点から」塩野谷祐一・鈴村興太郎・後藤玲子編『福祉の公共哲学』東京大学出版会、二八一―三〇三頁。

小林正弥（二〇〇四b）「『福祉の公共哲学』をめぐって――論評補遺」『千葉大学法学論集』一八（三・四）、一四七―一六二頁。

小林正弥（二〇〇五）「古典的共和主義から新公共主義へ――公共哲学における思想的再定式化」宮本久雄・山脇直司編『公共哲学の古典と将来』東京大学出版会、二三九―二八三頁。

小林正弥（二〇〇七）「日中における公共性と福祉」広井良典・沈潔編著『中国の社会保障改革と日本――アジア福祉ネットワークの構築に向けて』ミネルヴァ書房、七九―九六頁。

小林正弥（二〇一〇）『サンデルの政治哲学』平凡社新書。

小林正弥（二〇一二a）「性差と家族・子ども――『正義とケア』論争から生成的コミュニタリアニズムへ」小林正弥・菊地理夫編『コミュニタリアニズムのフロンティア』勁草書房、六五―八九頁。

小林正弥（二〇一二b）「コミュニタリアニズムのフロンティア」小林正弥・菊地理夫編『コミュニタリアニズムのフロンティア』勁草書房、三〇三―三四五頁。

小林正弥（二〇一三a）「ケアと正義の公共哲学」広井良典編著『ケアとは何だろうか』ミネルヴァ書房、五二－八〇頁。

小林正弥（二〇一三b）「マイケル・サンデルとリベラル――コミュニタリアニズム論争」菊地理夫・小林正弥編著『コミュニタリアニズムの世界』勁草書房、三－一一〇頁。

小林正弥（二〇一五）『アリストテレスの人生相談』講談社。

小林正弥（二〇一六）「幸福公共哲学とその科学的展開――ポジティブ心理学と政治経済学」『公共研究』一二（一）、三－一八頁。

塩野谷祐一（二〇〇二a）『経済と倫理――福祉国家の哲学』東京大学出版会。

塩野谷祐一（二〇〇二b）「小林正弥氏の書評に答える」『季刊　家計経済研究』五六、七〇－七一頁。

塩野谷祐一（二〇〇四a）「2つの『方法論争』と福祉国家――経済学と倫理学との思想史的接点」塩野谷祐一・鈴村興太郎・後藤玲子編『福祉の公共哲学』東京大学出版会、一七－三五頁。

塩野谷祐一（二〇〇四b）「ロールズの正義論と福祉国家」塩野谷祐一・鈴村興太郎・後藤玲子編『福祉の公共哲学』東京大学出版会、三七－五三頁。

嶋津格（二〇〇四）「ハイエクと福祉」塩野谷祐一・鈴村興太郎・後藤玲子編『福祉の公共哲学』東京大学出版会、一〇一－一一九頁。

鈴村興太郎（二〇〇四）「センの潜在能力アプローチと福祉国家システムの構想」塩野谷祐一・鈴村興太郎・後藤玲子編『福祉の公共哲学』東京大学出版会、七三－一〇〇頁。

セン・アマルティア、後藤玲子（二〇〇八）『福祉と正義』東京大学出版会。

竹内章郎（二〇一〇）『平等の哲学――新しい福祉思想の扉をひらく』大月書店。

手島恵編著（二〇一四）『看護のためのポジティブ・マネジメント――スタッフの主体性を高めチームを活性化する！』医学書院。

徳永哲也（二〇〇七）『たてなおしの福祉哲学――哲学的知恵を実践的提言に！』晃洋書房。

中村剛（二〇〇九）『福祉哲学の構想――福祉の思考空間を切り拓く』みらい。

中村剛（二〇一四）『福祉哲学の継承と再生――社会福祉の経験をいま問い直す』ミネルヴァ書房。

中山愈（二〇〇五）『社会福祉原論――人間福祉と生命倫理の統合を哲学する』弘文堂。

長谷川晃（二〇〇四）「ロナルド・ドゥオーキンの倫理的責任論」塩野谷祐一・鈴村興太郎・後藤玲子編『福祉の公共哲学』東京大学出版会、一二一―一三九頁。

広井良典（二〇〇六）『持続可能な福祉社会――「もうひとつの日本」の構想』ちくま新書。

松嶋敦茂（二〇〇五）『功利主義は生き残るか――経済倫理学の構築に向けて』勁草書房。

宮崎文彦（二〇〇九）「『新しい公共』における行政の役割」『公共研究』五(四)、一八六―二四四頁。

宮本太郎（二〇〇四）「就労・福祉・ワークフェア――福祉国家再編をめぐる新しい対立軸」塩野谷祐一・鈴村興太郎・後藤玲子編『福祉の公共哲学』東京大学出版会、二一五―二三三頁。

妻鹿ふみ子（二〇一二）「福祉」小林正弥・菊地理夫編『コミュニタリアニズムのフロンティア』勁草書房、一五四―一七五頁。

百瀬孝（二〇〇二）『「社会福祉」の成立――解釈の変遷と定着過程』ミネルヴァ書房。

森村進（二〇〇四）「リバタリアンが福祉国家を批判する理由」塩野谷祐一・鈴村興太郎・後藤玲子編『福祉の公共哲学』東京大学出版会、一四一―一五七頁。

山田雅子・小林正弥・吉田千文・宇都宮宏子（二〇一五）「座談会　〝より善き生〟を支えるための地域包括的視点に基づく看護マネジメント――『コミュニタリアニズム』が紐解く、真の地域完結型医療のありようとは」『看護管理』二五(八)、六四四―六五五頁。

山脇直司（二〇〇四a）『公共哲学とは何か』ちくま新書。

山脇直司（二〇〇四b）「社会保障論の公共哲学的考察――その歴史的・現代的展望」塩野谷祐一・鈴村興太郎・後藤玲子編『福祉の公共哲学』東京大学出版会、一―一六頁。

Alcock, P. & Glennerster, H. et al. (eds.) (2001) *Welfare and Wellbeing: Richard Titmuss's Contribution to*

Social Policy, Policy Press.
Barry, N. (ed.)（1999）*Welfare, 2nd*, Open University Press.（＝2004, 齋藤俊明・法貴良一・高橋和則・川久保文紀訳『福祉――政治哲学からのアプローチ』昭和堂）
Berlin, I.（1969）*Four Essays on Liberty*, Oxford University Press.（＝1971, 小川晃一・小池銈・福田歓一・生松敬三訳『自由論』みすず書房）
Boniwell, I. (ed.)（2012）*Positive Psychology in a Nutshell, 3rd*. Open University Press.（＝2015, 成瀬まゆみ監訳『ポジティブ心理学が一冊でわかる本』国書刊行会）
Collautt, A.M.（2005）*Community Well-being and Public Welfare*, Allan Collautt Associates, Inc.
Espin-Andersen, G.（1990）*The Three World of Welfare Capitalism*, Basil Blackwell Ltd.（＝2001, 岡沢憲芙・宮本太郎監訳『福祉資本主義の三つの世界――比較福祉国家の理論と動態』ミネルヴァ書房）
Etzioni, A.（2000）*The third way to a good society*, Demos.
Etzioni, A.（2001）*Next: the road to the good society*, Basic Books.（＝2005, 小林正弥監訳・公共哲学センター訳『ネクスト――善き社会への道』麗澤大学出版会）
Giddens, A.（1998）*The Third Way*, The Polity Press.（＝1999, 佐和隆光訳『第三の道――効率と公正の同盟』日本経済新聞社）
Giddens, A.（2000）*The Third Way and its Critics*, The Polity Press.（＝2003, 今枝法之・千川剛史訳『第三の道とその批判』晃洋書房）
Gilbert, N.（1983）*Capitalism and the Welfare State: Dilemmas of Social Benevolence*, Yale University Press.（＝1995, 阿部重樹・阿部裕二訳『福祉国家の限界――普遍主義のディレンマ』中央法規出版）
Gilbert, N.（1997）*Welfare Justice: Restoring Social Equity*, Yale University Press.
Gilbert, N.（2004）*Transformation of the Welfare State: The Silent Surrender of Public Responsibility*, Oxford University Press.

Gilbert, N. & Gilbert, B.（1989）*The Enabling State: Modern Welfare Capitalism in America,* Oxford University Press.（＝1999, 伊部英男訳『福祉政策の未来――アメリカ福祉資本主義の現状』中央法規出版）

Goodin, R. E.（1988）*Reasons For Welfare: The Political Theory of the Welfare State,* Princeton University Press.

Goodin, R. E.（1995）*Utilitarianism As A Pubic Philosophy,* Cambridge University Press.

Gray, J.（1997）*Endgames: Questions in Late Modern Political Thought,* Cambridge University Press.

Gray, J.（2000）*Two Faces of Liberalism,* Blackwell Publishing Ltd.（＝2006, 松野弘監訳『自由主義の二つの顔――価値多元主義と共生の政治哲学』ミネルヴァ書房，解説 小林正弥）

Jordan, B.（1989）*The Common Good: Citizenship, Morality and Self-Interest,* Basil Blackwell Ltd.

Jordan, B.（1998）*The New Politics of Welfare,* Sage Publication.

Jordan, B.（2007）*Social Work and Well-being,* Russell House Publishing.

Jordan, B.（2008）*Welfare and well-being: Social value in publc policy,* The Polity Press.

Jordan, B.（2010）*Why the Third Way Failed: Economics, Morality and the Origins of the 'Big Society',* The Polity Press.

Jordan, B. & Jordan. Ch.（2000）*Social Work and the Third Way: Tough Love as Social Policy,* Sage Publications.

Little, A.（2002）*The Politics of Community: Theory and Practice,* Edinburgh University.（＝2010, 福士正博訳『コミュニティの政治学』日本経済評論社）

Marshall, T. H. & Bottomore, T.（1992）*Citizenship and Social Class,* Pluto Press.（＝1993, 岩崎信彦・中村健吾訳『シティズンシップと社会的階級――近現代を総括するマニフェスト』法律文化社）

Peterson, C. & Seligman, M. E. P.（2004）*Character Strengths and Virtues: A Handbook and Classification,* Oxford University Press.

Rawls, J.（1971）*A Theory of Justice*, Harvard University Press.（=2010, 川本隆史・福間聡・神島裕子訳『正義論 改訂版』紀伊國屋書店）

Ryff, C. D., Singer, B. H. & Love, G. D.（2004）“Positive health: connecting well-being with biology”, *Philosophical Transaction of Royal Society of London*, B. 359, September 3, pp. 1383-1394.

Sandel, M. J.（1996）*Democracy's Discontent: America in Search of a Public Philosophy*, Harvard University Press.（=2010, 金原恭子・小林正弥監訳『民主政の不満――公共哲学を求めるアメリカ 上』勁草書房・2011, 小林正弥監訳『民主政の不満――公共哲学を求めるアメリカ 下』勁草書房）

Sandel, M. J.（2012）*What Money Can't Buy: The Moral Limits of Markets*, Farrar, Straus and Giroux.（=2012, 鬼澤忍訳『それをお金で買いますか――市場主義の限界』早川書房）

Seligman, M. E. P.（2002）*Authentic Happiness: Using the New Positive Psychology to Realize Your Potential for Lasting Fulfillment*, Free Press.（=2004, 小林裕子訳『世界でひとつだけの幸せ――ポジティブ心理学が教えてくれる満ち足りた人生』アスペクト）

Seligman, M. E. P.（2011）*Flourish: A Visionary New Understanding of Happiness and Well-being*, Free Press.（=2014, 宇野カオリ訳『ポジティブ心理学の挑戦――〝幸福〟から〝持続的幸福〟へ』ディスカバー）

Sen, A.（2009）*The Idea of Justice*, Penguin Books.（=2011, 池本幸生訳『正義のアイデア』明石書店）

Spicker, P.（2000）*The Welfare State*, Sage Publication.（=2014, 阿部實・圷洋一・金子充訳『福祉国家の一般理論――福祉哲学論考』勁草書房）

Taylor-Gooby, P.（2009）*Reframing Social Citizenship*, Oxford University Press.

Titmuss, R. M.（1997）*The Gift Relationship: From Human Blood to Social Policy*, New Press.

Walzer, M.（1983）*Spheres of Justice: A Defense of Pluralism and Equality*, Blackwell.（=1999, 山口晃訳『正義の領分――多元性と平等の擁護』而立書房）

Walzer, M（1994）*Thick and Thin : Moral Argument at Home and Abroad*, University of Notre Dame Press.

（＝2004, 芦川普・大川正彦訳『道徳の厚みと広がり――われわれはどこまで他者の声を聴き取ることができるか』風行社）

第3章　福祉と「宗教の公共的役割」

稲垣久和

1 心身問題とＩＣＦ－四世界論

筆者は福祉の哲学の基本に公共哲学をおいている。その認識論の概要から入りたい。主体が世界に接した時に、四層の意味として経験する四世界論というものを提起している（稲垣 二〇〇四ａ：五七－六二：二〇一三：一〇三－一〇九）。主体が世界を意味として四層で解釈している筆者の四世界論と、医療・福祉のリハビリの現場で使われるＩＣＦ（国際生活機能分類）とは対応づけることができる（図３－１・２参照）（稲垣 二〇一〇：一二八）。

ＩＣＦは二〇〇一年にＷＨＯの総会で採択された「生活機能・障害・健康を包括的に意味づけるための詳細な分類」で、スピリチュアルな意味も含まれている。「活動と参加」としてまとめられた項目の中に「コミュニティライフ、社会生活、市民生活」という一項目があり、その中に「宗教とスピリチュアリティ」（ｄ九三〇）が位置づけられているからだ。説明文には「自己実現のため、宗教的またはスピリチュアルな活動、組織化、儀礼に関与すること。意味や宗教的あるいはスピリチュアルな価値を発見すること。神的な力との結びつきを確立すること」とあり、さらに「例えば、教会、寺院、モスク、シナゴーグへの出席。祈り、宗教的目的のための詠唱、精神的瞑想」と書かれている（障碍者福祉研究会編、二〇〇二：一六六）。このＩＣＦは図３－２に描かれた四世界論の一部分として解釈でき、図３－１・２を合わせてＩＣＦ－四世界論と呼んだのである。このように筆者は福祉を身体的（自然的）、心理的、社会的、スピリチュアルと四層にわたったリアリズム（実在論）に基づく活動ととらえている。

筆者は公共哲学とその認識論であるＩＣＦ－四世界論を、複雑系の哲学の一部であると考えている。以

図3－1　ICF（国際生活機能分類）モデル

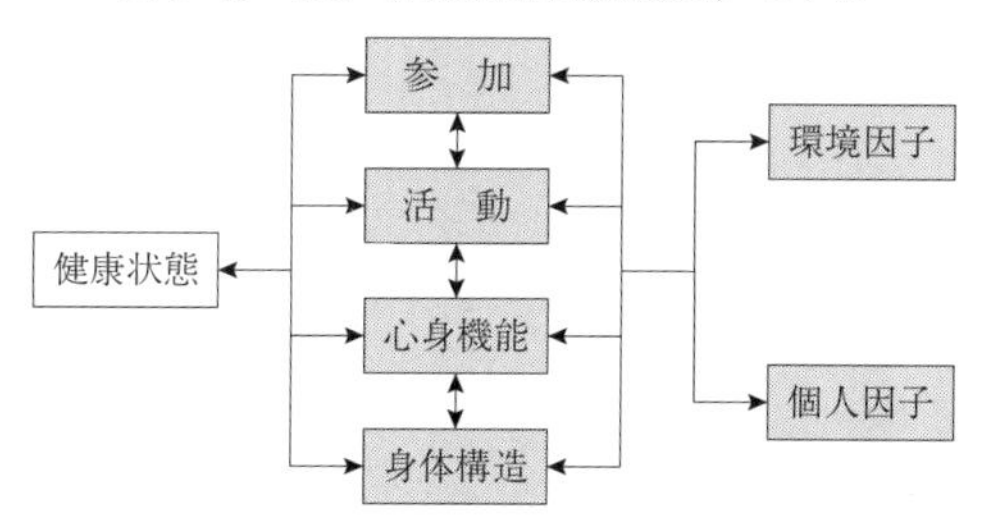

出所：障碍者福祉研究会編（2002）の筆者による改変。

図3－2　四世界論としての創発的解釈学

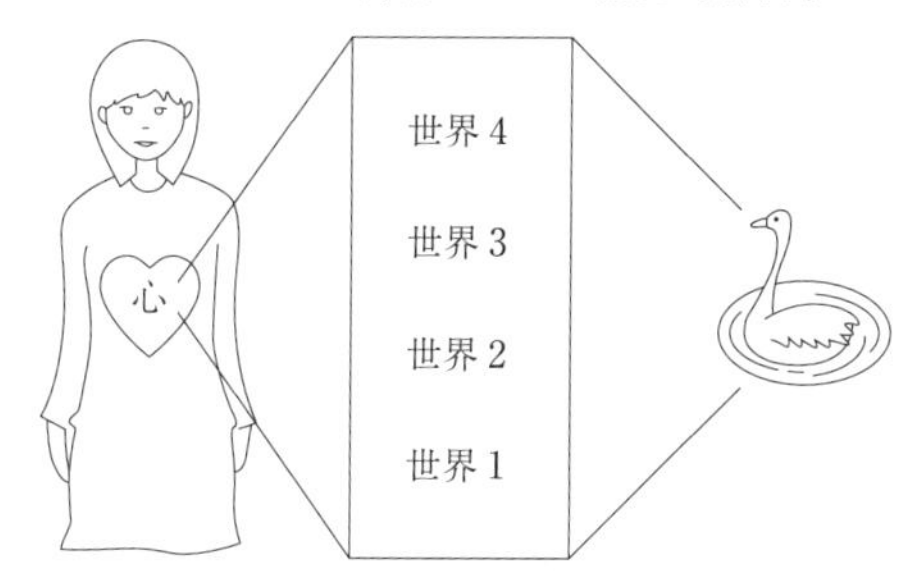

注：主観が実在（リアリティ）を認識する仕組みを筆者は創発的解釈学と呼んでいる。世界1（自然的・身体的意味の世界），世界2（心理的意味の世界），世界3（社会的・倫理的意味の世界），世界4（スピリチュアルな意味の世界）。
出所：稲垣（2004a：62）。

下、このような認識論が出てくる背景を簡単に説明しておく。

デカルト、カント以来の「物体と精神」の二元論的認識論の克服は現代哲学にどう引き継がれているか。三世界論を出した科学哲学者カール・ポパーの合理的実在論をさらに社会哲学の領域にまで解釈学的に拡張したのはハーバーマスである（稲垣 二〇〇四a：五七‐五八）。彼は近年では脳と心の二元論の問題を扱いつつ、公共哲学にまで関心を広げた重要な哲学者である。彼はカントの二元論すなわち「決定論と意志の自由」の詳細な吟味をしつつ次のように語っている。

「心的なものと物理的なものにあわせて調節されたそれぞれの言語ゲームをどちらか一方に還元することはうまくいかない以上…（中略）…経験主義的な言語ゲームがわれわれをそこへと制限している観察者のパースペクティヴは、コミュニケーション的かつ社会的な慣習的実践への参加者のパースペクティヴと交差されなければならない。われわれは一人の人格において、観察者であるとともにコミュニケーション参加者でもあるのである。」（ハーバーマス 二〇〇五＝二〇一四：一九〇）

こうしてカント的な「決定論と意志の自由」の相克はあれかこれかのどちらかではなく、物理的脳神経系、観察者個人、コミュニケーション的実践への参加者といった三段階レベル、すなわち物理・生物的意味のレベルと心的な意味のレベルとさらには社会的意味のレベルの違いを階層的に併せ持つリアリティ把握へと導かれていく（三世界論）。ハーバーマス（二〇〇五＝二〇一四：一八七）がさらに「認識のカント的な諸前提を脱超越論化するという提案を伴なったプラグマテイズム的な認識論はともかくも正しい方向を指示しているのである」と語る時に、さらなる脳神経科学からの研究成果を考慮することができるであろう。

フリーマンらは、プラグマティズムの立場から、脳神経科学に迫っている。近年、複雑系でも特にカオス・アトラクターが脳神経系から心の創発に深く関与している、といった理論を提起している（フリーマン 一九九九＝二〇一一：津田 二〇〇二：浅野 二〇一四）。数本のニューロンではなく数万本から成るニューロン間の相互ネットワーク内に、特に小哺乳動物の臭覚実験から、カオスが観測されることを確かめた

（K・Ⅲモデル）。このカオス・アトラクターが逆に意味となってニューロンにフィードバックしてこれらの多層的なフィードバック・ループが動物の行動を促す（志向性の弧）。ここから一つの仮説に発展させて人間の「心」のモデルを提出する。つまり、この知覚機能からより高度な大脳皮質の機能にまで至る脳神経系から創発する多重的・多層的な大域的カオス・アトラクターが人間の脳内には生じているとして、これを「心」（志向性を持った意識）と解釈する。「心」の正体とは多重的・多層的な大域的カオス・アトラクターの集合である。これはモノではなくコトである。カオス理論からよく知られているように、カオス・アトラクターはその形がシステム内の初期条件によって一様に決定されないで、そのつど異なって生成される。しかもこの理論の魅力は脳内カオス・アトラクターが情報伝達の現場で生じていて、エネルギー伝達とは無関係に起こっている現象だ、ということである。情報伝達とは、すなわち意味伝達ということである。つまり私たちは情報言語（科学言語）と心的言語（日常言語）という二つの言語ゲーム、すなわち「情報」と「意味」をどちらにも還元することなく同時にここに見ているわけである。

この理論は容易にスピリチュアルな意味の次元にも拡張される。ポパー＝ハーバーマスの三世界論を発展させて、人類史のスピリチュアルな活動のリアリティを包含して筆者は四世界論を導入した。すなわち私という主体が世界から読み取る意味は、自然的意味（世界1）、心理的意味（世界2）、社会的意味（世界3）、さらにはスピリチュアルな意味（世界4）の四層にわたっていて、互いに還元できないということである。フリーマンの脳カオス理論との関係ではポーキングホーンの次の言葉が思い起こされる。

「このように、実在論者によるカオス体系の認識論的な予測不可能性の再解釈が、存在論的非決定性の仮説を導いていくわけである。そこにおいては、新しい因果律が将来のふるまいの形式を決定し、かつ全体論的な特徴を有する作用に適用されることもある。ここでわれわれは、自らの意図したことをいかに実行するか、そして、神は被造物とどのように摂理的な相互作用をしているのか、という問題をおぼろげながらも理解したことになる。」(ポーキングホーン 一九九八＝一九九九：八六)

四世界論は、このような科学からの「下から上へ」の創発と、存在論的な「上から下へ」の議論を包含している。このような認識・存在論は「世界内存在」(ハイデガー)の解釈学ではなく「世界内超越」の創発的解釈学である。

2 なぜいま宗教の公共的役割なのか

(1) ポスト世俗化社会とは

福祉的な働きは、かつて洋の東西を問わず、その多くを宗教者が担っていた。これらを古代・中世的な慈善事業と見なし、いまだ近代的な社会福祉になっていないという見方も成り立つだろう。近代国民国家の成立と社会的な制度化によって、特に中央政府による国民生存権保障を社会福祉と定義するのであれば、確かにそうなる。しかし〝社会〟にまつわる用語の曖昧さもさることながら、制度化をもって福祉と見るのは筆者の立場からするとあまりに狭い。

福祉とは人間が他の動物と異なり、「共に生きようとする意欲」を持つところにすでに存在していたと思うからだ。あえて宗教活動による慈善などと命名しなくても人間が「共に生きよう」とするところに、人間が他の動物と異なってスピリチュアルな存在であることを見るからである。したがってたとえば社会生物学という領域から、動物が共棲するところに（または群れをなすところに）利他主義のルーツを見るという立場を筆者はここでは採らない。動物的な利他的行動が、脳神経科学から見ても大変に興味深い現象であることを筆者は認めるが、それは利他主義の自然的意味（世界1）の説明にすぎないと思うからだ。包括的に世界1から世界4までの意味を読み取る実在論者である筆者から見れば、自然主義はすべてを世界1に還元する還元主義である。また世界4（スピリチュアルな意味の世界）を世界2（心理的意味の世界）に還元するのも世界3（社会的意味の世界）に還元するのも還元主義である。[1] したがって動物の〝共棲〟から人間の〝共生〟に質的に大きな〝創発〟[2]を認め、包括的に世界を見るのが筆者の「福祉の哲学」のスタートである。共に生きる、それは単に動物的に生きることではなく、より善く人間として生きることを意味している。

戦後、福祉の働きは国家によってなされ、福祉は国民の権利とされ、先進国では福祉国家論が盛んであった。先進諸国の国家予算の多くを福祉関連予算が占めている。したがって、社会保障などマクロなレベルで大規模な税の投入が必要な福祉は、もはや宗教者や宗教施設のみが係る領域ではないと見られている。しかし他方で、対人援助サービスつまり人が人を支援しケアするミクロな場面で、依然として「人が人をどう見るか、どう支援するか、どう寄り添うか」というところで、人と人との心の問題は問われ続けている。心理的なものだけではなくいわゆるスピリチュアルなもの、場合によってはスピリチュアル・ケアと呼ばれ、そこに宗教性が関わらざるを得ない場面も出てきている。人間どうしが人格的に向き合う場面で、また生死に関わる人間存在の根源として制度化される以前の宗教が問題になる。

特に現代日本は、人と人のつながりが弱体化し社会的孤立の著しい時代に入っている。人と人の結びつき、絆のあり方には伝統、習俗、宗教などが関わってきた。人が人をケアする場面だけではなく、コミュニティ形成という日常生活においても、「福祉と宗教」は再び関係する可能性が出てきているのである。

しかしながら、前述のように、現代の先進諸国の福祉は社会保障政策の一環として行われている。そして宗教は、このような国家政策論の中で重要な役割を果たすことはないと考えられている。なぜなら近代国民国家には一つの大きな約束事があるからだ。それは、国家が関係する場面では、個人の人権としての「信教の自由」や、それを保障するために個人の信条の領域に国家が介入しないような〝政教分離〟と呼ばれる約束事だ（日本国憲法では第二〇条、第八九条）。だから、福祉政策論にも宗教はほとんど顔を出さないのである。

他方で、ハーバーマスは「宗教の公共的役割」への哲学的反省を促す論者の一人である。ハーバーマスは今日の西洋社会を「ポスト世俗化社会」という言葉で呼んで、宗教の新たな役割を考えている。従来のように、宗教を私事とみなすロールズ流の政治的リベラリズムを批判的に吟味している。「リベラルな国家は、宗教的組織が政治に参加することにも重大な関心を持っているし、宗教的意見が政治的公共圏において自由に表明されることにも重大な関心を持っているのである」としている（ハーバーマス 二〇〇五＝二〇一四：一五〇）。「公共圏」でも価値や倫理観の領域に話題が及ぶ時に宗教的言説に耳を傾けるのはきわめて理に適っていると指摘する。特に幸福達成のために国家（または地方政府）と市民社会の区別が重要である。つまり「憲法によって統合されるリベラルな公共体と、世界観によって分断されている公共体との違い」（ハーバーマス 二〇〇五＝二〇一四：一五五）が区別される。つまり前者の「憲法によって」が、国家・地方政府であり多様な価値観を持った人々からなる公共圏である。後者の「世界観によって」が、市民的公共圏の中の特に多元的な宗教グループのそれぞれが属する共同体である。宗教共同体は公共圏でも尊重されはするが、この時「他者」を承認することにより、多元性が担保されなければならない。ポスト世俗化時代は宗教的価値が尊重されるが、一つの宗教的価値のみが公共圏を覆うことはないのである。ＩＣＦ－四世界論もこれを反映していた。

以上のような現代のグローバルなレベルでの「幸福形成」の議論を念頭に置きながら、本章では日本の市民社会を問題としていくことにしよう。

日本では前述のように〝政教分離〟という言い回しは日本国憲法第八九条に基づいており、その後段に「慈善と博愛の事業への税金支出の禁止」がある。ところが「慈善と博愛の事業」がたとえ宗教的動機であっても「万人を益する福祉がなされるのであればかまわない」、という方向に変化してきている（社会福祉基礎構造改革後の契約制度への移行）（稲垣 二〇一三：二四九－二五四）。ここにハーバーマスの説くリベラリズムの再解釈が日本でも当てはまることになる。国民的な福祉としてのスピリチュアル・ケアと戦没者追悼の問題として後に詳しく見たいと思う。

（２）日本の戦後社会の特徴

福祉の担い手は人類の最初から家族であった。日本では家族の位置づけはどうであったのか。日本の近代化が天皇中心になされたため、戦前は天皇が家長で国民はその子どもといったように国家が家族に擬せられて、それが教育勅語などによって教え込まれた。家族の中では家長の権限が強い、いわゆる家父長制であった。戦後にそれは〝封建遺制〟として退けられた。個人の人権が日本国憲法で保障され、家族も夫婦平等が建前となった。ところが、一九六〇年代以降の所得倍増計画と高度経済成長期には福祉のあり方は男性稼得者モデル、すなわち夫が外で給与所得者となり、妻がその扶養家族となって家庭内の育児、介護を担うという構図を生み出した。一九八〇年代から高齢化が問題になり始め「福祉の基礎構造改革」が叫ばれた。一九九〇年のバブル崩壊以降は低成長の時代に入り始めた前後から、女性も外で働く傾向が強くなったために、育児や介護の社会化（すなわちケアを家庭外に外注）ということが起こる。ただしこれは必ずしも、女性の人権を考慮した普遍主義的なモデルから出てきたことではない。ここで福祉のあり方を、北欧モデルのように保育所や高齢者ホームを税金によって整備するか（大きな政府）、国民の自助努力によって市場にまかせるか（小さな政府）、という選択を迫られる。

この問題を倫理的な面からとらえるとどうなるか。そうすると、福祉、特に対人援助においては、家族が行っていた時には問題となっていなかったことが問題化していることに気づく。すなわち家族愛によって無償で行っていたものを社会化するのであるから、そこに賃金支払いが生じるわけであるが、その費用をどこから調達するのかという問題と同時に、対人援助の場面ではよりパーソナル（人格的）な問題が出てきている。つまり、労働への対価の「貨幣との交換」という経済レベルの問題だけではなく、「（家族）愛の交換」という倫理的価値のレベルの問題が生じているということである。個人の人格の尊厳が普遍化した今日、単純に、かつての大家族制や封建時代（氏族制）のような「互酬制」に戻るわけにもいかない（すぐ後でこの問題を取り上げる）。また愛を金で買う（貨幣と交換する）といった市場社会の功利主義に慣れ切ることができないのは、人間には〝人間として〟それを許容しない原初的モラルがあるからだろう。この「家族愛を社会化する」という点を考慮すれば、今日の福祉という分野が経済学上の「労働力の商品化」以上に倫理的、哲学的問題を提起していることがわかるであろう（西部 二〇一一：一七二・一七八）。そこで、より人間学的・倫理学的な「自己‐他者」関係を問題にしなくてはならない。今後の超高齢化社会に、介護労働者が何万人不足する等の議論だけでは、話は絶対にすまないのである。

人と人との関係において、人は利己的である（市場モデル）と同時に利他的である（家族モデル）という古くて新しいテーマが浮上する。すなわち広井による表1-4（三一頁）の三行三列のマトリックスの意味を熟考しなければならない。この一行目に「共」の部分で「互酬」とあるが、相互扶助というテーマがコミュニティ形成とともに考察されなければならないのである。「互酬」はまさに近代以前の同質的〝ムラ社会〟（＝旧い公共）での交換の様式を想起させるものだが、今日この「共」は「新しい公共」という概念として重要性を増していると筆者は考える。つまり「旧い公共」の互酬制は「与え受ける」双方向であったが、[3]「新しい公共」では見返りを期待しないボランティア活動ないしは「与える」生活すなわち贈与の心、利他的心がいかに公共生活の一部になれるか、という新たな問題を抱えるのである。「互酬」から全き「贈与」への転換を含んだ社会のあり方だ。「愛の社会化」とは、こういう意味である。宗教的な愛すなわち仏教の慈悲、儒教の仁愛、キリスト教の隣人愛が新たな形で再考されなければならない理由がここにある。枢軸時代以来の伝統宗教、哲学が一人ひとりの課題として新たに再編される時代に入らざるを得ないのである。

（3）「新しい公共」と市民自治

スピリチュアルな意味の次元ないしは宗教が認識論の中に入ってくると、公共圏の議論では「自己-他者」関係が重要になる。ハーバーマスの議論にすでに出てきたように、他者の信じているものを寛容に承認しつつ民主的な対話を遂行するためには、「異質な他者」を自覚的に表現した「自己-他者」軸を導入して公共圏を定義する必要があるからだ。

他者に全き「贈与」を承認しつつ対話的に共存をはかる訓練が必要になり、伝統的に同化主義の傾向の強い日本文化の中では新しい課題とならざるを得ない。

図3－3　「自己―他者」と「親密圏―公共圏」の図

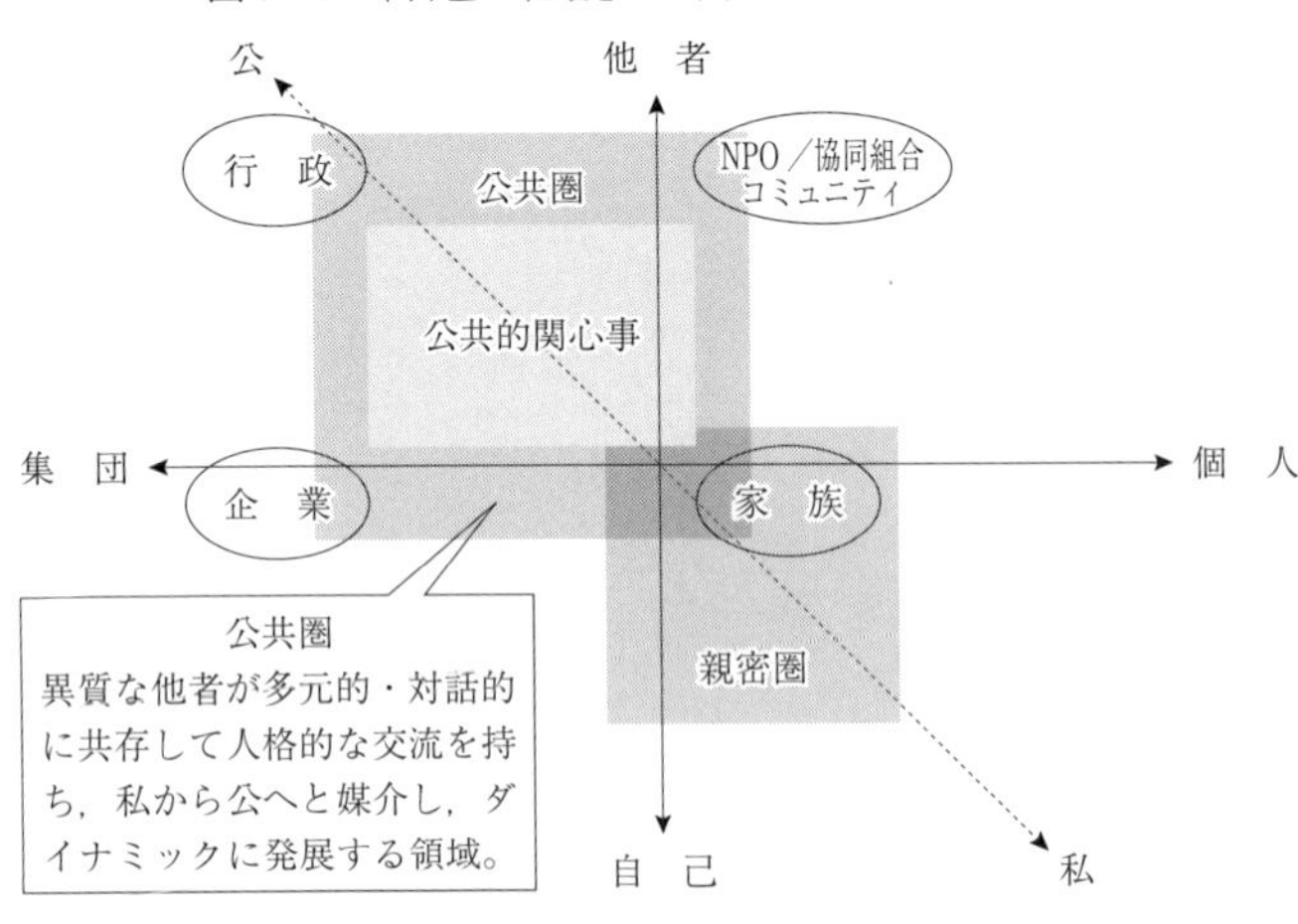

表1－4の最左列の互酬性（共）、再分配（公）、交換（私）はもともとポランニーの経済学からの分類の中にあったものであるが、図3－3中の「NPO／協同組合、コミュニティ」「行政」「企業」にそれぞれ対応している。しかし福祉の場合には担い手は実は三極ではなく「家族」を加えた四極になるので三角形ではなく四角形にならざるを得ないのである（これを四セクター論と呼ぶことができる。つまり行政（第一セクター）、企業（第二セクター）、協同組合等（第三セクター）、家族等（第四セクター））。

「他者性」と「新しい公共」とは深く関係する。今日、憲法の改正が話題になる前に、私たち自身がこの視点からまだ憲法を十分に活用していないことに気づきたい。日本国憲法第八章に地方自治があるが、「新しい公共」の時代に福祉を地域（コミュニティ）に移していくことに十分な憲法的根拠があるのである。松下圭一は一九七〇年代から三行三列マトリックスのローカル、ナショナル、グローバルに相当して政府三分化論を提唱してきた（二行目「公」の部分の議論）。農村型社会から都市型社会に移行する時に国の政府のみならず、地方政府（自治体政府）や国際政府が重要になることを主張している。松下は繰り返し二〇〇〇年の地方分権改革によって国の地方自治体への〈機関委任事務〉が廃止されたにもかかわらず、地方自治体が国の憲法にあたる基本条例や立法過程を担う準備がなされていないことを指摘し、地方自治体→国→国際機構という順序での補完性原理を強調した後に次のように語る。

「自治体基本条例は、自治体が地域の政治・行政にまず責任をもつ『政府』となったかぎり、市民主権を起点にもつ基礎自治体（市町村）、広域自治体（県）の《基本法》として不可欠となる。この基本条例は補完原理による重層型政府構成原理つまり複数信託論の再確認となるはずである。」（松下 二〇〇五：一三五）

しかし国と地方自治体両方の借金が一〇〇〇兆円を超えている今日、自治体法務のみならず自治体財務をもこなさなければ議論は現実的にならない。以下のように警告を発している。

「機関委任事務の廃止を基軸とする〈二〇〇〇年分権改革〉をふまえる今日、当然、以上の緊迫をめぐって、政府としての自己責任があらためて自治体にも問われることになる。明治国家によって馴致された国への依存心理が自治体によっては今日もつづくが、ここで、国からの自治体の自立には、市町村、県を問わず、たんなる、〈自治の精神〉どまりではダメだということを強調したい。自治体で二〇〇〇年分権改革までは未知だった自治体法務はもちろん、さらに自治体財務の熟達をとおしてのみ、はじめてこれにとりくみうることを、まず、確認しておきたい。」（松下 二〇〇五：一五二）

したがって福祉にとって、「共」に基づく住民主体、市民主体による財源をも含む地域福祉計画の策定が、まず何よりも重要である。お上(かみ)主導ではなく、「新しい公共」に基づく市民主導で地域コミュニティのニーズにあった地域の環境にあった町づくりがなされなければならない。ここでは国民主権というよりも、むしろ市民主権が発揮される参加型民主主義の時代に入っている。いやそれを実践しないことには今後の福祉社会は望めない。実際に社会福祉関係の法律も「国から地域へ」の移行、「地域福祉」の強調へと転換している（社会福祉法第四条）。筆者は地方自治体での市民主権をも含めて、市民の生活領域に立ち上げるＮＰＯや協同組合の活動主体の自主的活動を「領域主権」と呼んできた。まず訓練されなければならないのは「異質な他者」と共存する市民社会を担う各主体の自治能力である。

したがって以下に紹介する三浦梅園、渡辺海旭、賀川豊彦の働きは、今日では、特別な能力に恵まれた人だけの仕事ではない。まさに市民の一人ひとりが梅園、海旭、豊彦を現代の文脈で活かしていかなければならない時代になったということである。今日の参加型民主主義はそれを要求する。

3　相互扶助の宗教伝統をどう現代に活かせるのか

日本の伝統宗教を今後の福祉社会にどう活かせるのか。

福祉の歴史研究者・吉田久一は最晩年の著書『社会福祉と日本の宗教思想』の冒頭で「国民個々が『福祉』にアイデンティティを形成するには、外側の社会科学とともに、すぐれて内面的問題の宗教が重要である」と切り出した後に、次のように述べている。

「西欧では政治や経済の発展とともに、内面的にそれを支えるギリシャ的『博愛』と、キリスト教的『隣人愛』が対峙しながら、西欧社会を『連続』してきた。日本でも古代・中世は仏教的『慈悲』、近世では儒教的『仁愛』や『仁政』、明治時代はキリスト教的『慈善事業』がその『開拓』的役割を果したが、現在の社会福祉は、政策を支える内面的役割を担うエートスに乏しく、社会福祉の『不連続』性は否定しがたい。」（吉田 二〇〇三：一二）

戦時中の社会事業、そして戦後の一九八〇年代以降の「福祉の基礎構造改革」までも身をもって体験してきた歴史家の実感としての重みがある。今日に「福祉に内面的エートス」が欠けていることをつぶさに訴えている。福祉の政策論や技術論は多く語られても、対人援助の「内面的エートス」に欠ける福祉は人間生活に十分とはならない。しかしながら、一方、もし「内面的エートス」が宗教によって提供されるとすると難しい問題も抱えることになる。近代生活における宗教的なものの衰退、いわゆる世俗化の問題があるからだ。しかし前述したように西欧においてすら「ポスト世俗化の時代」に入っている。このような現状の中で「いまなぜ福祉と宗教なのか」は、ミクロ（対人援助）とマクロ（社会制度）の総合的な視点から、改めて問われねばならない大きな問いである。

一九五一年にスタートした日本の社会福祉法人による福祉のあり方は、一九九〇年代に至るまで全国一律でナショナルな行政措置で変化がなかった。ようやく一九九八年になって「社会福祉基礎構造改革中間報告」が出てローカル化の方向が課題になってきた。筆者は福祉においてもお上（かみ）依存ではない市民の自治こそが今後の重要課題と考えている。吉田は西洋社会事業史の「連続性」に対して日本社会事業史の「不連続性」を訴えた。これをどう克服するのか。そこで吉田は次のように語る。

「遅れて近代化に出発した日本社会福祉は、その改革のために絶えず『目的』的な理想型として先進的モデルが必要であった。しかしそのモデルを単なる『移入』的存在としないために、長い福祉思想の歴史をもつ日本文化との交渉変革によって、はじめてその改革が可能になるはずである。…（中略）…結論からいえば、まず福祉への『個』へのアイデンテイティの定着の努力が重要である。その上に未熟な『福祉国家』を清算し、『福祉社会』の建設を目的としなければならない。その際、宗教思想が役割の一つを果すと思う。」（吉田 二〇〇三：四四－四五）

確かに戦後福祉はイギリス型、北欧型の福祉政策論、アメリカ型のソーシャルワーク論等々、モデル「移入」のオンパレードであった。しかし日本の状況に適合しない。そこで本当に必要なのは日本文化、日本の伝統宗教との交渉である。そして福祉「国家」ではなく、もし福祉「社会」の建設であれば、宗教思想は十分にエートスになりうるであろうということだ。つまり国家ではなく筆者のいう「市民社会」であり、市民的公共性の重要性である。表1－4であれば「共」の原理の第二列のナショナル（国家）ではなく第一列のローカル化にほかならない（「共」のナショナル・レベルの問題は本章第5節（2）二一〇頁以下参照）。したがってここで福祉社会形成には、国家統治ではなく市民自治が必要となってくる、というのが筆者の意見である。統治ではなく自治、これは今後の民主主義の質の問題である。福祉以前の民主主義の質、ここが自覚的に取り組まれねば福祉社会の方も充実しない。このような「新しい公共」に基づいた福祉を特に公共福祉と呼ぶことにしたい。ここでいう「福祉」とは広く社会の「幸福創成」という意味である。自治なくして良い公共福祉は形成できない。

（1）儒教——三浦梅園と「地域福祉」の始まり

まず、儒教の伝統を取り上げる。

仁や恕について『論語』は、たとえばこう言う。

「子の曰わく、志士仁人は、生を求めて以て仁を害すること無し、身を殺して以て仁を成すこと有り。」（衛霊公第十五・9）（先生がいわれた、「志しのある人や仁の人は、命惜しさに仁徳を害すようなことはしない。時には命をすてても仁徳を成しとげる」。）

「子貢問うて曰わく、一言にして以て終身これを行なうべきものありや。子の曰わく、其れ恕か。己れの欲せざる所、人に施すこと勿かれ。」（衛霊公第十五・24）（子貢がおたずねしていった、「ひとことだけで一生行なっていけるということがありましょうか」。先生はいわれた。「まあ恕（思いやり）だね。自分の望まないことは人にしむけないことだ」。）（金谷訳注　一九九九）

個人倫理としての「仁愛」「恕」とともに、注目されるのは孔子の「徳治主義」で、後世の仁政思想の原点となっている。

「子貢が曰わく、如し能く博く民に施して能く衆を済わば、如何。仁と謂うべきか。子の曰わく、何ぞ仁を事とせん。必ずや聖か。」（雍也第六・30）（子貢が〔仁のことを〕おたずねして「もし人民にひろく施しができて多くの人が救えるというのなら、いかがでしょう、仁といえましょうか」といった。先生はいわれた、「どうして仁どころのことだろう、強いていえば聖だね」。）（金谷訳注　一九九九）

為政者が徳の所有者であって、民を感化して道徳が世に行われること、これが徳治主義である。ところがやや逆説的であるが、それが近代国家の「統治」モデルになってしまって、民主主義的な「自治」を妨げてきた事実にも注意しなければならない。孔子、孟子の儒教は宋の時代に朱子、明の時代に王陽明によって朱子学、陽明学として発展し、日本にも大きな影響を与えた。

ここでは自治と協働の連帯を生み出す公共福祉への適用を考えるために、特に徳川時代の儒者・三浦梅園を地域福祉との関係で取り上げる。近代国民国家という中央集権的な明治政府成立以前に、相互扶助の互酬性に基づく「共」の原理によるコミュニティ経済が日本にも実際にあった。そして儒学の背景の中で理論的にも裏づけられていたという例証にもなるからだ。

梅園は豊後国の国東の村の医者であった、そして「条理学」と呼ばれた整然とした儒学の体系を著した。吉田久一は次のように評している。梅園のように、自然科学的論理思考を持ち、しかも四〇年を越す寒村生活をし、地域の福祉を考え続けた学者が他にあるだろうか。「わたしは寒村の一農夫にすぎない」としながら、一方では「賢愚同意の別なく、死海みな兄弟として」と、世界的視野から立論した（吉田 二〇〇三：一八五）。

「条理」とは梅園を特徴づける儒学の構造で、天地の有する論理である。「反観合一、捨心之所執、依徴於正」、すなわち相対立して相反し、反するがゆえに合する。それは主観（心）を捨て、徴によって正すこと（客観的実証）が原則であった。梅園の主著『玄語』について、加藤周一は『日本文学史序説』でこう評している。

「おそらく空海の『十住心論』以来、日本の思想家の著作で、抽象的な概念的秩序の構成が『玄語』

ほどの完成度に達したものは、他にない。梅園が日本文学に加えた『美』は、実にその自然哲学的概念の建築的な美しさであった、といえるかもしれない。」（加藤 一九八〇：一六一）

もっとも梅園の自然哲学は人生学、人倫学をも包括している哲学である。また梅園の自然哲学の研究者である山田慶兒の解説によれば朱子学に依拠してはいても、朱子ときっぱり袂を分かっているのが、「心」に関する梅園の説である（山田 一九八八：九三―九七）。しかも性善説であるよりもむしろ「悪」を深刻にとるところが、筆者にはきわめて現代に通用する内容に思える。これは利己主義、利他主義といった今日の福祉の倫理学につながるからだ。

梅園は、「心は人の一元気」「一元気の外に心なし」として、心を「一元気が人に寓するもの」とみなし、「心性・情慾・知覚・運動」をすべて気のはたらきに帰着させる。詳細は省くが、この見方は筆者には、脳からの「心」の創発を「意味の階層性」の一つとしてとらえる四世界論に類似していて大そう興味をそそられた（図3―2中の世界1から世界2への創発）。

こうして梅園の条理学は「現実の特殊性」つまり地域福祉へと赴く。徳治主義は否定していないが、伝統的徳治観には情的側面が濃いのに対し、職分や天功・人功については、天子や庶民も同じであるとする平等観がある。君臣の論理は肯定されても、そこには整然たる条理的説明が加えられている。「人の命」を重視し、「貧しき人富る人の隔あるべからず」と主張される。

より具体的に見てみよう。三浦梅園の福祉思想で今日に考えるべきは相互扶助の意味である。彼の生涯を過ごした富永村のために書いた「慈悲無尽旨趣約束」が興味深い。今日でいえばA4版で三枚くらいに収まる短い文章である。最初の部分を書き写しておこう。

「一村のうちはよき事あればうちよりて喜び、悪き事あればうちよりて悲しむ事、たとへは一家兄弟のことし。さるによりて病人をばたすけ合ひ、貧人をば救ひあひ、口舌争論をばなだめあひ、悪事をばいさめあへばおのづから中よくむつまじく、又我うきしづみにつけても人も捨をかねばあながちに人の事とはおもふべからず。さればわれ我親をうやまへば、其家にそだつ子も亦是を見慣ひて自然と我にも孝行なり。（後略）」（篠崎 一九三六：五二一–五七）

さて、ここでの私たちの関心は梅園の「慈悲無尽旨趣約束」が儒教的な単なる徳治主義なのか、それともお互いが自主的に助け合う相互扶助の精神の現れなのか、というところである。徳治主義は上からの統治、相互扶助は下からの自治である。現代の契約制度の中での自治的な公共福祉の精神が日本の民衆の伝統の中に見出せるかどうか、筆者の問題意識がまさにここにあるからだ。

(2) 統治か自治か

福祉の歴史家である池田敬正の論文（一九八四年）を手がかりに見てみたい。梅園が活躍した一八世紀半ばという時期は、幕藩社会の矛盾がようやく表面化しはじめた時期であり、他方、ヨーロッパの先進的な技術や自然科学の知識が、国内の客観的条件が未成熟なまま導入された。梅園の福祉思想については、井上友一（日露戦争後の内務官僚）による評価があり、彼は儒教的徳治主義に基づく措置として評価した。「能く共同緝睦の美徳と隣保相扶の情誼とを発揮せるもの」とその内容を紹介しながら、聖人君子の「仁政」あるいは「徳政」である、と。儒教的徳治主義に基づく政治的慈恵と共同体内の相互扶助とはまったく別のものであるが、井上はここで梅園の構想を儒教的徳治主義の立場から評価している。共同体的相互扶助を政治的慈恵の前提とし、政治的慈恵を制限主義的救済たらしめるもの、つまり福祉は万人のものというよりも一部の必要とする人のみに制限するものであった。

他方、山口正（社会事業形成に関わった自治体公吏）の見方にはこうした道徳主義的傾向は見られず、「豊後の儒者三浦梅園は、…（中略）…慈悲無尽講を組織し共同救済の道を開いてゐる」と書いている。この「共同救済の道」とは、日本の中世以来発達してきた共同体的相互扶助であって、たとえばイギリス近代社会で成長した「協同組合の精神」を内部に含むものと理解していた。井上の儒教的な政治的慈恵という受け取り方ではなく、社会福祉の原初的な形態としての相互扶助の近代的具体化として山口は受け取ったのである。どちらが正しいのであろうか。これを定めるために、池田は具体的な「慈悲無尽旨趣約束」の周辺の（必ずしも十分ではない）当時の歴史的文献の読解から判定している。

梅園の慈悲無尽の仕組みはいわゆる庶民のみの相互金融の組織ではなく、村役人も関わる。「夏は麦、秋は米、冬は銭、多少にかぎらず、老若男女各志を運び可申事」と、全村民がそれぞれ応分の拠出をすることによって原資を集め、それを「帳面にて村役人たのみ貸し付け」その利子を蓄積し、村内の貧民救済を進めた。さらに「其家のあるじたらん人は、此道理を妻子家内にも合点致させ可申事」と述べ、全村民の間の民主的合意を取り付ける公共的手続きも忘れない。村共同体の中で、あるいは地域集団の中でお互いに助け合おうとする状況が、ここで理念化されて述べられていた。昔ながらの地域的相互扶助がまずあり、その上でその公共的制度化が梅園の意図であった、と。もちろん「孝行或は忠貞等の人有之候はば、是人の手本となる人に候へば、此のうちにて非常の世話たりともいたすべき事」と、道徳的にすぐれた者の特別の救済が訴えられているように道徳主義的な側面も見られた。しかしそこに儒教道徳の強調があったとしても、それは支配者の徳治あるいは行政の強調ではない。池田は、「だからこの梅園の構想は、儒教道徳から完全に無縁とはいえないとしても、基本的には地域的相互扶助の理念化であったとみるべきであろう。…（中略）…『一村志を運び、力を合はせ、すこし宛の餘資をあつめ、貧者萬分の一の苦をすくふとならば、身には假染の事にして彼には廣大の慈悲なるべし』と述べて、この相互扶助の公共的制度化のなかに地域の協力と連帯を見出していた」と述べている（池田 二〇一一：五七・七三）。徳治的な仁政ではなく庶民的な仁愛、慈悲、隣人愛である。

ここでの「公共的」という言葉の使い方は、筆者が「私から公への媒介」として定義しているものとほとんど同じである。ただし、このような公共的な自治意識の芽生えは順調に育たなかったのである。つまり、明治維新による中央集権的な国家の成立とともに統治的な政治的慈恵主義の方向に飲み込まれていくのである。ここに日本の近代化の問題点があった。そして松下圭一のいうように、いまだその後遺症から抜け切らないでいる。似たような構造を、後に、戦前の賀川豊彦の自治的な協同組合運動と、逆に戦後の統治的な措置的福祉制度の成立に見ることができるであろう。

以上のような歴史を通して私たちは、今日の福祉のあり方への教訓を得ることができる。徳川期の民衆的相互扶助、戦前の自治的な協同組合運動、これを新たな「共」の原理によるコミュニティ経済に再編成できるのか、今日の「新しい公共」が直面する問題がここにあると筆者は考える。日本の伝統の良さを、梅園的にいえば「自然」に対する「使然」の強調、単なるアニミズム的自然から意志的な選択を「良知（良心）」に基づいて行う。賀川的にいえば「友愛と連帯」の市民社会の形成である。「新しい公共」の時代は外国人をも含む「他者」に対する「友愛と連帯」を醸成していく必要がある。

(3) 仏教――渡辺海旭と「宇宙の原理、社会の原理」としての法

筆者はすでに四世界論の中で、仏凡一体（インマヌエルの原事実）と呼ばれるスピリチュアルな意味の次元の歴史的世界の表現について書いた。[4] 仏凡一体に促されて、慈悲ないし菩薩道を実践し、近代日本に先駆的な福祉事業（ソーシャルワーク）をスタートさせた先人が何人かいる。ここでは公共福祉学の確立にとって重要と思われる二人の人物、渡辺海旭とその弟子の長谷川良信を取り上げる。

渡辺海旭は明治末期一八九〇年より浄土宗第一期海外留学生としてドイツに留学して一一年間の滞欧生活を経験した国際感覚あふれた僧侶である。日本にいる時にすでに「仏教清徒同志会」の結成（一八九九年）に加わり、旧仏教に対して新仏教を掲げる「近代仏教」運動のメンバーであった。彼らは外面的な制度・儀礼よりも内面的な「信仰」を重視し、それによって「社会改善」を目指し「自由討究」の研究姿勢を貫いた。

渡辺はストラスブルク大学（カイザー・ウィルヘルム二世大学）に行き仏典や比較宗教学を学び、近代的、科学的な社会思想を吸収した。その上で、仏教の教えに立った社会福祉理論と実践の基礎を築いた。東西思想の結節点にある日本という場において、感化救済事業から大正期後半に成立する社会事業への分水嶺的役割を果たした。[5] 大正期、日本資本主義の発展に伴う労働者の窮状が社会問題となり、渡辺海旭も後に取り上げる賀川豊彦もこれに取り組んだのである。

渡辺は仏教の社会的原理としての「法（dharma）」を重視している。仏凡一体（神人の第一義の接触）については「法への目覚め」という表現でこう述べる。「法は宇宙の原理、社会の原理であつて、万有は法の包む所であり、又法の詮はす所である。仏陀の仏陀たる所以は、この法に依り、法を見て法に目覚め、しかして法の体験と法の実践と法の宣揚とを存せるに過ぎない」（渡辺・長谷川 一九八二：四六）。

「法は宇宙の原理、社会の原理であつて」とあるが、このとらえ方は「宇宙の目的」を説く賀川豊彦にも共通している（稲垣 二〇一五：二〇一六）。そしてこの超体験的な法に対して、「法に目覚めた」仏陀の教えとはまさにこの「法の体験」であり、これが「世界4（図3-2）の宗教体験」ということになる。ここから人と社会の現実が顕れる。また「法の原理は宇宙の万有に実在の個我あるを許さず、ただ常恒普遍なる縁起の当相を示すのみである」として個人主義を廃している。ここから、正法の観念は「仏教が個人を認め個人のみの救済を論ずるものではなくして、渾然たる社会宗教たることを知る」。こうして仏教は個人救済から社会救済に向かうのである。近代仏教による新たな「法」の解釈である。

ドイツよりの帰国直後の一九一一年、浄土宗労働共済会を設立するまでの渡辺の半生を見るならば、生来の活動的な性格が、仏教によって思想的に基礎づけられ、それが新仏教運動を通じて近代性を獲得し、留学中に世界的視野にまで拡大したことであろう。

彼の社会事業にとって大事なことは、ドイツ社会民主党から影響を受けた社会改良の考え方、ロシア革命党員との交友、自由思想団に属したことなど、ヨーロッパ社会運動の潮流を身をもって感じ取ったことである。それまでの葬儀や祖先供養中心の静寂主義の仏教ではなく、社会的に尊敬を受ける仏教になることが必要だ、と大乗仏教教学を再解釈していく。たとえば、「今仮に布教を分つて見れば（一）内的布教と（二）外的布教とがある。前者は所謂布教伝道及び葬式法要であるが、後者は主として広義の社会事業である。而して此の両者の布教を実行するには三つの方面があると思ふ。即ち（一）融和、（二）指導、（三）安定である」（渡辺 一九三三：一一〇）。

ここで（一）融和に対する方法としては、社会事業を要するのであり、それには寺院が中心となるべきである（平等大悲）。（二）指導は広義の教育的布教であり（万機普益）、（三）安定とは文化的布教であり、浄土教は「念仏」ということである（選択本願）。
渡辺は仏教的な「報恩」を重視し、これまでの貧困者への慈善的な救済というところから、仏教的な報恩行の共済へと進めた。「之に施すのは、乞食を救うのではなく、衆生恩に報ずる為、即ち報恩の為にする」として、「報恩」→「共済」を単に内面ではなく、制度・施設に具現化した。このような「共済」の強調は、ドイツのライファイゼン（後述）らを中心にしたヨーロッパ社会問題との出会いから出てきていた。

当時のセツルメントがどちらかといえば英・米型キリスト教に見習ったものであったのに比べ、浄土宗労働共済会の施設はドイツの「労働者の家（アルバイテル・ハイム）」に系譜を持ち、労働者の共済的色彩を帯びた珍しい例であった。これは官僚型の上からの国家有機体観に基づく慈善的福祉（後藤新平、窪田静太郎）ではなく、「在野的」な自治的連帯といえる。労働者仲間の共済による連帯は、国家（＝公）でもなく単に個人の善意（私）でもなく「私」のモラルから「公」へと媒介する「公共」の発想である。

渡辺は社会運動の指導原理としての社会思想を自由主義（個人的）、社会主義（国家的）、改進主義の三つに分ける。この改進主義は「自由主義の非社会的なると、社会主義の破壊的なる欠陥を補正し、社会進化の理法に従ひ、社会政策の体系的施設によつて現在の社会制度を革新して、民衆の社会生活を整斉し、以て理想社会に漸進せんとするもので、民主々義的精神に立脚する」としている。そして、この改進主義こそが宗教的な連帯による社会思想であると述べている。この改進主義とほぼ同じ内容が、戦後すぐに賀川らによって立ち上げられた政党の協同民主主義にある（そして筆者はこれらを今日に創発民主主義としてより現代的に再構成したいと思っている）。以下、この改進主義の内容を渡辺の弟子・長谷川良信との共著『社会問題と宗教思想』から見てみよう。

社会問題は諸法の展開である。資本主義は私有財産主義、競争主義でアダム・スミスのいうように利己心が出発点である。ここから自我の実現が中心になり、道徳、人格、霊性の退廃をもたらすのであり、引き起こされた問題は宗教なくして解決ができない。渡辺と長谷川はいう。

「是を要するに真に有数なる社会的手段は宗教の保障を必要とする。人間の内心に根拠を求めずして外部的の強制のみを以て社会改善を図り一時その効果が挙がるも早晩破綻の来るべきは見易い道理である。…（中略）…而して是れは個人の信仰を喚起する外に途は存在しないのである。…（中略）…吾人は今、是れを現代の二大宗教たる仏教と基督教の教理及実践に就て眺めて見やうと思ふ。」（渡辺・長谷川　一九二六：五七）

こうして渡辺と長谷川は社会問題の特質を六項目挙げている。①利己性・主我性、②差別性から平等性へ、③階級制から民衆性へ、④理想性による闘争性、⑤唯物性、⑥相関性と多様性。以上のような六項目は現時点ではどうなのかを査定してみよう。さらに、そこから現代の公共福祉による解決へとつなげていくことにしよう。

まず、②③の内容については戦後憲法の人権条項、社会条項の成立により外面上は実現したといえるだろう。ただ人々の中に差別意識がなくなったわけではないので、人々の「心」の開発として宗教にはいまだに役割がある。もっとも、仏教の立場が社会主義でも自由主義でもない時に、渡辺のいう改進主義とはどのようなものなのかを、さらに今日的に⑥の多様性を重んじつつ発展させていく必要はあるだろう。

次に⑤の唯物論にならずに「労働者のための経済施設が必要」ということで、渡辺は浄土宗労働共済会の設立に尽力した（一九一一年）。独身男子のために宿泊できて職業斡旋をする共済会寄宿舎も建てた。また仏教徒社会事業研究会を結成し、第一回大会を一九一四年に開いた。また一九一八年の米騒動の時には、仏教代表としてキリスト教の救世軍・山室軍平とともに東京府知事の要請に応じ懇談会に臨んだ。

①に説かれる利己心、また④に説かれる競争社会と格差社会についてはどうか。近代に確立した「個人の自由意志」は歴史の事柄としていうまでもなく自治の前提として大事であった。しかし自由意志を認めることが利己心の助長となったのも事実である。利己心をもとに功利主義倫理と近代経済学ができあがった。これは歴史の現実であるが、仏教倫理から見れば否定される。では、そこから先はどうするのか。すでに一九世紀のヨーロッパに「宗教」をもって、これを解決しようという運動が起こった。知識人の中にもこういう人々がいたし、キリスト教のグループも独自に解決に乗り出していたからだ。ドイツ留学の長かった渡辺はこれを知っていた。

近代の経済学、特に新古典派の経済学はますますこの「利己心」を前提にした「ホモ・エコノミクス」の人間観を根底においている。その弊害は渡辺が指摘する通りである。しかし、では人間はいつでも純粋に「利他的」に振舞うことができるかというと、これも生身の人間には難しいだろう。俗世間から出家してしまえば可能であるが、それはすべての人に要求できることではない。出家者が施す慈善ということで「貧困」を解決するのではなく、労働者の相互扶助と自治を渡辺、長谷川は促した。しかし彼らの努力にもかかわらず、日本宗教は次第に戦時下の統制に巻き込まれていくのである。

（4）キリスト教――「教会の自治」とボランタリズムの推進

キリスト教は一五四九年ザビエルによる宣教開始直後から病院や育児院、孤児院など慈善事業も行ってきた。ただその後に江戸時代に入って禁制となり、儒教（朱子学）が江戸幕府の官学・統治の理論となり、仏教は檀家制度の中に組み込まれた。明治時代に神社神道は国教化され、キリスト教の宣教が許可されたものの、国家との関係は一切もたなかった。

戦前の福祉が先駆的にキリスト教徒によって担われたことは吉田久一も指摘する通りであるが、その理由は、公的救済がきわめて不十分だったことにある。当時の福祉は、カトリックにしろプロテスタントにしろ、隣人愛の教えから、宣教の一環としてなされた。カトリックは主として修道会、プロテスタントは篤志家たちによって担われた（阿部・岡本監修 二〇一四；杉山 二〇一五）。他のグループに比べても慈善の心に富むグループであったことがその理由であろう。初期の教会的組織がまだ十分でない頃からなされていたことは、確かに特筆に値する。慈善や隣人愛の心が福祉における「対人援助」の基本であることは、戦前のみならず、今日においても変わらない。

歴史的に見るならば、宣教第一期（一八五九〜一八八九年）の時期のプロテスタントは、幕末に佐幕派にあった下級武士階級に多くの入信者が見られ、その後のプロテスタント主流派の中産・知識階級的な体質を決定した。西洋の各教派が独立に宣教を開始し、初期の医療・福祉はカトリック、プロテスタントともにまず外国人宣教師によって活発になされ、日本人プロテスタントでは特に児童福祉の先駆者として石井十次や留岡幸助、廃娼運動・婦人矯風会の矢島楫子などが挙げられる。第二期（一八九〇〜一九四五年）の帝国憲法下になって庶民階級への宣教が始まり、福祉との関係では山室軍平、賀川豊彦などが出た。この時期は近代日本の資本主義の本格化に伴い、急増する貧困者をどう救済するかという課題があり、安部磯雄らの基督教社会主義や片山潜らのセツルメント運動があった。他方で国家主義の強まりと戦争の中で「信教の自由」が著しく侵害され、キリスト教存続のアイデンティティをかけた教会の〝自治〟に苦悩した時代であった。

明治憲法の「信教の自由」が「安寧秩序を妨げず、臣民たるの義務にそむかざる限りにおいて」ということであったので、たとえば内村鑑三の教育勅語不敬事件（一八九一年）などでその危惧が具体化した後は「キリスト教はわが国体に合わず」というような風潮がいきわたった。その中でわずかな抵抗としてキリスト教会は独立独歩の自主、いわば自治の精神をはぐくまれることになる。たとえば一九〇〇年一月三日付の「福音新報」（日本基督教会週間機関紙）に書かれた植村正久の次の文章は当時のプロテスタント・キリスト教指導者が「教会の自治」の意味を自覚していたことを表している。

「信教自由の大義を明らかにし、教会自治の権利を主張し、少しもこれを侵害せられざるよう細心注意するは、キリスト教徒に取りて安全の道なるのみならず、国家の進歩、人心発達のためにも甚だ必要なるべしと信ず」。

これは、文部省訓令第一二号が出された同じ年一八九九年に政府が帝国議会に第一次宗教法案を提出し「宗教団体の教師の資格認定をも含めて、主務官庁の権限に服する監督強化」を図ったが、キリスト教会と仏教側の反対にあって翌年二月に貴族院で廃案となった、という背景の中で書かれた。

しかしながら、結局、一九一二年には神仏基三教会同が成り国家統治の宗教統合策の中に取り込まれ、公認されるのと引き換えに教会の自治は弱められていくことになる（稲垣 二〇〇四b）。仏教も新宗教も同様に国家統制の中に取り込まれていく。宗教団体法の成立に伴う一九四一年の日本基督教団の成立は、国策としての制度的な教会の合同（第一部―一一部）であり、戦争遂行に伴って教団厚生局には「銃後奉仕委員会」が置かれ、諸宗教教団と同様に戦争協力に巻き込まれていくこととなってしまった。

戦時下の国策への協力はいまだに日本のキリスト教界の反省の課題ともなっているが、近代日本のたどった精神史の中で戦争責任・戦後責任として位置づけられている。福祉との関係ではこの「教会の自治」の自主性の精神は、今日でいうところの「ボランタリズムによる隣人愛の実践」の精神につながる。

ボランタリズムの自主独立の精神から福祉実践を行い、公共福祉の先鞭をつけた一人が賀川豊彦である。賀川豊彦はスラム救貧、労働運動、協同組合運動、農民運動などを通して庶民自らが連帯していくことによる生活改善を訴えた。彼は大正期に『死線を越えて』という大ベストセラーを出し、著作家としても国民によく知られた社会実践家であった。ここでは彼が敗戦後すぐに出版した「新生活の道標」という小冊子を手がかりにして、彼のボランタリズムの一端を見てみよう。

「新生活の道標」はまず日本が被った敗戦の原因を日本人の道徳心の欠如にあったと指摘して、庶民に日本の建て直しを提言する。戦時中の道徳観の欠如を「社会哲学指導原理の欠如から来る失敗は、外地ばかりでなく、内地においても朝令暮改となって現れ、国民はそのため全く疲労困憊してしまった」といい、「満州事変以後無産運動は萎縮し、社会事業は厚生事業といふ名に改められ、協同組合運動すら社会主義と混同されて排斥に会ひ、無産運動は全面的に崩壊してしまった」と嘆く（賀川 一九六四a：三六-五一）。

賀川は明らかに政府主導の統治に反対で市民の自治からの建て直しを提言している。そして「新日本再建の三条件」として、①心の復興、②協同精神の昂揚、③宗教精神の意識的発動を挙げている。賀川の宗教に対する考え方は次のようである。


「宗教運動は、宇宙観の確立を意味し、社会目的の選択を決定せしめる。革命なくして社会救済をしようと思へば、宗教運動の他に道はない」。「支那の聖人孔子も易経の注釈に於て、変転期に処する工夫を教へ、それは『天を基準にして心を易へる』にあると教へてゐる。『易』の『易』たる所は、『占ひ』でもなければ預言でもない。それは『天を基準として心を易へんとする道徳的運動』である。天を基準として心を易へる運動を宗教といふのである。」（賀川 一九六四a：五〇-五一）

道徳的運動に支えられた宗教精神をもって日本再建を主張する。これは日本の庶民の伝統思想に適ったことであった。「協同組合運動すら社会主義と混同されて排斥に会ひ、無産運動は全面的に崩壊してしまった」と悔やむ彼は、戦前からの伝統的な「和魂」を用いつつ、地道に自主的な協同組合運動を通して「共」の部分を作り上げてきたのであった。今日、この「和魂」はグローバルに通用する多元性・多様性を考慮してスピリチュアルなものも含む「世界倫理」にまで発展すべきものである。

4　賀川豊彦と公共福祉

(1) 相互扶助の再興

明治政府が上から統治の手段として作り上げた「和魂」ではなく、民衆の自治による「和魂」、たとえば三浦梅園が言及していた無尽講や、また二宮尊徳の報徳思想がすでに民衆の中に浸透していた大正・昭和の時代に、賀川はここに食い込んでいった。日本の近世思想の専門家であるテツオ・ナジタが以下のように記している。

「一九三七年、かれ（筆者注：賀川豊彦）は神戸の貧民街で四人に一人の成人が相互貸付の講に参加していることに気づいた。賀川は、ためらうことなく講に参加するよう貧しい市民に勧めた。理由は、とりわけ加入するのに特別な教育を受けていなくてもよかったからである。講の理論を知らなくても、千年以上も前から講に参加してきた日本人なら無尽講や頼母子講の規則や倫理に精通しているとかれは述べた。」（ナジタ 二〇〇九＝二〇一五：二八二）

ここでナジタは一九三七年という年を挙げているが、実際にはもっと早い。なぜなら賀川が神戸スラム街に入って救貧活動を始めたのは一九〇九年であり、アメリカから帰国した一九一七年から労働運動に取り組み、そこですぐに協同組合的な相互扶助の重要性に気づき、実践に移したからである。一九二〇年にすでに賀川は以下のように書いている。

「西洋には道徳は一つしか有りません。それで娼妓の道徳など云ふことは聞くことは出来ません。然し日本を私が讃美せざるを得ないのは、このドン底にも一種の固い道徳と、愛と、相互扶助のあることです。貧民窟で最も目につくことは貧民同志が相互に助け合つていることです。」（賀川 一九六二：五九）

すでに一九二一年には彼の指導の下に神戸購買組合、灘購買組合が生まれている。購買組合とは消費組合のことである。彼は一九二三年の関東大震災以後に活動の拠点を東京に移している。そして一九三七年は、賀川がアメリカに招かれロチェスター神学校で「友愛の政治経済学」を講義し、直後に本になって一七カ国語に翻訳され、彼の協同組合運動は世界的に注目されるようになった年であった。ナジタは先の引用に続けている。

「ライファイゼンに代表されるキリスト教人道主義の倫理に訴える一方で、賀川は近代的な相互扶助の中心に伝統的な講が存在することを人びとに気づいてもらいたいと思っていたのである。」

ここで「ライファイゼンのキリスト教人道主義」、これを賀川がいかに日本で活かすことができたか、その周辺を取り上げて考察してみよう。

(2) 協同組合運動の二つの系譜

賀川豊彦は日本の無尽・頼母子講の伝統を活かすだけでなく、協同組合運動の創始者としてイギリスのロッチデールの商人たちとともに、ドイツのライファイゼンにしばしば言及している（賀川 一九四六：八八-九六）。しかし、実は、近代日本には協同組合運動のもう一つの流れがあった。それは市民というよりも国家官僚の側から導入されたものであった。市民による「下から」の自治と、国主導による「上から」の統治との違いは「公共」と「公」の区別として重要である。

明治期に日本がドイツから多くの制度を学んだことが知られているが、実は、その中に協同組合運動があった。経済振興のために資本主義を興すことは急務であり、一八七〇年にドイツに派遣留学した品川弥二郎は、ドイツそしてより広くはヨーロッパ全体に存在していた、地方ごとの相互扶助的な組織が銀行や貯蓄組合を創設している試みに目を止めた。とりわけ一八五〇年代半ば、フランツ・ヘルマン・シュルツエ＝デーリチュが設立した「国民銀行」に強い印象を受けた。農業協同組合を地方の中産階級を対象にした投資志向の銀行に転換するという戦略である。シュルツェ＝デーリチュは地方を安定させるには社会福祉政策よりも資本主義の原則と適用の方が適していると考えた。慈善よりも競争原理である。こうして彼の協同組合は信用貸付銀行に改組された。シュルツェ＝デーリチュ式の協同組合は地方銀行に転換されたが、彼の事業が目指していたのはまずは地方の裕福な人々つまりブルジョワの利益であった（ナジタ 二〇〇九＝二〇一五：一九九）。

もう一つのモデルはフリードリッヒ・ヴィルヘルム・ライファイゼンのもので、彼は生涯を通して、小規模で貧しい農民を支援することに力を注いだ。それゆえ彼らの事業では、儲けの追求よりも、慈善や社会福祉により力が入れられた。ライファイゼンの協同組合は規模が小さく、地域も限られ、地域社会を志向していた。この協同組合は信用貸付組合の役割を果たし、組織を経済的に存続するために一定の金利を課した。協同組合の役員は名誉会員として奉仕し、給与を受け取らず、組織をキリスト教人道主義に確実に貢献するものとした(6)。市場競争か人道主義的互酬制か、この異なる経済原理を目の当たりにした品川は、日本の相互扶助組織に欠けているのは人道主義的な倫理観ではなく、近代資本主義の原理すなわち市場競争だと考えた。彼はライファイゼンの取り組みよりもシュルツェ＝デーリチュのそれを導入することを考えた。品川とその後輩の平田東助が内務官僚として日本に導入したモデルは、一九〇〇年に産業組合法として結実した。これを市民の自治的な相互扶助の方向に活かしていくのか、それとも中央権力による統治的な資本主義に都合よい方向に利用していくのか、担う人々の意識の違いによる(7)。

品川の「信用貸付組合」の方向は、同じ協同組合でもライファイゼン型を採用した賀川豊彦とは異なる方向である。賀川は農村に多くの読者をもった雑誌『家の光』（産業組合中央会が一九二五年から発行）に

「乳と蜜の流る、郷」を連載執筆した中でもライファイゼンを紹介している（賀川 一九三五＝二〇〇九：一三四）。それによって戦時下に全農家が政府サイドの産業組合の中に中央統制されていくことを牽制した。ひるがえって、今日の民主主義は自由民主主義として戦後にアメリカから教えられたと考えられている。しかし戦争直後にも、協同組合運動の中から賀川によって協同民主主義が唱えられたことはほとんど知られていない。占領軍は協同民主主義について漠然としか理解していなかった。社会主義の一形態でなにやら疑わしいものか、あるいは、自由主義という西洋の政治理論とくらべれば取るにたりない土着文化の遺物と考えたのである。

しかしながら、賀川は、それらの組合が民主主義的であるように、国や国内外の政治機関の支援を求めることも期待することもない、まさに民間の自主的な組織であるように指導した。それらは自治的な協同組合であり、相互扶助を提供し、慈悲の精神から人々を救済する。賀川はこの協同組合が育むのは民主国家の形成に不可欠な平等の価値であると断言した（ナジタ 二〇〇九＝二〇一五：二九八）。そして彼は相互扶助活動を全国政党に結集しようと努力をした。戦争直後の一九四五年八月に日本協同党を提案し一二月にそれを結成した。その後、この党は一九四六年五月には協同民主党、一九四七年三月には国民協同党（委員長・三木武夫）と党名を変更して、五月には片山哲社会党内閣と連立を組んだ[8]。ただこの政党は、その後、戦前から存在した二大保守政党が高度経済成長を政策に掲げて一九五五年に合同した影響を受け、その他の小政党とともに吸収され、解散せざるを得なかったのである。

賀川が「友愛と連帯」のモットーで立ち上げた日本協同党と協同民主主義、この理想こそが今後の日本の民主的で自治的な福祉社会を導くのではないだろうか。賀川は『新生』創刊号（一九四五年一一月刊）の「無産政党の再出発」という論文で次のように書いていた。

「我々も全人的、産業的デモクラシーを主張し、労働組合、消費組合、農民組合を通して、資本家と同じ権利を主張する。今日迄の民主主義運動は必ずしもこの主張にあはず困難屈曲があつた。然し新しく進むべき進路をはつきりするならば、全人的デモクラシーの他に眞の世界的民主主義は確立しない。」（賀川 一九六四b：四二〇）

彼の主張する諸協同組合、そして今日の諸NPO活動などはそれぞれに大きく成長しているが、しかしこれまでおのが道をタコツボ的に歩んできた。戦後七〇年経ちこれらが横につながって連帯できるためには、賀川の説く「友愛」と「全人的デモクラシー」「心霊的（スピリチュアル）デモクラシー」がどうしても必要である。筆者はこれを創発民主主義と表現してきた（稲垣 二〇〇四a：一六七：二〇一三：二六〇）。領域主権論（ないしは補完性原理）を重んじ、同時に相互に連帯しつつ、これを天賦信託論という形で日本の良質な儒教の伝統によって活かすことができる。日本のよき伝統である「思いやり（恕）」を回復すべきである。新自由主義の方向で格差が拡大し民衆の社会的孤立が著しくなった今日、ここに国民的な連帯が生まれない限り、今後の日本が立ち行くことは難しいであろう。

日本協同党が行った福祉政策は、今日でいえばエスピン＝アンデルセンの福祉資本主義の三類型の中のコーポラティズム・モデルに近い。この発展型がポスト資本主義の福祉政策の担い手になる。つまり、自由主義とかつての北欧型社民主義の中間のイデオロギー的立場である。福祉・環境政策を中央政府のみが出す政策と誤解してはいけない。各種中間集団やコミュニティ、地方政府が主体的に出す公共政策である。中央政府はこれを積極的に補完すべき立場にあり、官僚主導の統治モデルを押し付けるべきではない。各種の中間集団（協同組合、NPO等の第三セクター）やコミュニティこそが市民の生活の基礎をおいた主体である。これは福祉・環境を重視した民主主義であり、公共圏を形成する四セクターすべてが参加する多極共存民主主義（consociational democracy）であり、労働時間の短縮によってそれだけ家族や地域コミュニティの成員の間の「友愛と連帯」に時間を割くことができる。(9) 人間らしい共生のスピリチュアリティを発揮して、「共」の原理によるコミュニティ経済のライフスタイルを築こうとするのである。

5　創発民主主義の展開

(1) 福祉と世界倫理

ここで広井の地球倫理についてコメントを加えたい。ポスト資本主義が枢軸時代の世界宗教・思想の新たな解釈を促していることの観察は重要である。枢軸時代の世界宗教が「生産や欲望の外的な拡大を超えた」幸福の意味を、キリスト教の愛、仏教の慈悲、儒教やギリシャ思想の徳という形で説いてきたにもかかわらず、キリスト教国、イスラーム教国、仏教国という地理的棲み分けができ、〝普遍性〟を自負するあまり、グローバルな時代になると逆に対立の要因を作り出している。そこでそれを克服するための「地球的公共性」が要求され、そのための地球倫理が必要である。それはどのようにして可能となるのか。結論からいえば、それは現在の世界宗教の根源にある〝価値の源泉〟としての「自然信仰／自然のスピリチュアリティ」である、とおよそこのように語っている（広井 二〇一五：二三七―二四三）。

筆者の場合も、〝価値の源泉〟としての人類に共通な根源的スピリチュアリティが重要であるという認識はまったく同じである（〔図3―2中の〕世界4の必要性）。ただ、ここで宗教やスピリチュアリティを考察する際の認識として、〝普遍性〟というよりも「公」の論理（旧い公共）と「共」の論理（新しい公共）

の区別の重要性を強調したいのである。どういうことか。

グローバルな時代、宗教が自らの真理の〝普遍性〟を掲げて〝力〟と結びつけば戦争になる。したがってキュンクが、世界平和にはまずは世界宗教の対話が必要であり、さらには政治や経済の視点が欠かせないとして、世界倫理（Weltethos = global ethics）を提唱したのが一九九〇年であった（Küng 1990 : 1997）。それ以来、この方面の多くの対話が積み重ねられてきた[10]。筆者は宗教が国民国家と結びつくことの危険性を指摘し、市民社会のモラルに寄与すべきことを主張してきた[11]。

キリスト教、イスラーム教、仏教、儒教などが「公」（＝国家）と結びつけば、それは〝力〟の論理と結びつく。なぜなら国家は資本主義的「成長・拡大」を目指して権益を独占すべく文明間の対立の大きな要因となり、国内外における隣人愛、慈悲、徳などの人格と人格の間に働くスピリチュアルな倫理観をいとも簡単に破壊するからだ。冒頭のハーバーマスが詳細に論じるリベラルな政治哲学が「国家と教会（宗教団体・施設）の分離」を近代に探求してきた理由はここにある。自ら〝普遍性〟を主張しても〝力〟と結びつかないのであれば何も危険はない。そもそも「普遍性 vs 個別性」というのは哲学的論争であって〝力〟の論理とは関係がない。たとえ宗教が個別性を標榜しても、もし国家の〝力〟と結びつくならば、やはり危険なのである（インドのヒンズー原理主義や日本の戦時中の国家神道もアメリカのキリスト教原理主義と並んで危険である）。〝文明の衝突〟とはあたかも宗教観の衝突に見えていて、実際には国益の衝突であった。したがって筆者は、今日では宗教は「公」ではなく「新しい公共」と結びつく形に新たな創発が必要と考える。その方が、市民社会のモラル形成と結びつくことにより国境を越えて対話の原理となるからだ。

日本の歴史の特殊性に注意しつつ、なお世界倫理を目指すことを試みたい。日本人には盲点となっていることの特殊性は外部者の視点から見るとより鮮明になるであろう。そのためにキュンクの言っていることをもう少し詳しく聞いてみよう。

これまでも、多くの神学者や宗教哲学者たちが宗教間対話や宗教多元主義理論から、人類平和のための地球大の世界倫理を提唱してきた。キュンクの世界倫理もその一つである。彼の場合には、現実的に政治や経済との対話を目指しているところに特徴がある。一九九〇年出版の *Projekt Weltethos*（Küng 1990）の序文で、世界経済フォーラム（ダボス会議）での神学者としての講演とそこでの議論が基になっていること、また当時の哲学者のヨナスやアーペルらとの対話の中で形成されたことを記している。キュンクが世界倫理を提唱する背景は当時のポスト・モダン思想の流行の危うさである。

ポスト・モダン思想とは「近代は行き詰まった」という思想であり、ある意味では「近代の超克」論なのである。歴史を振り返ってみよう。すでに一九一八年の第一次世界大戦後のヨーロッパに「近代の超克」論が起こった、そのことにキュンクは注意を促している。しかしこれは良い結果を生まなかった。前掲書（Küng 1990）の最初の章で「近代の超克」論の政治上の帰結から出てきた悲劇的結末を三つ挙げている。その中で当時の世界史上に登場した東洋の小国日本にも言及している。①イタリア、スペイン、ポルトガルのファシズムの台頭、ドイツのナチズムの台頭そして第二次世界大戦とホロコーストによる一九四四年の悲劇的結末。②日本の軍国主義化と韓半島、満州支配そしてやがて中国と南東アジアへの侵略戦争と原爆投下による一九四五年八月一五日の悲劇的結末。③ロシア革命とソ連邦のレーニン・スターリン型全体主義の台頭とその七〇年後の共産主義の自滅的崩壊（Küng 1991：3-6）。

②の文明史的結末を思想的に「近代の超克」として担ったのが、国体論に同調した多くの知識人たちであった。間柄主義と唱えた和辻倫理学にもその面があったことはよく知られている。[12]では、今日、戦後のポスト・モダン思想の日本での流行にこの面がないのかどうか。戦後日本についてキュンクが言及してい

るのは、日本が驚異的な経済復興を成し遂げたあとに、「価値」の領域において〝日本主義（Japanism）〟という名の価値が宗教にとって代わる最高価値になっている、との観察である（Küng 1991: 11）。その象徴として挙げているのがオランダ人ジャーナリストのウォルフレンのベスト・セラー『日本権力構造の謎』（*The Enigma of Japanese Power*, 1989）であるのは実に興味深い。この本は戦後の経済大国化の背景として、日本がまさに官僚支配という統治の中で生き、市民自治がほとんど育っていないことを外国人の目で客観的に明らかにしたものだからである。これは松下圭一が『転換期日本の政治と文化』で繰り返し語っている中進国型の「官治・集権性」にほかならず、「自治・分権性」による市民的公共性が未熟な社会であった、ということである。

では、そこで日本の諸宗教はどういう役割を果たしていたのか、いなかったのか。キュンクの指摘は傾聴に値する。産業界の経済振興策とそれが官僚統制と結託した形で繁栄を目指す時に、神道はそれを儀式宗教として聖化する方向に働き、仏教や儒教の規範性はそれを批判的に吟味することがなく、むしろ習俗化した中でこの事態を容認した、と。日本の諸宗教にこれを批判する倫理性は生まれず、むしろ〝日本主義〟とでもいえる代用宗教として機能した。ただキュンクは、すぐ付け加えて、実は欧米の〝キリスト教〟もこの経済繁栄を追い求める事態に対してなんら倫理性を発揮することはなかったと語っている。筆者の立場からいえば、宗教が「公」と結びついた時に、「拡大・成長」を目指す資本主義に対する批判的視点を確立することなどできるはずがないということである。(13)

グローバルな公共の場で、世界の人々が日本人と日本文化の特徴をどう見ているのか明瞭であろう。日本人は今こそそのよき伝統である「思いやり（恕）」を回復すべき時ではないのか。そして実はキュンクが言いたいことは、日本のみならず戦後の欧米においても、実利的な経済的価値以外に、一体何が人々に生きる指針を与えているのか、という問題提起である。だからこそ彼は真のスピリチュアリティに根ざした「世界倫理（Weltethos）」の必要性を説くのである。今日、経済的市場価値が社会の至るところに浸透し、〝市場社会〟になりつつある。二〇〇八年の金融危機（リーマン・ショック）を経験しても、なおこの傾向は止められなかった、とマイケル・サンデルは語っている（サンデル 二〇一二＝二〇一二：一二）。彼はアメリカのユダヤ系政治哲学者で、モラルの復権を説く論者の一人であり、モラルの根底にある宗教的価値の公共の場での議論を軽視しないよう促している。ポスト資本主義への精神革命はグローバルなレベルでもいまだ十分に考察がなされていない。

西洋では宗教間対話はまずはユダヤ教、キリスト教、イスラーム教であるが、日本ではさらに仏教、神道、儒教を含まねばならない。これらの諸宗教の根底を貫く根源的スピリチュアリティが何なのかを見出す必要がある。ただし日本の高度経済成長期に、国家の力と結びついて外国人には擬似宗教的な〝日本主義〟と映ったような事態は、明治近代の開国後のスローガンの「和魂洋才」にも出てきていた日本文化のスピリチュアリティの特徴である。この「和魂」というスピリチュアリティが「公」と結びつくとまさに〝日本主義〟となってしまったのである。

「和魂」ないしは〝日本主義〟の負の側面を語ってきた。しかし、日本思想史上の弱点であるこの点が克服されれば、すなわち宗教が「公」（＝旧い公共）ではなく「共」（＝新しい公共）と結びついて市民自治という目的で協働作業するのであれば、今後の日本のポスト資本主義とスピリチュアリティとの関係は実り豊かなものになるであろう。日本文化の古代以来の重層的な宗教の多元性・多様性（ダイバーシティ）と日本文化の持つ知性と技術力によって世界のモデルとなる、いわば「新しい公共」は世界倫理として提起できる大きな可能性を秘めていると考える。ただ、そのためには市民一人ひとりに自己変革のための大いなる訓練と梅園、海旭、豊彦を引き継ぐ自治の能力が要求されるということであろう。

（2）福祉と平和――コミュニティのグリーフ・ケア

「共」の原理にスピリチュアリティは関係する。二〇一一年三月一一日の東日本大震災は、改めて地域の宗教者のボランティア活動を通して宗教の公共的役割の意味を知らしめた。特に、津波被害の犠牲者が大量に出て、その葬送儀礼、追悼集会などは地域の仏教、キリスト教関係宗教者の協力の下に行われた。大災害を通して、期せずして、今日までも続く「心のケア」「グリーフ・ケア」に宗教者も関わらざるを得ない状態を喚起させている(14)。

実は地域（ローカル）だけではなく、ナショナルなグリーフ・ケアの重要な問題がある。それは国家的災害で犠牲になった人々の遺族のケアである。特に自然災害ではなく人災の場合、たとえば戦没者追悼という問題を考えてみよう。アジア・太平洋戦争では親族、友人家族、同胞が大量に犠牲になった。国内に三〇〇万人、外国人二〇〇〇万人の生命が失われ、いまなお、その心の傷はいえることがない。この日本史上最大の出来事を記憶し続けることは人類の一員としての義務であろう。

ところが、これがやや矮小化されてゆがんだ形で靖国神社参拝問題となって、今日、国際的な政治的課題になってしまった。靖国問題はA級戦犯合祀（一九七八年）以降、内政問題では収まりきれず外交的・国際的問題となってしまった。この種のグリーフ・ケアが必要ないという人々には問題ははじめから存在しない。しかし必要だ、と考える人々にとっては、何が問題かを明らかにする必要がある。追悼はスピリチュアルなものが絡んでくるから、このスピリチュアル・ケアは国民的レベルの福祉の問題となる。

過去の悲惨な戦争の記憶を絶やさないで、不戦の誓いを新たにする国民的な追悼の場、筆者はこれが必要だと考えている。しかし、ある人々は靖国神社国営化という発想で、これを国民的追悼の場にしようとする。これに対して過去に靖国神社が果たした役割からして反対する国民、いや国外にも、日本軍によって被害を被った国々では帝国軍人を神として祀る神社への国家要人の参拝に強く反対している人々がいる。国営化という発想は、表1−4中の「公」の原理の「国家（ナショナル）」に結び付けていこうとする。これがハーバーマスの「ポスト世俗化論」（国家と宗教施設の分離＝日本国憲法第八九条前段）から見ても逆行していることが明らかであろう。国際政治の中でも互いの国の愛国心の衝突をあおるのは目に見えている。したがってこの問題はスピリチュアルなレベルつまり一段目の「共」の原理で二列目の国家（ナショナル）（国民的レベル）で考えるべき、さらには国外犠牲者のことも考慮すれば三列目のグローバルなレベルで考えるべき事柄なのである（世界倫理が必要なのだ）。

ただしこの場合に「共」といっても「新しい公共」というレベルで考えなければならない。「旧い公共」のレベルで考えたらまさに〝ムラ社会〟すなわち戦前の天皇を家長とする家族国家観をそのまま再現する場所になってしまう（〝ナショナリズムの起源〟について、たとえばAnderson〔1991=2007〕を参照）[15]。したがって、この区別は今後の日本の国際的な地位と貢献のレベルを考慮すればきわめて重要な国民的課題である。「新しい公共」という「創発」が必要である。二〇一三年一二月に安倍首相が、突如、靖国参拝をした時の国際的リアクションを考えてみれば明らかであろう。中国、韓国のみならず、ヨーロッパからもまた安倍首相が頼りにしていたアメリカからさえもdisappointed（失望した）という反応が返ってきた。なぜなのか。〝日本主義〟の負の側面が出たからではないのか。

靖国神社参拝の国家行事化を推進する人々が、海外の反応をいくら内政干渉とか日本の伝統の尊重とか言っても、問題の本質をとらえることはできない。筆者は、ここで近代史をどう見るかといった歴史認識に深入りすることはしない。ただ一点だけを強調すれば、過去の戦没者の追悼の問題、これはグローバルな公共性の問題であり、それゆえ「他者」感覚を鋭く磨く必要がある、ということだ。グローバルな市民的公共性の訓練の場ととらえるべきなのだ。ナショナルな左右の対立というレベルだけでなく、二〇〇〇万人もの外国人が犠牲になったアジア・太平洋戦争の実態を考えれば、回答はほぼ一つしかない。

すなわち靖国神社に代わる追悼施設の建設ということである。多くの識者が言うように、国内外の誰もがわだかまりなく、どのような宗教、無宗教の立場であっても、三六五日開かれた静謐の中でかつての悲惨な戦争を想起し、二度とおろかな過ちを犯さない場所を「公共の記憶」の場として確保し創り上げていくほかはないのである（たとえば千鳥が淵戦没者墓苑など、稲垣〔二〇〇六：二五七―二六九〕）。この施設の管理維持費を税金から出すことは日本国憲法の前文「諸国民との協和による成果と、わが国全土にわたつて自由のもたらす恵沢を確保し、政府の行為によつて再び戦争の惨禍が起ることのないやうにすることを決意し」といった精神からも当然である。そして日本国憲法第八九条後段に照らしても、この「慈善と博愛の事業」が「万人に益する福祉」すなわち「パブリック（公共）の支配に属する」精神であり合憲である。靖国神社を参拝し続ける人々もいるであろう（そしてそのことは他者に強要すべきことではない）が、政府と海外からの要人は新追悼施設においてグリーフ・ケアの目的を果たすことができる。

似たような施設がすでにドイツにある。新中央追悼施設「ノイエ・ヴァッヘ」である。碑文にこのようにある。

「ノイエ・ヴァッヘは戦争と暴力支配の犠牲者を追悼し記念する場所である。われわれは追悼する、戦争によって苦しんだ諸国民を。われわれは追悼する、迫害され命を失った、その市民たちを。われわれ

われわれは追悼する、世界戦争の戦没兵士たちを。われわれは追悼する、暴力支配に対して抵抗し、その命を犠牲にした女たちや男たちを。われわれは称える、良心を曲げるよりは、むしろ死を受け入れたすべての人々を」（南 二〇〇三：七一）。

追悼施設は戦死者を愛国的な「英雄の霊」として祀る場所ではない。その死を悼み、二度と戦争の過ちを犯さないことを憶えるための国際的なグリーフ・ケアの場所である。

注

（1）たとえば虹を七色に見るのが日本の習慣であるが、それを六色に見る人がいても不思議ではない。このような比喩を使えば、筆者は世界を四色「〜として経験する」（experiencing as〜）のであるが、それを三色や二色で経験する人がいても不思議ではない。脳科学や仏教哲学の立場からも筆者の四世界論を支持する文献も現れている（浅野 二〇一四：一四〇）。

（2）創発が外部性と深く関係していることを数理生物モデルで論証している著作として郡司ペギオ幸夫（二〇一四）『いきものとなまものの哲学』青土社、二〇一頁参照。

（3）Polanyi（1966=2004）はその第二章で「互酬」を導入し、ダホメ王国の伝統的社会の分析から「再分配」「交換」「家族経済」とともに四要素で経済原理を考察し、非市場経済研究の重要性を示した。

（4）以下の記述は稲垣（二〇一三：四〇-四九）を要約的に採録した。

（5）吉田によれば、近代日本の資本主義の発展は、（一）明治一〇年代より資本の原始蓄積期に入り、（二）日清戦争（明治二七〜二八年）前後より産業資本を確立するとともに、（三）日露戦争（明治三七〜三八年）を境に独占資本の形成へと入ってゆき、労使階級分化が進み、（四）大正中期以後に至って恐慌は慢性化し、米騒動が全国的に起こった。この四時代区分に対応した福祉の変遷の特徴を（一）には慈善、（二）には慈善事業、（三）には感化救済事業、（四）には社会事業、と区別して吉田は呼んでいる（吉田編 一九八二：五七九）。

（6）賀川も次のように語っている。「もしその組合員が利己的であれば、利益金は全部彼ら自身に返ってゆく。組合員に他愛共助の精神が旺であれば、その利益は組合の決議によって全部社会公共のために使用される」（賀川 一九四六：九八）。

（7）この二つの経済モデルの違いについては次の論文も参照。塩野谷祐一（二〇〇四）「二つの『方法論争』と福祉国家――経済学と倫理学との思想史的接点」塩野谷祐一・鈴村興太朗・後藤玲子編『福祉の公共哲学』東京大学出版会所収。

（8）一九四六年四月の戦後初の総選挙では定員四六六名中、自由党一四一名、進歩党九四名、社会党九三名、日本協同党一四名、共産党五名であった。翌一九四七年四月総選挙では第一党が社会党で一四三議席を占め、民主党・国民協同党と連立して片山内閣を組織した（升味準之輔（一九八三）『戦後政治 上』東京大学出版会、一三四－一三五頁）。

（9）オランダの一連の「労働時間の短縮」などの福祉政策については、稲垣（二〇一〇：一一四－一一六：二〇一二：一〇一－一一三）参照。

（10）最近の批判論文としてはたとえば Moyaert (2010)。

（11）たとえば稲垣久和・金泰昌編（二〇〇五）『宗教から考える公共性』東京大学出版会参照。

（12）たとえば和辻哲郎（一九六三）「面とペルソナ」『和辻哲郎全集 第一七巻』岩波書店、四四一－四四四頁。「かかる世界史的任務を課せられた者としてのみ、日本人はその発展の権利を有し、さらにその道を阻むあらゆる者を打倒し去る権利を有する。かかる意味において文化的創造に携わる人々の任務はきわめて重い。それは小さい自己の生活の利害などをはるかに超出した世界史的任務である。身命を賭して努力すべきはただに戦場のみではない」（一九三七年九月）。

（13）資本主義が国家と結びついて発展してきたことは否めない。たとえば「資本主義は、それが国家と一体化するとき、それが国家であるときのみ栄える」（Brandel 1985=2009：86）。また西部（二〇一一：九〇-九一）参照。

（14）たとえば稲場・黒崎編著（二〇一三）等参照。

（15）Anderson（1991=2007：157-163）に日本の明治期の天皇中心の国民共同体形成の独自性の記述がある。

参考文献

浅野孝雄（二〇一四）『心の発見――複雑系理論に基づく先端的意識理論と仏教教義の共通性』産業図書。

阿部志郎・岡本榮一監修、日本キリスト教社会福祉学会編（二〇一四）『日本キリスト教社会福祉の歴史』ミネルヴァ書房。

池田敬正（一九八四）「三浦梅園の慈悲無尽をめぐって」日本社会福祉学会編『社会福祉学』二五（一）、一〇九-一三〇頁。

池田敬正（二〇一一）『福祉学を構想する』高菅出版。

稲垣久和（二〇〇四a）『宗教と公共哲学――生活世界のスピリチュアリティ』東京大学出版会。

稲垣久和（二〇〇四b）「教会の自治」西尾勝・小林正弥・金泰昌編『自治から考える公共性』東京大学出版会、三二〇頁。

稲垣久和（二〇〇六）『靖国神社解放論』光文社。

稲垣久和（二〇一〇）『公共福祉という試み――福祉国家から福祉社会へ』中央法規出版。

稲垣久和（二〇一二）『公共福祉とキリスト教』教文館。

稲垣久和（二〇一三）『実践の公共哲学――福祉・科学・宗教』春秋社。

稲垣久和（二〇一五）「『宇宙の目的』再考(1)――賀川豊彦と自然神学」『明治学院大学キリスト教研究所紀要』四七、八七-一〇八頁。

稲垣久和（二〇一六）「『宇宙の目的』再考(2)――賀川豊彦と悪の起源の問題」『明治学院大学キリスト教研究所紀

要』四八、四－三〇頁。

稲葉圭信・黒崎浩行編著（二〇一三）『震災復興と宗教』明石書店。

賀川豊彦（一九三五）『乳と蜜の流る、郷』家の光協会（復刻版・二〇〇九年）。

賀川豊彦（一九四六）『協同組合の理論と実際』日本生活協同組合連合会出版部（復刻版・二〇一二年）。

賀川豊彦（一九六二）「地殻を破つて」『賀川豊彦全集 第二一巻』キリスト新聞社。

賀川豊彦（一九六四ａ）「新生活の道標」『賀川豊彦全集 第一三巻』キリスト新聞社。

賀川豊彦（一九六四ｂ）「無産政党の再出発」『賀川豊彦全集 第二四巻』キリスト新聞社。

加藤周一（一九八〇）「日本文学史序説 下」『加藤周一著作集 第五巻』平凡社。

金谷治訳注（一九九九）『論語』岩波文庫。

篠崎篤三（一九三六）『慈悲無盡の創始者 三浦梅園』中央社會事業協會社會事業研究所。

障碍者福祉研究会編（二〇〇二）『ＩＣＦ国際生活機能分類――国際障害分類 改訂版』中央法規出版。

杉山博昭（二〇一五）『「地方」の実践からみた日本キリスト教社会福祉――近代から戦後まで』ミネルヴァ書房。

津田一郎（二〇〇二）『ダイナミックな脳――カオス的解釈』岩波書店。

西部忠（二〇一一）『資本主義はどこへ向かうのか――内部化する市場と自由投資主義』ＮＨＫ出版。

広井良典（二〇一五）『ポスト資本主義――科学・人間・社会の未来』岩波新書。

松下圭一（二〇〇五）『転換期日本の政治と文化』岩波書店。

南守男（二〇〇三）「『ノイエ・ヴァッヘ』の歴史的意味」田中伸尚編『国立追悼施設を考える――「国のための死」をくり返さないために』樹花舎。

山田慶兒（一九八八）「黒い言葉の空間――三浦梅園の自然哲学」山田慶兒責任編集『三浦梅園』中央公論社。

吉田久一（二〇〇三）『社会福祉と日本の宗教思想――仏教・儒教・キリスト教の福祉思想』勁草書房。

吉田久一編（一九八二）『渡辺海旭・矢吹慶輝・小沢一・高田慎吾集』鳳書院。

渡辺海旭（一九三三）「現代布教の中心問題」壺月全集刊行會編『壺月全集 下巻』壺月全集刊行会、一一一〇－一一一一頁。

渡辺海旭・長谷川良信（一九八二）「社会問題と宗教思想」吉田久一編『渡辺海旭・矢吹慶輝・小沢一・高田慎吾集』鳳書院、四六-五七頁（論文発表年は一九二六年）。

Anderson, Benedict（1991）Imagined Communities: Reflections on the Origin and Spread of Nationalism, Verso（＝2007, 白石隆・白石さや訳『想像の共同体——ナショナリズムの起源と流行』書籍工房早山）

Brandel, Fernand（1985）*La Dynamique du Capitalisme*（＝2009, 金塚貞文訳『歴史入門』中公文庫）

Freeman, Walter J.（1999）*How Brains Make Up Their Minds*, Weidenfeld & Nicolson.（＝2011, 浅野孝雄訳・津田一郎校閲『脳はいかにして心を創るのか——神経回路網のカオスが生み出す志向性・意味・自由意志』産業図書）

Habermas, Jürgen（2005）*Zwischen Naturalismus und Religion-philosophie Aufsätze*, Suhrkamp Verlag.（＝2014, 庄治信・日暮雅夫・池田成一・福山隆訳『自然主義と宗教の間』法政大学出版局）

Küng, Hans（1990）*Projekt Weltethos*, R. Paiper Verlag GmbH & Co. KG. English translation, *Global Responsibility*, Crossroad. 1991.

Küng, Hans（1997）*Weltethos für Weltpolitik und Weltwirtschaft*, R. Paiper Verlag GmbH & Co. KG, München. English translation, *A Global Ethics for Global Politics and Economics*, SCM Press Ltd., 1997, p.4.

Moyaert, Marianne（2010）"Ricoeur on the（im）possibility of a global ethics: Towards an ethics of fragile interreligious compromise" in *Neue Zeitschrift fur systematische Theologie und Religionsphilosophie*, 52（4）, pp.440-461.

Najita, Tetsuo（2009）*Ordinary Economies in Japan-A Historical Perspective, 1750-1950*, The Regents of the University of California.（＝2015, 五十嵐暁郎監訳・福井昌子訳『相互扶助の経済——無尽講・報徳の民衆思想史』みすず書房）

Polanyi, Karl（1966）*Dahomey and the Slave Trade: An Analysis of an Arcaic Economy*, University of Washington Press.（＝2004, 栗本慎一郎・端信行訳『経済と文明』ちくま学芸文庫）

Polkinghorne, John (1998) *Belief in God in An Age of Science*, Yale University Press. (=1999, 稲垣久和・濱崎雅孝訳『科学時代の知と信』岩波書店)

Sandel, Michael (2012) *What Money Can't Buy-The Moral Limits of Markets*, Farrar Straus & Giroux. (=2012, 鬼澤忍訳『それをお金で買いますか――市場主義の限界』早川書房)

第4章　「生命」と日本の福祉思想

松葉ひろ美

1　歴史の中の福祉――その萌芽から今日本が直面する福祉危機まで

今、日本は社会保障関係費の削減や、経済成長の強調による福祉問題の代替的解決など、福祉の充実が幸福をもたらすものであると考えられているとは言いがたい状況にある。これには、戦後から整備されてきた社会保障制度・福祉制度の機能や目的、あるいはそもそも本来の理念は何であるのかといった基本論が十分議論されていないという点に、根本的な背景があるのではないかと考えられる。

日本の福祉制度が危機的な状況にある中で、福祉をどのように考えるべきか、どのような制度が望ましいか、理想とする社会の実現のために必要な制度改革は何であるのかというような課題に取り組むためには、今までの歴史を振り返るだけでなく、これからの日本における望ましい福祉の姿、それを支える新たな福祉思想を考える必要があるのではないだろうか。

危機に見舞われている福祉制度は削減の一路ばかりが強調される傾向にあるが、このような時期に見方を変えて、人々が安心した幸せな生活を送ることができる社会の姿を考える転換期として、福祉制度の充実を図るのはどうだろうか。危機を乗り越えるという試みが必要な現在、その手段の一つに新しい福祉思想というものを考えてみたい。これが本章全体の基本にある問題意識である。

こうした諸々の危機が最終的な影響を及ぼすのは、人間の生命の危機といえるのではないか。日本の福祉思想を現代的な視点から再評価していくと、生命を原理とする福祉思想へと連なる豊かな水脈をそこに見出すことができる。このような問題意識を踏まえながら、生命を基本に据えた福祉思想を構築することが本章の最終的なねらいである。

(1) 歴史の中の福祉思想——社会保障の発展と社会の危機

はじめに、議論の出発点として、福祉思想を社会保障の歴史の中から考察してみたい。結論を先取りして述べれば、社会保障の制度の成立とその背後にあるさまざまな福祉思想が社会保障制度の発展期ないし歴史的な「危機」の時代に生まれるという新たな把握を行いたい。

社会保障制度の源流は、イギリスのエリザベス救貧法（一六〇一年）、新救貧法（一八三四年）だが、劣等処遇の原則が表すように極端にマイナスの印象を伴った福祉思想を背景に始まっている。続く世界初の社会保険（疾病保険）制度（一八八三年）がドイツで成立するのも治安対策への措置のためであり、アメリカにおける社会保障法（一九三五年）も実質的には最小限の経済政策にとどまるものであった。

だが、「社会保障への道」（一九四二年）や、「社会保険と関連サービス」（一九四二年）などの本格的な福祉国家体制の模索、整備が始まり、第二次世界大戦後には世界人権宣言（一九四八年）が社会保障の理念として宣言されるなど、世界的に戦争国家（warfare state）から福祉国家（welfare state）への方向転回が起こり始める。

以上のような新たな社会保障の形態が生まれた時期は、いずれも貧困が増大し社会的に混乱している時であった。救貧法時代のイギリスは市場経済の拡大ないし都市への大規模な農民流入の時代であり、一九世紀後半のドイツは産業革命後の混乱期であり、一九三五年頃のアメリカでは世界恐慌による不況下にあった。社会保障制度が不十分な形で成立した背景には、それぞれの社会に貧困は悪、貧困に陥るのは個人的な配慮が足りない、貧困を救済するよりも自立を促す方が重要だというような、消極的な思想がある。

しかし、従来通りの方法では社会全体が混迷し崩壊するという危機感の表れ・資本主義というシステムの危機といえるような人々の不安が、積極的あるいは包括的・総合的な制度的保障の構築を促進させる福

表4－1　福祉思想の展開とその社会的背景

	福祉制度・社会保障制度	福祉思想	危機の背景
イギリス	エリザベス救貧法（1601年）	労働による福祉	商業革命（都市への農民流入）
イギリス	新救貧法（1834年）	劣等処遇の福祉	産業革命後の混乱と失業
ドイツ	疾病保険（1883年）	相互扶助による福祉	産業革命後の混乱と失業
アメリカ	社会保障法（1935年）	経済対策による福祉	世界大恐慌
イギリス	「社会保険と関連サービス」（1942年）	一生を通じ保障する福祉	第2次世界大戦

祉思想の役割を果たしたと読み取ることができる[1]。以上をまとめたのが表4－1である。

このように、危機の到来に対して総合的・包括的な対応を講じることによって進展してきた社会保障制度であるが、現在は制度面の拡充のみならず、人間のより根源的な次元にまで遡った福祉の哲学に基づく制度改革が求められているのではないだろうか。

その際に重要な根拠となる新たな「生命」という基本概念を中心にすえた福祉の哲学の可能性を、意外なポテンシャルを包含していると思われる日本の福祉思想の文脈に即して考察し、福祉思想の再構築を試みていきたい。

(2) 日本における福祉思想研究

① 近年の福祉思想

日本における代表的な福祉思想の研究者として、吉田久一が挙げられる。最近では大橋謙策によって「福祉の哲学」の必要性が指摘されている。

他方、現代に続く福祉思想の中で最も発展的な思想を唱えたのが、糸賀一雄である。彼の思想は福祉思想の基本ともいえるため、まずここから出発したい。

彼は、主著『福祉の思想』を出版するとともに、「この子らを世の光に」「発達保障[2]」を唱え、知的障害の分野にとどまらない思想を生み出した。また、「社会福祉といっても、社会という集団が全体として『福祉的』でありさえすればよいというのではない。つまり社会が豊かであり、富んでいさえすれば、そのなかに生きている個人の一人ひとりは貧しくて苦しんでいるものがいてもかまわないというのではない。社会福祉というのは、社会の単なる総量をいうのではなくて、そのなかでの個人の福祉が保障される姿を指すのである」（糸賀 一九八三：四九）と当時、功利主義的に社会全体が福祉を目指していればよいとされる社会思想の中で、個人を基底に福祉を保障していかなければならないという現代的に続く福祉の基底といえる理念も打ち出した。

また、キリスト教福祉の立場からの福祉思想として阿部志郎が挙げられる。彼は、『福祉の哲学』の中で、「福祉の哲学とは、福祉とは何か、福祉は何を目的とするか、さらに人間の生きる意味は何か、その生の営みにとって福祉の果たすべき役割は何かを、根元的かつ総体的に理解することであるが、それには、福祉が投げかける問いを学び、考えることである。それは、ニードの発する問いかけに耳をかたむけることから始まる」（阿部 二〇〇八：九）と主張し、具体的な場面における福祉の哲学を「施策と実践の統合を模索する努力の過程」（阿部 二〇〇八：一九二）と表現した。介護や保育などのように、実践が重要な役割を果たしている社会福祉において、「行動する者は、〝思索〟を欠かしてはなりません。さらにいえば、社会福祉の領域では、思索が行動を伴わなければ広い展開は難しいのです。すなわち、考えながら働き、働きながら考えるということです。実践を振り返り、検証し、反省し、新しい発想を抱き、新たなエネルギーを得て、また実践に向かっていくのです」（阿部 二〇〇八：一九二）と、実践とともに福祉の哲学の必要性を説明している。

もう一人、大橋謙策による福祉の哲学を紹介したい。彼の福祉の哲学は、まず博愛の思想である（大橋 二〇〇八）。博愛の必要性とその教育が重要であるという（大橋 二〇〇八：二八）。次に、ノーマライゼーションやソーシャル・インクルージョン（社会的包摂）である。最後に、福祉の問題解決方法として自分たちで相互扶助組織を作ることが挙げられている。[3] そしてより発展させたソーシャル・ガバナンス、[4] 第三の道といった社会哲学の必要性を説く（大橋 二〇〇八：三〇）。

大橋は、このような福祉の思想を国際的に安定した平和な社会、世界規模での恐怖や欠乏から免れるための社会哲学と社会制度のあり方を考えるものとしての重要性を指摘し、福祉教育の必要性を訴えた。[5] 福祉教育を、「共に生きていくための実践活動に取り組むことをとおして、人権感覚豊かな、主体的に生きかつ他者と共同できる力量を身につけ、平和な民主主義社会をつくる担い手をつくることにある」（大橋 一九九一：一一三）ととらえ、福祉思想とは、その社会でいかに見出されるかだけではなく、どのように実践されているのかということを問題とするものだ、と主張した。このような実践に結びつけられた福祉思想を、第2節では日本における社会福祉実践を参考にしながら考えていきたい。

② 慈善・救済・社会事業から社会福祉へ

ここで、本章で対象とする福祉思想の意味や関連する用語についてふれておきたい。本章では、福祉を社会保障等の制度を含めた広義の意味で使用するが、それは次のような歴史的発展を踏まえてのことである。

現在一般的な福祉は社会福祉・社会福祉事業と呼ばれているが、歴史を遡ってみると、かつては慈恵、慈善、博愛、救済などと呼ばれていた（仲村 二〇〇三：一六〇）。慈善や博愛は、他者の困窮に対して憐みの感情から始まるものであり、「貧困者や困窮者に対して、主観的な立場から行われる施与」ということに主眼点がおかれていた（仲村 二〇〇三：一六〇）。

こうした慈善からある程度社会的に発展を遂げた後の「救済事業」や「感化救済事業」と呼ばれた事業も、『救済』の意図は、民生安定の手段にすぎなかったことはいうまでもない」（仲村 二〇〇三：一六一）状態で、さほどの積極性が見られない福祉事業である。

しかし「社会事業」という語が用いられるようになって、「慈善または慈善事業というものがもっていた前近代的な主観性、非合理性が科学性合理性にとって代わられたこと、貧困その他の社会問題の性質や原因についての理解のしかたが個人的なものから社会的なものへと変わっ」てきた（仲村 二〇〇三：一六二）。

さらに高度経済成長期以降、社会福祉サービス量の拡大と社会福祉施設・従事者の増加、従事者の専門分化が進み、社会福祉・社会事業という語で呼ばれるようになった。この社会事業から社会福祉・社会福祉事業への変化は、「単なる生活困窮の救済、治療、回復ということから、対象者の生活上の積極的福祉を増進することを目指すようになった」（仲村 二〇〇三：一六二）変化でもあった。

③「慈善」という語

以上のような変化・発展の上に成り立っている現在の福祉であるが、吉田久一によれば、「それぞれの意味を持つ歴史的用語」について次のような説明をする。

「慈善は明治維新から近代国家成立にかけての用語である。慈善事業は産業革命から帝国主義形成期にかけてがふさわしい。大正デモクラシーから昭和恐慌にかけては社会事業が使用された。日中戦争・太平洋戦争は厚生事業期である。」（吉田 一九九三：九九）

吉田久一の議論の枠組みでは、慈善を用いる期間が短いという特徴がある。これでは、古代における慈善博愛といった福祉思想に深く関わる諸概念や行為を、福祉として含めないことになってしまう。ところが、吉田は近代以前の福祉思想を、原始時代や神話的世界から考えており、中国やインドの影響を受けた福祉思想として、「古代社会の救済制度思想」（吉田・岡田 二〇〇〇：二二二）、儒教や仏教が影響したものとして「仁政思想」（吉田・岡田 二〇〇〇：二二二）のように独自の区分によってそれを呼んでいる。

また福祉の思想的原理について述べている社会事業研究者の山口正も同様に、明治三〇年頃まで、一八九七（明治三〇）年から一九一六（大正五）年頃、一九一七（大正六）年以降といった区分で、慈善思想、救済思想、社会連帯思想という整理をしている（山口 一九九五：一五一）。

このように福祉思想の文脈における「慈善」という用語や概念の扱いは論者によって幅があるが、ここでは慈善の語について、古代より続く広義の意味で使用していきたい。

（3）現代に続く福祉思想の問題——福祉思想を失った日本

以上、慈善・救済・社会事業・社会福祉という概念や実践の発展を見てきた。それぞれの時代背景を反映したこれらの諸概念を、その実質にある福祉思想と合わせて考えてみると、以下のようになる。

まず慈善、博愛の時代における福祉思想は、憐みや施し、慈しみ、惻隠の情といった心情である。救済事業においては、一応の社会的・公的制度を持つという反動からできるだけ救済は抑えるというもので、基本はあくまで市場経済を前提とした上で、そこから落伍した者に対して最小限の給付を行うという内容であり、その根底にある福祉思想は「自由放任」（吉田・岡田 二〇〇〇：二三九）ないし「自助論」（吉田・岡田 二〇〇〇：二三九）であった。こうした状況が続き貧困は放置されていくが、大正デモクラシー下で成立した社会事業によって、社会連帯思想という福祉思想が提起される。「それは、明治期の救済事業、慈善事業から脱した民主主義的社会事業のはじまりであった」（吉田・岡田 二〇〇〇：二五三）。

このようにして取り込まれた社会連帯思想であったが、それは日本において福祉思想として十分に定着する思想ではなかった。中でも大きな転換となった、第二次世界大戦後の社会事業から社会福祉・社会福祉事業へと進展していく中で、福祉思想と呼べるものが半ばなくなってしまった。この時期の進展を後押ししたものとして経済成長があったことは先に確認したが、ここでの福祉思想をあえて挙げるならば物質的ないし経済的支援ということになるだろう。第二次世界大戦後の日本において、物質的欠乏から解放されようとの意識とともに進展した福祉は、国民皆保険など制度的な面での一定の進展はあったものの、皮肉にもそれまで続いてきた福祉思想の発展をないがしろにしてしまった。それでも、経済成長が続いていた時期は問題とはならなかった。

ところが、経済が低成長期に入るという予期せぬ出来事が発端となって、すでに述べてきたような福祉や社会保障制度の後退など、さまざまな問題が表面化してくるようになった。高度経済成長期を中心とする戦後の日本社会が、福祉思想の発展ないし福祉思想そのものを考えてこなかったことに、現在へ至る問題の根本原因があるととらえたい。実際、現在では福祉思想がほとんど論じられていないということがその証左でもあると考えられる。

吉田久一は、「社会福祉はこの終末期の諸現象の中で、『政策提言』や『福祉サービス』のみ盛んであり、社会福祉の『社会性』や理論は放棄された感がある。そして、日本人の無関心さもあり、社会福祉の『倫理』や『宗教』によるその内側の支えもほとんど見られない」（吉田・岡田 二〇〇〇：二八七）と分析した。吉田が指摘するように、日本での福祉研究は制度や政策研究が中心にあり、加えて思想研究が仮になされる場合でも、欧米から流入したものを中心にし、日本における実践や歴史的文脈の中から生まれたものではない。そのため、（吉田や前述の阿部、大橋など限られたものを除き）日本の福祉思想や福祉の哲学についての研究はほとんど見られないという問題がある。

特に近代以降、欧米の福祉思想が中心になってきたが、日本における福祉思想は、古代よりインドや中国を中心に海外から輸入された思想である（吉田 一九八九：一三）。このような日本とは対照的に、「西欧では政治や経済の発展とともに、内面的にそれを支えるギリシャ的『博愛』と、キリスト教的『隣人愛』が対峙しながら、西欧社会福祉を『連続』してきた」（吉田 二〇〇三：二）。

日本は、「近代社会福祉を内面的に支える人権や生存権、あるいは福祉エートスとしてのボランタリズム、国家に即していえば国家責任、そして公私分離、……（中略）……、人権の主体的創造、ニーズの社会問題化努力の貧困にも見えている。これらは近代社会福祉を内面から支える近代精神の貧しさといってもよい」（吉田 一九八九：一三）という状況にある。こうした問題の背景としては、「無論そこにはさまざまな共同体が残存し、社会福祉の内面変革、特に社会福祉における個の確立を阻んでいたからである。本来その精神変革と深くかかわりあう宗教も、日本では近代宗教改革を欠き、社会と癒着、逆に社会の否定という性格があった」（吉田 一九八九：一三）のだ。

現在まで社会的に共有される福祉思想を持たなかった日本は、欧米の福祉思想で一時的な肩代わりをさせ、表面上はヨーロッパに並ぶ福祉社会を早急に整備しようとしてきた。本来、福祉国家体制は福祉社会によって支えられるものであるために、「福祉国家の前提を欠いた『民間』強調は、負担過重であるばかりでなく、福祉国家の充実を妨げる結果になりかねない」（吉田 一九八九：五八八）との不安がますます高まっている。こうした状況について吉田久一は、一九八〇年代すでに次のように洞察している。

「現在痛切に感じているのは、老人問題をはじめ、かつて日本が経験したことのなかった新しい型の貧困が、高度成長以降四半世紀の矛盾として表出し、人間の全体的危機が、社会福祉に凝縮し、二〇世紀終末の現在現われていることである。それが原爆問題や公害問題、特に軍事基地で埋まる沖縄問題等と、不可分の関係でからみあっているところに、本当の危機がある気がしている。」（吉田 一九八九：一七）。

日本は物質的な豊かさを実現しながらも、さまざまな問題を背負いこんでいることに吉田は「平和こそ福祉社会を実現する前提である」（吉田 二〇〇三：五五）といい、福祉社会の実現のためには「宗教が役割の一つを果たすと思う」（吉田 二〇〇三：四五）と平和と宗教を重要なテーマに掲げたほどである。その上で吉田は、「生あるもの全体が『仏性』を持つという発想は、福祉に今日的意義を提供している」（吉田 一九九三：四三）と、仏教研究から現代への福祉の新たな視点を残した。

以上、日本における福祉思想の先行研究の要点を取り上げてきたが、今こそ吉田久一も考えていたように「日本の福祉社会形成の思想は何かという探求を、福祉現場の経験的積み重ねや、日本社会福祉思想史の中から策出すべき」（吉田 一九八九：五八九）ではないか。福祉思想研究が新たな局面において開かれつつある現在、日本の状況改善のための福祉思想を政策と関連させながら、危機を乗り越えるための思想として考察してみたい。

以上を踏まえ、第2節においては、日本の福祉思想史からの一つの手がかりとして、近代化ないし明治期以降の富国強兵下にありながら未開拓の福祉思想を切り開いてきた社会福祉実践者たちの思想を取り上げてみたい。いかにして制度改革を実現していくかが重視される福祉運営の現場にとっても、思想的基盤の構築という意義をもつと考えられるからである。

吉田久一も述べているように、「社会福祉の実践者たちは、それぞれの思想を内で営みながら、表現としては未完成であり、ムード的な段階にとどまった思想が多い。しかしその未完成な思想が意外な社会的広がりを持ち、また実践への展望を持っている」（吉田 一九八九：二）という考察の可能性がありながら、こうした視点は従来の福祉思想研究において十分活かされてこなかった。

福祉の問題は、いかにして政策として結実させるかということが最終的な課題であるが、福祉に関する政策研究では思想的な研究は視野に入らないことが多く、他方、思想的に問題解決を図ろうとする研究では、政策の意義が抜け落ちる恐れがあった。この場合、思想と政策ないし実践のいわば結節点に位置するのが、いわゆる社会事業家をはじめとする社会福祉の実践者に他ならない。そこで次節においては、従来の福祉思想、哲学研究では必ずしも十分に取り上げられなかった、社会福祉実践者たちの思想を再評価し、その現代的な射程や意義を意識しながら考察を行っていきたい。

加えて、社会事業家など日本の社会福祉実践の先駆者たちが福祉問題に立ち向かっていた時期は、国家レベルの福祉政策ないし社会保障制度が現在よりも未発達な時期であり、福祉の提供はその相当部分が事実上、社会事業家たちに任されていたともいえ、実際、彼らの実践は不十分な国家的対応を補完あるいは代替する役割を果たしていた。そうであるがゆえに、彼らの実践のベースには、現在に比べ、より明確かつストレートな形で、福祉の意味や本質に関わる根底的な思想や理念を見出すことができるのである。

こうした社会事業家たちの福祉思想の意義を再評価し、公的制度がある程度確立した現在における多様な福祉サービスの提供を促進させるために、そして大きな危機に立たされている福祉制度を再構築していく土台となる原理を再構築していくための手がかりとして、彼らの持っていたさまざまな福祉思想の現代的な意義を明らかにするような考察を以下で試みていきたい。

2　さまざまな社会事業家に見る「福祉の哲学」の多様性
――渋沢栄一・田子一民・留岡幸助と二宮尊徳

(1) 社会事業家たちの福祉思想

前節でふれたように、近代日本において大きな役割を果たしたものに社会事業[6]がある。時代背景として、米騒動や農民一揆などがあり、日清戦争に加え、濃尾地方大地震（一八九一年）や三陸大津波（一八九六年）、関東大震災（一九二三年）などに見舞われていた時期である。このような混乱の中で、さまざまな人物が諸々の立場から社会事業に取り組んだ。そこにはその人自身の思想が見られる。そこで、福祉が国家社会的保障にまで発展する以前の形態で、試行錯誤している中で生成した思想を福祉思想ととらえてみたい。

ここで取り上げるのは、渋沢栄一・田子一民・留岡幸助の三人である。この三者を取り上げるのは、第一に、前述のような関心から、これからの日本における福祉思想にとって特に現代的な意義を有する思想を引き出すことができるからである。

より具体的には、渋沢栄一の実業家としての研究は数多くあるが（最近のものとして、島田〔二〇一一〕など）、社会福祉事業家としての研究は少なく近年始まったばかりである（たとえば大谷 一九八九：二〇一一）。渋沢は、実業家として社会事業界に寄付を行うだけでなく、さまざまな活動の中で現代に通じる独自の福祉観を残している。これによって福祉思想の必要性を述べてみたい。

二人目として、田子一民を選んだのは内務省官僚という公的な立場でありながら、社会連帯という概念の啓発・社会事業の推進に努めるという活動を行った人物だからである。一方で先行研究はきわめてわずかであり、また主著『社会事業』の他にほとんど書を残していないという難しさがある。しかし、ここではできるだけ田子一民の思想のうち現代的な意義を有する部分をすくい上げながら、将来へとつながる福祉思想の要素としてみたい。

最後に取り上げる留岡幸助は、社会事業の前身である慈善事業において活躍した人物である。留岡は、家庭学校という少年感化のための施設を設立し、熱心にその感化にあたっていた。一方でその実践は慈善事業にとどまらずに今日では社会事業への転換点をもたらしたというほどの思想が込められている。このような思想を現代の視点から再評価し、新たな福祉思想へ続く原理として掘り下げてみたい。

以上の三人について、もう少しその思想の内容や立場性に即した意義を、この時点で簡潔に整理しておくと以下のようになる。最初の渋沢栄一には、経済と道徳を一体的に考えるという現代的な思想があるが、さらに忠恕・親切・慈善という対人援助（社会事業・ソーシャルワーク）の基本ともなる思想をも残しているため、こうした思想を福祉思想として現代的に再評価する。そこで見出すことのできる福祉思想は、主に共同体の次元における思想であり、また渋沢を私的な立場（民間企業ないし民間営利）からの福祉思想と位置づけておきたい。

二人目の田子一民は、慈善という福祉の原点における思想から進んで社会連帯の啓発に努めた人物である。特に、田子は社会連帯を具体的に政策に結びつけて主張したという現代的な意義もある。しかも田子は、社会連帯を「幸福」を実現させるものとして位置づける。また田子は内務省官僚であったため、立場としては公的であるが、その思想は国家社会のみならず個人を主体としており、社会を支える基本となる個人を対象にしたものとして田子の福祉思想を考察していきたい。

表4-2 渋沢・田子・留岡をめぐる概括的なパースペクティブ

	立 場	特徴的な主張	軸となる理念
渋沢栄一	民間営利 【私】	道徳と経済の一致	慈善・忠恕
田子一民	政 府 【公】	幸福追求としての社会事業	(社会) 連帯
留岡幸助	民間非営利【共】	自然の価値の重視	自 然

最後に、三人目の留岡幸助は少年を対象とした感化事業を行ったが、その背後にある思想としての「自然」の意義は、これまで十分に評価されていない。そこでここでは、自然という、社会福祉の分野では半ば対象外であったものを、福祉を根底から包摂的に支える原理として考えるという可能性を吟味してみたい。しかも留岡の自然の概念には、対人関係の基本を再構築するという要素が見られ、田子の社会連帯をさらに根底からとらえなおすという意義を含めることができ、現代的な福祉の問題解決のためにも有意義なものだといえる。留岡は立場としてはいわば「民間非営利」の領域において事業を展開したので、それを「共」の立場と整理した上で、「自然」という価値原理に注目しながら検討してみたい。

以上を概観した内容について、後の議論を一部先取りする形となるが、これら三人をめぐる全体的なパースペクティブを明らかにする意味で、その全体的な構図を概括的に示すと表4-2のようになる。

(2) 渋沢栄一から考える福祉思想

① 渋沢栄一の経済思想

渋沢栄一[7]は、一八七三年に第一国立銀行を設立した後、約六〇〇の教育機関・社会公共事業などの支援に尽力し、生涯を通じて多数の慈善事業、寄付を行うことに力を尽くした。このような社会福祉実践者としての側面がありながら、彼が慈善活動に対してどのような考えを持っていたのかは必ずしも明らかにはされていない。

こうした渋沢の福祉に関する思想を考察していく前に、まずは代表的な実践である実業界で培われた思想を確認しておきたい。

渋沢の思想の全体像を概観すると、「ビジネスといえども公益を追求することが大前提であり、銀行業、製紙業、保険、海運でも彼が手がけた企業はその活動自体が社会を豊かにすることである」という考えに立つものであり、重要な（経済）思想は、公益の追求という理念である。それは、江戸時代では軽視されていた商業をその正当性から考え直し、実業家が私利私欲に基づく競争ではなく公益を追求する心構えを持つべきだという思想で、道徳経済合一説と呼ばれる。

渋沢は、経済人の地位向上が必要と考えた末に明治政府を辞職して銀行家となる。そして、官尊民卑の打破を実現しようと、「論語と算盤（道徳経済合一説）」「合本法（組織）」を導入する。論語と算盤によって、商業に従事する者の意識と地位の向上を図りつつ東京商業会議所、東京銀行集会所などを設立し経済界を創出する。そして、合本法[8]に基づき東京商業高等学校や竜門社（現・渋沢栄一記念財団）で人材教育を行い、官とわたり合える民間経済人を送り出していく。さらに、官民協同（民主導）の社会改革を説くことで、経済人に公益の必要性を訴えていく。

② 福祉思想としての「論語と算盤」

渋沢の進めた公益の追求（論語と算盤（道徳経済合一説））とは、商業の重要性とともに「論語」からの道徳観を合わせて啓発していくことである。渋沢の福祉思想は、経済か道徳の一方に目を向けるのではなく、両者を重視しさらに公益を実現させようとするものだった。

渋沢の原点は、官僚を辞め実業界に入った一八七三年に、「論語には己を修め人に交わる日常の教えが説いてある。論語は最も欠点の少ない教訓であるが、この論語で商売は出来まいかと考えた。そして私は論語の教訓に従って商売し、利殖を図ることが出来ると考えた」（渋沢 一九九二：三〇）のである。

渋沢は、「我が日本は、商売が最も振るわぬ。これが振るわねば日本の国富を増進することが出来ぬ」（渋沢 一九九二：三一）と言って官僚を辞め、「論語は万人共通の実用的教訓」（渋沢 一九九二：三〇）であるから、これを自らの志に据え実業界へと方向を変えた。商売に学問は不要だといわれる時代に、「学問を以て利殖を図らねばならぬ」（渋沢 一九九二：三一）という思想は、新たな経済観の出現でもあった。

この「論語と算盤」という思想は、「論語と算盤は一致すべきものである」（渋沢 一九九二：一一二）という信念である。渋沢は、「一般人民の衣食住の必要から、金銭上の関係を生ずることはいうまでもない」（渋沢 一九九二：一一二）と考えており、「国を治め民を救うためには道徳が必要であるから、経済と道徳を調和せねばならぬこととなるのである」（渋沢 一九九二：一一二）と、「論語と算盤」の関係を振り返っている。

当時、商業が重要視されていないことについて渋沢は、「どうしても人情の弱点として、物質上のことに目が着き易く、精神上のことを忘れて物質を過重する弊害の生ずるはやむを得ないことであるが、思想も幼稚であり道徳上の観念の卑しい者ほど、この弊害に陥り易いものである。故に昔は全体から見れば知識も乏しく道義心も浅薄にして、得失のため罪悪に陥るものが多かったのであると思われるので、ことさらに金銭を卑しむ風が高まったのであろう」（渋沢 一九九二：一一三）と言って、経済は損得が先立ち「謙譲」や「清廉」のような美徳が傷つくことを恐れるあまり金銭を卑しいものとする風習ができあがった（渋沢 一九九二：一一二）と原因を分析する。そして、商業を『論語』に照らし合わせた上での問題点を挙げている。「余が平素の持論としてしばしばいうところのことであるが、従来利用厚生と仁義道徳の結合がはなはだ不十分であった為に、〝仁をなせば則ち富まず、富めば則ち仁ならず〟利につけば仁に遠ざかり、義によれば利を失うというように、仁と富とを全く別物に解釈してしまったのは、はなはだ不都合の次第である」（渋沢 一九九二：一一七）。このように、実業家たちが仁義道徳を切り離してきたことで、「利用厚生に身を投じたものは、仁義道理を顧みる責任はないというようなところに立ち至らしめた」（渋沢 一九九二：一一七）のである。

こうした思想背景から、商業の復興のためには、道徳と経済が合一でなければならないという思想が生み出される。渋沢の思想である「論語と算盤」をこれからの福祉思想として考えてみると、まず経済とは公益の追求が最も肝要な思想である。そのような経済を作るために、精神的倫理性を高めることが肝心な要素となり、経済と道徳がどちらかに傾きすぎてはならず、両方を一体的に進めていかなければならないことがわかる。

渋沢のいうような経済とともに人格形成を同時に実現することとは、人間の内面的な充実を目指すことでもあり、同じく福祉の新たな役割である内面的充足の実現は、経済的な充足との調和がとれて初めて達成されると考えることができるのではないだろうか。渋沢の「論語と算盤」が示唆する福祉思想とは、福祉が人々の経済的な保障を行うことは公益の追求に通じ、合わせて倫理的な涵養を行うことで経済との調和が図られ、福祉と倫理、経済の調和を目指すことだと思われる(9)。

③ 慈善・忠恕・親切という福祉思想

「論語と算盤」に基づく実践・公益の追求を目指しながら、実業界で次第に成功を収めるようになった渋沢は、慈善事業にも熱心に取り組むようになっていく。次は、渋沢が実践してきた慈善事業（その後、社会事業と呼ばれるようになる）から福祉思想の考察を行い、その独自性や今日にも活かせる意義などを考えてみたい。

まず、渋沢の慈善事業との関わりから始めたい。渋沢は、一九〇八年に中央慈善協会（現・全国社会福祉協議会）の会長を務め、さらに東京養育院の創立（一八七二年）に力を添えたことが慈善事業の原点となっている。その関わりは、「七分金の取締方を府知事から依託せられて、遂に之を財源として土木其他諸般の公益事業を経営する営繕会議所の事務にも参加すること、なつた、而して養育院も此営繕会議所経営の一事業であつた為、当然本院との關係が結ばれた」（渋沢　一九二二：六）ようである。

当時まだ大蔵省にいた渋沢と養育院とは、子どもとの直接的な接点ではなく（積立て金制度である）七分積立制度[10]に携わっていたことにあり、養育院はこの制度から捻出される資金で設立されたものであった。[11]そこから、養育院事務長となり、さらに養育院長として職務にあたっていく（東京都養育院　一九九五）。その中で作り上げられた独自の慈善観[12]を見てみよう。

「人窮すれば則ち乱す、故に困憊無告の窮民を救ふ所の慈善事業なるものは、啻に惻隠の情を満たすが為のみに非ずして、同時に又社会の危険を未然に防遏し、其安寧福祉を保持せんとするの目的に他ならず医一日もなかるべからず、而して救貧事業亦一日もなかるべからざるなり。」（渋沢　一九〇七：二三二）

渋沢は、人が困窮すれば混乱を招くということ、そのような苦しみ疲れ切った窮民を救うものとして慈善事業を考えている。未然に貧困を防ぎ、安寧福祉をもたらすという思想は、現代の言葉で言い換えれば救貧から防貧への転換であり、事後的に救済するのではなく予防を一義的に含んでおり、これからの福祉の基本的な思想が見て取れる。他方、さまざまな事業や組織を兼務していた渋沢は、発起人代表として中央慈善協会の発会式でも、その慈善観を述べている。そこでは、当事者として慈善事業を考えると、世間が十分同情を示さなければ事業の完全な進捗や拡張はできない（渋沢 一九〇九：三二八）ことと社会全体に支えられた慈善を求める。つまり「故に慈善事業の如きも、社会に慈善事業の感念が強くなつて、其慈善事業の方法を十分に熟知され、其指導を受けるに於て初めて慈善事業が発達もし、完全の領域に達するであらうと思ふ」（渋沢 一九〇九：三二八）と、慈善事業の発展のためにも社会の役割を強調する。そして、「故に斯る事柄は其当事者自身が精神をこめ、久しうして屈せぬといふことは論を俟ちませぬけれども、唯単に其当事者の黽勉（びんべん）のみで其事業が十分に功を奏するといふものではない」（渋沢 一九〇九：三二八）と付け加え、自ら精神を尽くしながら中央慈善協会が進み、同時に社会も進んでいくようにしていきたいと、渋沢にとっての慈善とは願いを懸けたものであることがわかる。

渋沢は、「人間の性は善なるもの」（渋沢 一九〇九：三二八）と言い、困難や窮迫に遭遇した人を見れば身を削ってでも助けようとするものだという思想を持っていた。渋沢は、このような思想は仏教では喜捨や施与と呼ぶと言いながら、（『論語』を拠り所とする彼は）それを、「惻隠の心」（渋沢 一九〇九：三二八）と表現し、「自然の至情」（渋沢 一九〇九：三二八）であるとも言った。一方で、こうした人間性のみでは「惻隠の心と喜捨の情ばかりで必ず世に益するといふまでに届くかといふことは断言いたし兼ねる」（渋沢 一九〇九：三二九）と考え、（経済における信念同様に）「世の公益を為すといふ点に至つては蓋し之は満足と申せぬ」（渋沢 一九〇九：三二九）と慈善事業の限界までを見越していた。

渋沢は、「惻隠の心とか或は喜捨施与といふ其一に依つて発動された丈の慈善の方法は、決して此組織的・経済的に働かれて居らぬといふことを、残念ながら申し上げる」（渋沢 一九〇九：三二九）との見解から、「或る場合には沢山やつたり、或る場合には少しもやらなかつたり、又必要の者にやらずして不必要の者にやつたりする。之を思い付き慈善といふので、決して是は組織的・経済的慈善とは申せぬ」（渋沢 一九〇九：三二九）と説明する。

そして慈善の弱点を克服しながら事業を進めていくという心意気を、「中央慈善協会の発意は蓋し此慈善をして、如何にも道理正しく、組織的に、経済的に、進歩拡張して行きたいといふ考へでございます」（渋沢 一九〇九：三三〇）と新たな運営方式を提唱することで明らかにした。[13]

慈善事業についての渋沢の思想を振り返ると、古来から仏教福祉で喜捨施与と呼んできたように「慈善」とは福祉の原点を作った重要な思想であり、「自然の至情」（渋沢 一九〇九：三二八）とも言っているように、慈善の心・惻隠の心とは本来、人間に備わっている情を再確認することだといえる。

今、渋沢の思想が意義を持つ重要な点は、こうした人間本来の福祉の心に働きかけていくことではないだろうか。現在の福祉にとって、こうした社会を改良していくには、制度の整備・充実とともに、何らかの思想的支えが必要である。このようなものとして福祉思想を考える今、福祉の原点を思い起こさせる惻隠の心・慈善が、福祉思想の基本的な精神として、生きてくるように思われる。

(3) 田子一民から考える福祉思想

① 社会連帯という福祉思想

次に、田子一民を取り上げる。田子は内務省官僚として活動していた人物であり、時期としては救護法が成立した社会の転換期にあたる。その田子には主著『社会事業』があり、海外の視察から社会連帯思想に基づく福祉の実現を図るなど、当時としては積極的な社会事業を唱えている。この節では、田子の社会事業思想などを取り上げながら現代に通じる福祉思想として考察していきたい。田子を取り上げる理由には「積極的社会事業」を提唱した点を挙げることができる。まずは、田子が社会事業を求める基本的な思想を確認しよう。それは、次の一節にまとめられる。

「私は、今の社會に、もう少し、私達の社會と云ふ観念、自覚をふるひ起こしたいものと望むものである。」（田子 一九二二：七）

田子は、社会事業という言葉について、慈善事業からの発展があると考え、その根本に「社会連帯」という思想があると主張する。これが、私たちの社会であるという自覚が必要だとの主張につながっていく。これはまた、それまでの日本の社会事業にない新しい考えである。また、田子は当時の慈善を、次のように考えていた。

「慈善と云ふ言葉は、支那の慈恵の観念であつて、他人をあはれみ恵む意味であることは言ふまでもない。」（田子 一九二二：七）

当時の福祉の主流は慈善事業を基本とし、個人間の慈善を超えた社会全体で考える社会事業が考えられはじめた時代である。この慈善という語について、田子は憐み恵むという一方的な施しの行為であるとし、消極的に考えている。そこでこの慈善に代わって、新たに連帯という思想を主張する。田子の社会連帯思想に基づく社会事業では、慈善事業が憐みといった感情を伴っていたことや、富めるものが一方的に恵むという思想をもっていることが問題視されている。特に、慈善という施しの問題点を次のようにいう。

「あはれむと云うことは地位の高いものが、地位の低いものを、強い者は弱い者を、富める者は、貧しい者に對して起こす心の状態である。同情とか、博愛とか、惻隠の情とか云ふことは即ち大體同じ様な心の状態である。恵はめぐみ施すことである。恩恵と謂つたり、恵與と謂つたりする意味に表はれて居る。して見れば、慈恵は、他人のある状態を氣の毒に思つて、あはれみ與へ、あはれみ施す意味である。他人をあはれむの情は、人間自然の情であるとも思へるが、又必ずしも絶對的に何人にも共通の性情であるとも謂へない。假りに、人間に共通の性情であるとしても、他人をあはれみ、之に恵むのは、あはれみ恵む人の自由、任意であるとすれば、慈善は各個人の自由であり、任意でなければならない。」（田子 一九二二：八）。

田子は慈善・憐みという感情の問題に加えて、同情や博愛、惻隠の情といったものも社会事業の理念としてふさわしくないという。なぜならば、人間に備わった自然の感情ということはできても、すべての人間に共通の性格ではないだろうという点を問題視している。こうした理由を述べるのは、他者を憐み恵むということだけに頼っていては、慈善というものが個人の自由に左右されてしまうという欠点を持つことになるからである。

「さればこそ、世に珍らしい慈善家と稱して、之を尊重し、珍重したものである。かゝる意味の慈善は、社會を私達の社會としない社會にのみ通用することであつて、社會を私達の社會とする社會には容易に解釋し盡されないのである。」（田子 一九二二：八）

このため貧困を取り除くという取り組みは慈善ではなく、社会に課せられた共同の責任であり、これを実現していくために「私達の社會」という観念を発達させるべきだというのが田子の基本的な思想である。慈善から進んだ田子のいう社会事業とは、「社會生活における自由を與へ不自由を除く社會的、繼續的の努力を總稱する」（田子 一九二二：二二、傍点原著者）ものであると定義される。続けて、「この自由と云ふことを幸福と考へてもよい。社會事業は社會生活に於ける幸福を與へ、不幸を除かうとする社會的な繼續的努力であると定義してもよい」（田子 一九二二：二二）と述べる。

ここで、新たに幸福という言葉が用いられたことによって、当時の消極的な社会事業が積極的な事業へと発展する可能性が与えられている。[14] 当時の社會事業観は、「社會生活の幸福とか自由とかを重く考えずに、社會生活の一現象である貧困生活にのみ着眼して、防貧とか、救貧とか謂うことを社会事業であると考へ、社會疾病たる貧を対象として多く考へる」（田子 一九二二：二二）ものであった。そのために、「私達の社會には、社會の進歩と個人の幸福とを増進することを目的とした總ての努力を系統づけて、これを具體化し、實現して行くことを大切と考へて居るのである」（田子 一九二二：二二、傍点原著者）と説く。

田子の社会事業の特徴は、それまでの慈善という考え方を超えて、社会全体からなる社会事業・個人の任意ではない責任を伴った事業としての新たな社会事業という点である。そして、不自由を取り除くだけでなく自由を与え、また個人の幸福を促進させるのみならず、さらに社会の進歩を増進させるものとしての総合的な理念が提示されている。[15] そこで、田子は自由や幸福を具体的に実現していく社会事業を次の五つからなるものとして考えついた。[16]

① 出生自由（幸福）事業

②　成育自由（幸福）事業
③　職業自由（幸福）事業
④　生活自由（幸福）事業
⑤　精神自由（幸福）事業

このように社会事業を分け、「五項目の事業が、相當に順序よく、實現されて始めて社會は幸福になり、進歩するものと考へて居る」（田子　一九二二：一二三）というのが、田子の福祉思想である。

②　新たな社会事業（幸福事業）の福祉思想

それでは簡単に五つの事業の要点を述べ、そこから現代にも通じる福祉思想を考えてみよう。まず、出生自由（幸福）事業である。それは、社会で生活していく子どもの誕生・どのように生まれるかということから始まる。そこには、「親を選ぶ自由なき子のために、よき親より生ましめようとする社會的努力は、出生自由を希願する社會事業である」（田子　一九二二：七四）という思想がある。「子は親を選んで生れる自由をもたない事實は、社會問題の根本をなして居る」（田子　一九二二：四五）からである。「子の出生に就いて、その幸福を考へさせられる大きな實際問題として、一般的なものに禁酒運動があり、特殊的なものに妊婦相談所がある。而して、さらに共通的にして、重要事として、我が國民に痛烈に告げなければならないのは、親たるの準備、親たるの道徳、親たるの責任を深く強く自覚して行かなければならぬ事である」（田子　一九二二：五二）というように、倫理性が強調される。これはどのような社会にも通じる基本的な福祉思想である。(17)

田子の社会事業、二つ目は成育自由（幸福）事業である。成育自由（幸福）事業とは「人間最初の幸福」

（田子　一九二二：七七）である。これを次のように表現している。

「善く生まれたものは、最初の自由として善く養育せられ、よく教育せられるのは何れよりも大切な幸福である。私は養育と教育との自由、幸福を何と名づけることが適當であるかを知らない。しばらく成育の自由と名づけたい」（田子　一九二二：七七）。

成育自由（幸福）事業の背景には、「その言葉は何れにしてもよい母、よい父、よい家庭でよく養はれ、やがてはよい學校、よい教育についてよく學びよく教育せられなければならないと考へる」（田子　一九二二：七七）という福祉思想がある。よりよく生まれた子どもが適切な環境で成長していくことが重要であると田子は考えている。(18)

次に田子が提唱するのは、職業自由（幸福）事業である。子どもがそれぞれの天分を十分に発揮させることが重要と考えている田子は、出生、成育に続いて職業においても幸福という観点から考える。「人は生れて、教育を終れば、自己の天分に敵應した職業に従事すべき義務をもつ。職業は個人の社會活動の分擔である。人として、社會に存在する以上には、社會の活動の何であるにしても必ず之を分擔すべきものである」（田子　一九二二：一三九）。職業幸福事業における分担という言葉に田子の強調する社会連帯の思想が見える。「職業は生活する爲めに、生活の手段として、之に従事するのではない。職業に従事して活動することは人生であり、幸福なのである」（田子　一九二二：一三九）。

職業の重要性を説いた後、田子は「社会事業の最も重要視されたのは生活問題そのもの」（田子　一九二二：一八一）として生活自由（幸福）事業を据える。「貧、生活不自由は、人類の退化、精神的、肉體的退化をもち來すとせば、貧を防ぎ、貧を救つて、普通生活をなさしめ様と考へたことも當然である。しかし、私達は現在及び近き將來の社會の進歩と個人の幸福とを考へるとき、貧をのみ對象として、之を防ぎ之を救ふことにのみ没頭して止みたくない。今少しく――敢て少しくと言ふ――意味のある着想はないであらうか。私達は一部分の貧問題を取扱ふ他に更に社會そのものを全體として、それに富者も、貧者も抱擁して觀察したいのである」（田子 一九二二：一九〇）。社会事業とは貧困だけを対象とするものではなく、社会の進歩とともに個人の幸福の促進を進めようとする。一部の貧困問題を考えるだけでなく、社会全体で貧困者も富裕者も共に考え、これが生活自由（幸福）へとつながるものだという。生活自由（幸福）事業を提唱する田子は、当時の主な社会事業法制である恤救規則が「自由放任主義、自由競争主義、個人主義」（田子 一九二二：二四三）に支配されていることを問題にしている。「恤救規則も他に積極的社會事業が伴はず、恤救規則自體も救貧の名のない生活を保護する法制に分岐發達せされば、極めて消極的のものである」（田子 一九二二：二五〇）と考え、「積極的に共存、共榮する思想の缺けて居たかゞ窺はれる」（田子 一九二二：二四三）と分析している。

田子の希望は、当時唯一の福祉制度でもあった恤救規則を積極的な方面へ発展させようとすることである。なぜなら、社会事業は積極的に人々の幸福や自由・生活を保障しなければならないと考える福祉思想を持っていたからである。

これまで、田子の幸福事業・福祉思想を考察してきたが、その最後にある「精神自由（幸福）事業」についても述べておきたい。五つ目の柱となる精神自由（幸福）事業は一〇頁ほどと大変少ないながら、精神の自由を社会事業との関連で論じるという現代的な題目を一九二二年に書き残した貴重な章である。田子は自ら、「精神幸福事業と云ふのは餘りに用ゐられない言葉である」（田子 一九二二：二七五）と始める。

そして「或は之を精神自由事業とか、情操幸福事業と謂つてもよい。その謂ふ心は、この社會の各方面を、清く、うつくしく、樂しく、愉快にして、私達の情操を限りなく滿足せしめたいと願ふのである」（田子 一九二二：二七五）と説明する。田子は子どもが生まれ成長する環境の整備という基本的なことから、職業を選択できるような機会を提供していくといった議論に加え、生活そのものの安定と社会の発展を展望した事業として社会事業を提案してきた。そこで最後に、人間の内面の安寧、精神的自由・幸福までをも含める必要性を加える。精神自由（幸福）事業とは具体的に、「この情操を満足する積極的事業は所謂教化事業であり、この情操を傷害するものを排除する事業は矯風事業なのである」（田子 一九二二：二七五、傍点原著者）と、教化・矯風の二つの要素を挙げている[19]。そして、「私達はよく生れ、よく養育され、よく教育され、よい職業に就き、よい生活を營み得たにしても、若し、社會そのものは混濁して私達の心の幸福を奪ひ、傷け、苦しめるものであつたならば、それではまだ〳〵社會は私達に幸福を與へるものとは思はれない」（田子 一九二二：二七五）と、精神自由（幸福）事業の背後にこのような福祉思想が込められている[20]。社会事業をより積極的事業として位置づけ、個人の幸福をも視野に入れた展開を考えている田子の思想には、本当の意味での幸福とは何であるかとの訴えがあるように思われる[21]。精神自由（幸福）事業の中では「隣人を助けるのは、社会事業の大きな精神」（田子 一九二二：二七九）であり、「心の自由なきものに心の自由を得しめようとして居る。心の不自由を除かうとして居る」（田子 一九二二：二七九）という。これは、社会事業において物質的支援は当然必要であるが、それよりも心の改善を図るべきだと読み取ることができる。今、福祉は、田子のような社会事業家が重要視していた精神的な価値を再び評価していくことが重要なことの一つといえる。

田子の福祉思想・社会連帯に基づいて社会生活における自由を与え不自由を除く社会的継続的な努力の

総称は、経済的・心理的・精神的に公的な政策の拡充とともに、地域の一人ひとりに求められている姿勢である。これは現代の課題そのものともいえるテーマであり、これからの時代においては、互いに幸福を与え自由を与え、不自由を取り除く努力を払うということに、福祉の価値が現れてくるのではないだろうか。

「戦争以來、自由思想の普及によつて、社會事業の起つて來たのは、自由に伴ふ不安の排除が一層必要になつたためである」（田子 一九二二：三三）。けれども今、自由の拡大のみならず、幸福の推進と生活の保障、あらゆる幸福事業を実施していく時、その原動力や思想原理にふさわしい現代的意義が田子には見出せるのではないだろうか。

③ 社会連帯思想の現代的意義

まとめとして、田子の福祉思想・社会連帯思想について一言述べておきたい。日本の福祉思想研究を行った吉田久一も言っているように、「社会連帯理論、ないし社会連帯思想は、日本近代社会事業の中心的理論ないし思想」（吉田 一九七四：一四三）である。ところが、社会連帯思想は日本に定着しているとは言いがたい思想である。その最も大きな理由として「明治後期からの国家有機体的救済事業思想が、大した変革もないままに社会連帯思想や理論になだれこんだ結果、社会科学的裏づけが乏しく、倫理性が前面にですぎ、道徳性過剰となったことがあげられる」（吉田 一九七四：一四四）と吉田は分析している。

吉田が社会事業理論をこのように見ているように、田子の社会連帯思想にも、倫理性の強調が強い側面がある。また、社会連帯の前提となる自由主義思想が、もともと日本人にはわかりにくい思想であったという問題点がある。こうした問題によって、社会連帯に基づく思想とは、「社会事業の現場やあるいは研究者の身体を通したというより『教養』的性格が濃厚であった」（吉田 一九七四：一四四）。

このような了解が生じていた近代社会事業研究では、先行研究において田子のみならず社会連帯思想の積極的な評価が見られない。しかし、現在その社会連帯思想を唱えた思想的な背景までを考慮に入れて考察すると、共に支え合うという福祉の原点にある思想が見られ、必ずしも教訓にとどまらない思想であると考えることができる。田子の思想は、このような新しい見方を付加することで、これからの時代において危機を乗り越えるための新たな連帯に基づく福祉思想としての可能性があるのではないだろうか。

ところで、これまで見てきた社会事業家と渋沢栄一、そして田子一民にはそれぞれの福祉思想がありながら、彼らには共通して不安定な社会の中にいるにもかかわらず主体的に社会の改善に働きかけ、自ら秩序を作り上げていこうと試みる実践力があった。

田子は、社会の格差に連帯して取り組み、積極的政策によって解決しようとしたが、このような連帯をさらに根底から考える思想として留岡幸助の福祉思想を次に考えていきたい。

(4) 留岡幸助から考える福祉思想

① 自然という福祉思想

前項では、田子一民の思想に即しながら、社会の不自由・格差について積極的に政策によって解決する必要性・連帯の思想を根拠に据えることで、よりよい社会の構築と人々の幸福促進を図ることが実現していくという考えが提示されていた。これを踏まえつつ、より根底からさらに包括的に福祉思想を考える手がかりとして、また福祉問題が多様深刻化する中でのより積極的な解決策の模索として、日本社会事業史の中から三人目として留岡幸助を取り上げ、検討してみたい。先行研究では、留岡の経験に基づいた教えは現代にもそのまま通用するもの(兼田 二〇〇三:五二)といわれるほど、現代に示唆するものは大きい。

ここでは特に、留岡から得られる現代的な福祉思想として、「自然」という価値をめぐる議論に注目し、主著『自然と児童との教養』（一九二四ａ）から検討していきたい。

留岡は、内務省嘱託として農村や農業の状態の調査を行い、農業とは「天の力、地の恵」（留岡　一九二七：三一六）によらなければならず「自然の力八分、人間の力二分位のもの」（留岡　一九二七：三一六）で成り立つと、「自然」という価値を発見する。これに加え留岡は、「今一つは私の専門である不良少年の研究である」（留岡　一九二七：三一六）と、少年の感化事業に力を注いでいた。この「自然」の価値と感化事業との接点を含め、その福祉思想を考察してみたい。まずは、留岡のいう「不良少年」についての記述を見てみよう。

「彼等は如何にして発生するかと云ふに、其原因たる種々あるに相違なからうが、概して謂はゞ都会生活其ものが重因の一である。其証拠には不良少年の発生は農村に少くして、都会に多い事実によつて見ても分る。換言すれば不健全なる都会生活其のものが不良少年を発生する重因である。生活状態が不健全になれば、人は自ら不健全とならざるを得ない。恰も濁水の裡に生活する魚族が活力を失ふのと同然である。何故に都会生活が人の子を不健全にするかと云ふに、重因の一は自然的要素の欠如からである。然らば其都会に出来た不良少年を善良に導くには如何にすればよいかと云ふに、その欠如した自然要素を与へて、之を善化するより他に道があるまい。」（留岡　一九二七：三一七）

まさに不健全という原因は、自然の要素の欠落である。このような思想から、「自分の経営する学校の教育には、自然要素を出来る丈多く取り入れたいと思ふたのである」（留岡　一九二七：三一七）と事業のきっかけを述べる。留岡は、貧しい家に生まれ、病弱なため小学校を退学しなければならなかったという経験がある。しかしそれから、キリスト教を信仰し後に同志社で学ぶ。この時、世間が関心を向けていなかった監獄問題を知り、キリスト教の光をもって照らす必要を認め社会事業に着手するきっかけとなっている（留岡　一九二八：五三二）。

留岡は自らの学校を「家庭学校」（留岡　一九二四b：九四）と名づけ、東京巣鴨に一八九九年一一月に創立する。当時の巣鴨は誰も住宅を建てようとする所ではなく、人が好んで寄りつく場所ではなかったらしい。けれども、「人の子を教育するには又特別に適地であった。加ふるに庭内広くして老樹鬱茂したるが為に、市内と比較しては閑静で誘惑に遠ざかり、私の所謂自然の要素は豊富であった」（留岡　一九二四b：九四）という。その自然とは何を指しているのだろうか。留岡は自然観を次のように言う。

「私の所謂自然　Natureとは輝く太陽や、数へ切れぬ星や、月や、山や、水や、花や、木や、鳥、獣、さては雨、雪、霧、霜等の四季の変化や、潺々（せんせん）たる琑かなる小川の流れに至るまで、一切の森羅万象を指して謂ふのである。」（留岡　一九二四b：六六）

このような自然のない都市の生活には、「電車、自動車、自転車、馬車、人力車等を初めとして、車と云ふ汎ゆる車が縦横無礙に行交う」（留岡　一九二四b：六六）、さらに「全くの処、街上を歩いてゐるだけでも気を配らねばならぬことの為に神経過敏に成る。それに都会は田舎に較べて生活の上の心配が絶えないから、単りでに不健康に陥入つて了ふ」（留岡　一九二四b：六六）。そうして、「都会が膨張すればするほど是れ等の自然の要素が人間生活の間から欠如して了ふ。而して人の子が不良傾向を帯びて悪化し堕落して、遂に犯罪者にまで零落れる。又道徳や法律上の問題のみならず、自然要素の欠乏に依つて肉体にも悪影響を及ぼし、健康を害ひ活動力を鈍して了ふ。都会に漲る危険なる圧迫は、都人士夫れ自身も感じてはゐやうが、田舎から来るものの如くではない」(留岡 一九二四b：六六)という悪影響が生じ、「人間と自然との交渉が稀薄になつて来れば来る程、之を求るの情は強烈にならざるを得ないのである」(留岡 一九二四b：六九)。留岡の思想から、精神の健康を保つためには自然の要素が必要だという福祉思想が浮き上がる。現代社会は多かれ少なかれ誰もが精神的な不調を抱えている時代であり、自然の役割を積極的に活用していくことが一つの対策となりうるものである。それではこれから、留岡が実際に行っていた事業を見てみたい。

留岡の自然に対する思想の中に、「これから時代は自然療法が薬物療法に取って代るべきものである」(留岡 一九二四b：八〇)という一節がある。その内容は明快で、空気療法・水療法・土療法である。このうち家庭学校でも行っていたという水療法を紹介する。

水療法はそのままの通りで、家庭学校では朝起きて水浴を行うといった方法である。「本校の方は朝起きると直ぐ水を浴槽に汲ませておいて飛び込ませる」(留岡 一九二四b：八四)、「北海道の方は『生命の泉』と名づけられてゐる沸々と湧出る泉でやらせるのである」(留岡 一九二四b：八四)。[22]

北海道分校では、マイナス二五度くらいでも外で水浴するという。この効果には、喘息が治ったり、夜尿症が治ったりするといわれている。家庭学校創立以来、水浴を行う生徒は四〇〇人程に達したが、ほとんど皆健康であったらしい。このような水浴は現代社会では難しい面があるが、自然が喘息や夜尿の治療に役立ち(心身症などの)症状の改善をもたらすという作用があることがわかる。もう一つの健康法が紹介され、冷水を多く飲むことだという。これにより肌の色も良くなり血液の循環も良くなるとされる。そして淡白な食事と併用することで、病気を防ぐという。

大まかに自然の価値を確認した。次に、家庭学校における少年感化の方法（自然教育ともいえる）を考察したい。最初に確認したように、留岡が彼らの教育に最も適切であると選択したものは農業である。入学当初から、不良少年には人間を好まず自然を好む傾向があったようだ。それがわかる農業でのじゃがいも掘りを、例として挙げてみたい。

「何をさせてもしない、其処で或る夏のこと、馬鈴薯の畑に追ひやつて之を掘らして見ましたが、何を命じても嫌がる者が馬鈴薯を掘ることに限つては、日の暮れる迄やつて居ました。止めろと云つても止めなかつた。之は何故と申すに大きな馬鈴薯が一ツの根から七ツも八ツも出るので、余程の趣味を以て掘ったものと見えます。」（留岡 一九二四b：九四）

その福祉思想は次のようである。

「人間社会で悪くなつた者を、人間の多い社会で善くすると云ふ事は、極て六ケ敷（むつかし）いので、見ること聞くことが罪悪の種である。それで飽くまで蕪を作らせたり、葱を作らせたりするが宜い。蕪や葱は不良少年に作られたからと云ふて汝が作るのだから成長してやらないと申しますまい。不良少年と雖も正直に労働さへすれば必ず能く出来るに違ひない。其処で不良少年は考へるであらう。人間は我を不良少年として取扱ふけれども、馬鈴薯や葱は我を不良少年と見て居らぬと見へる、如何となれば骨折て労作さへすれば馬鈴薯も葱も能く出来ると。而して平素懶惰でありし不良少年も大に面白味を

感じて仕事に精出すやうになります。是が則ち自然の感化であります。」（留岡 一九二四b：八四）

留岡は、不良少年が取り合わないことの原因を人間自身に求めている。「人間社会で悪くなつた」少年たちを、その人間社会で善くなるということが困難なため、「自然の感化」という力を借りるのだ。家庭学校における農業には、単に作物を作るだけではない、自然との相互作用によって人間がよりよく生まれ変わるという意味が読み取れる。農業のように自然との適切な相互作用によって、人間同士の信頼関係の基盤へ通じるものを見出すことができるように、「自然」の価値を積極的に評価することは、対人援助や関係性の再構築において新たな希望ともなりえる。留岡の福祉思想にはそのような可能性があるのではないだろうか。

② 留岡の感化教育の全体像

留岡幸助はこのようにして、少年を自然という環境の中で指導する。その方法や思想的な背景を現代の福祉思想のための考察材料としてみたい。留岡は感化教育を「不良少年を教育主義に依て取扱ふ所の教育を名付けて感化教育と云ふ」（留岡 一九〇一b：六二五）と定義し、「甚だ其感化院と云ふ文字を好まぬので、自ら今立て丶居る所の感化院見たようなものを家庭学校と名付けて居ります」（留岡 一九〇一b：六二五）と述べる。

都市の環境に不良少年を作り出す要因があるといったように、「十中の八九までは境遇の不完全なることに帰着」（留岡 一九〇一b：六二七）すると考えている。このため「感化教育に於て為さねばならぬことは境遇の転換」（留岡 一九〇一b：六三一）だと環境を重視する。「それはどう云ふことかと云ふと場所を違へなければ往かぬ」（留岡 一九〇一b：六三一）との実践になる。そこで留岡は、

「どうしても悪るい子供は悪るい境遇から出来たのだから、悪い場所を避けて天然の分子多き所に置くが必要である。ソコデ私は考へ且つ又不良少年を取扱ふて見た経験に依りますと、人間の悪くした人間、即ち不良少年は人間の力のみを以て改良することは出来ぬと云ふことを発見しました。」（留岡 一九〇一b：六三二）

と新しい福祉思想を述べる。一度、人間社会で不信を抱いた時、人間以外の力に頼る方法があるのだという従来の福祉の概念を超える可能性がここには含まれている。

「ソコデ如何なる方法を以て改良するかと云ふに、人間三分に天然の力七分の割合でやつたら宜いと思ひます。天然の力と云ふはどう云ふものかと云ふに、仕事をさせるには農業を以て教育するのには其学校の位置は人里の遠い所で、或は花が咲いたり、川が流れて居たり、鳥が啼いたり、樹木が青々して恐ろしい高い山が聳へて居たりして人間が予想し得ないやうな天然の分子の多い場所に斯う云ふ不良少年を集めて来て、三年なり五年なり置いて普通教育もする、職業も授ける、また体操も教へると云ふことにすれば、不良少年の改良は決して六ヶ敷こととは思ひませぬ。」（留岡 一九〇一b：六三三）

ここでの大切な点は、いくら人間社会から遠ざけ自然の力をもって教育しようとしても、自然に任せきりにしないことである。自然の力七割に加えて、普通の教育や職業、体操など、人間による感化も同時に行うことである。「余が感化事業に従事せし以来大に発明したるは、人間が悪くしたる人間（即ち不良少年）は人間の力のみを以て之を感化すること難く、天然の感化力に待つ所多からざる可らざるてふこと是なり」（留岡 一九〇一b：五八〇）と、自然の意義を最大限に活用しながら、最後まで少年の可能性を信じることが求められる。

感化教育における自然や境遇の転換について見てきたが、「不良少年」とは、福祉問題を抱えた人のみならず「私たち」とも読み替えることができるのではないだろうか。原因をその個人のみに求めるのではなく、「人間が悪くした」というように社会・共同体ひいては自然を含む全体で包摂的に考えるという、時代を超えて求められる福祉思想が示唆されている。

『家庭学校』第八章には、「本校の生命」とする理念が述べられている。そこには、キリスト教を信仰していた留岡の理念が現れる。

「形骸ありて精神なき人間は、人にして人に非ず。学校に於けるも亦之に同じく、形式完備するも主義精神なき学校は学校にして学校にあらざるなり。我が校の精神若くは生命と称するべきものは基督なり。語を換へて之を言えば基督は愛なり、故に家庭学校は愛を以て生命となす。」（留岡 一九〇一a：五八七）。

感化院の環境から、「看守人を置きて之が為に立番せしめ、墻壁を回らして之を防ぐが如きは、教育上策の得たるものにあらず。教育に於て重んずべきは信任にあり」（留岡 一九〇一a：五八七）という福祉思想が「家庭学校」との名称に込められている。

少年を監視しあらゆる制限をつけたり規範を教え込むように抑圧的な感化を行うのではなく、「自然」

の中で開放的に倫理道徳（宗教）を通じて感化を行う留岡の思想は、自然の中で、信頼関係の基盤を得ながら教育していくという、キリスト教の信念と「自然」の価値、人という三者の相乗効果・相補性によって実現している。

③ 留岡の慈善政策

留岡は、熱心な教育実践のかたわらで、慈善政策についても多数の論文を残している。このように、日々の実践と政策との連関性にも視野を開いていた留岡の政策を最後に考察しておきたい。

まず、彼の慈善観は、「汝の純金よりも貴き心情を与ふることなり」（留岡 一八九七：二四二）という一節からも見て取れるように、精神性・感化を重要視しているものである。そして、精神を持つだけでなく、その効果が現れるよう信念を貫いて教育にあたってきたことが伝わってくる。教育の重要性は、「永久に救護する為彼等を広き意味に於て教育せざる可らず」（留岡 一八九七：二四二）というように、本当の救済とは、永久にその人を助けることが教育であるという。留岡は、慈善事業を発達させようとすれば、感情的に行うのではなく、教育的に実行しなければならないという。慈善とは道理的に行う必要性を説く。このような思想は、新たな福祉思想の基本となりえる。

そして、「金銭物品を施与するよりも労作を発見して与ふること肝要なり」（留岡 一八九七：二四二）というように、自ら農業という環境を作り、主体的に行動を起こす、その意欲を引き出すことに留岡は努めていた。

教育をする日々の一方で、日本の慈善事業がなかなか発達しなかった当時、留岡が「我国の慈善問題」（留岡 一九〇一c：五七〇）と題して社会に訴えた二要点と三つの欠点がある。まず、二要点だが、第一に「須らく惻隠の情念より、若くは宗教的情念の熾んなる余りに於て為すべきものなり」（留岡 一九〇一c：

五七〇)、第二に「慈善は施与にあらずして教育なり」(留岡 一九〇一c:五七一)、「広義なる教育は手腕と頭脳と心情とを発達せしむるもの」(留岡 一九〇一c:五七二)、の二点である。

そして、三大欠点として、第一に「欧米の慈善事業は有力なる実業家を後援者と為せりと雖も我に之なし」「慈善事業は資本を要す」(留岡 一九〇一c:五七二)、第二に「我国の慈善事業には女子の同情を寄するもの極て少数なり」といい、「由来慈善事業は其根本的動機に於ては純潔にして而も濃厚たる同情と優美なる心情とを有せざるべからず、此の如き性情は即ち女性の特有物なり、於是乎慈善事業の発達は女性の応援に待つ所少からず」と述べる(留岡 一九〇一c:五七二)。そして三点目は宗教の薄弱である。

留岡のいう情念は、本来の福祉とは他者への共感を軸にすえた福祉思想がともにあるべきものだと言い換えることができる。それは、渋沢の「論語と算盤」に通じる面もあり、「人間あっての経済」(留岡 一九一七:四七四)という論文で、「人間を善くするといふことが十分成就されて居ない」(留岡 一九一七:四七五)、「人間を善くするといふことそれ自体が国の富みである」(留岡 一九一七:四七五)と福祉教育へと通じる思想も持っていた。自然の役割を重要視することと、そして生命に根ざした人間そのものの成長力を信じる、そのような福祉思想がこれからの福祉社会においても求められてくるのではないだろうか。

(5) 日本の福祉の問題点

これまで、渋沢栄一、田子一民、留岡幸助の思想から現代の福祉思想に通じる部分の再評価を行った。そこでこれからは、現代の福祉思想との関わりについて考えていきたい。ここではまず、福祉思想が求められる以前の問題として、日本の福祉(制度と思想の両方)が十分に発展してこなかったことの原因についての考察から入りたい。

① 社会福祉の問題

以上の問題を踏まえた上で、社会保障のうち特に社会福祉の分野からの問題を考察したい。社会福祉の領域では、福祉の発展が遅れた理由として、二宮尊徳の報徳思想を用いた報徳会（一九〇五年に設立）の活動などが原因であるとの指摘が大橋謙策によってなされている（大橋 一九九一：二二六）。[23]

大橋が原因とするのが、内務省官僚・井上友一による「風化行政」であり（大橋 一九九一：二一四）、二宮尊徳の報徳思想を利用して福祉制度の代替的役割を果たそうとしていた思想が見えてくる。井上友一の主著は『救済制度要義』（井上 一九〇九）であり、[24]これを引用した大橋の見解をそのまま考察しよう。

「そこで彼は、救済事業を『国家及び社会の発達の為に精神的関係及経済的関係に於て、総ての階級を通じ其地位を高からしむるに在り』と定義しつつその精神的関係を強調して風化行政を提唱する。すなわち、『救貧は末にして防貧は本なり、防貧は委にして風化は源なり。詳言せば救貧なり防貧なり苟しくも其本旨を達せんと欲せば必らずや先ず其力を社会的風気の善導に効さざるべからず』と。したがって、救済行政は『風気善導の事、之が真髄』となり、物質的救済＝経恤的行政は二の次となる。」（大橋 一九九一：二二六）

このような思想の教育は、福祉制度を要することなく社会の秩序維持が可能となる。そこで次に、井上が活用した報徳会について見ておきたい。[25]大橋は次のようにいう。

「井上らの提唱により組織された報徳会の『教』の一つに『推譲』論がある。その『貯蓄といふこと、公益、慈善といふことばを二宮翁の教では合せて推譲といふ一つの言葉で現はして居ります』とする考えと同じである。風化的救済制度は、社会事業分野だけではなく、報徳会などと結びつきながら、社会教化の役割を担っており、戦前社会教育の理論的支柱でもあった。」（大橋　一九九一：二一七）。

大橋が言うように、井上の風化行政は「その後の社会事業の精神性、物質性あるいは社会事業と社会教育における相違分類などに多大な影響を与えた」（大橋　一九九一：二一七）。このような風化行政は、日本の社会福祉制度が積極的に生み出されなかったことの原因の一つであり、その根底にある（消極的な）福祉思想は今日においても無くなってはいないように、日本の福祉史上に大きな影響を残している。

②　報徳思想の問題

ここで、日本の福祉の発展に影響を与えた二宮尊徳[26]の報徳思想について考察してみたい。報徳思想とは、修身教育においても「親孝行な模範少年」（二宮康裕　二〇〇八：二）というような題材となっている。また、現代において「二宮尊徳」「二宮金次郎」というと修身教育が連想されネガティブな印象がある。しかし、報徳思想そのものを見ると、必ずしも本来の思想が適切に伝えられてきたとはいえない面が見えてくる。

二宮尊徳の主著は『三才報徳金毛録[27]』といい、宇宙の法則から人間の生活の心得までふくめた思想的考察がされており、必ずしも修身教育で用いられた徳目のみをもって報徳思想である、とはいえない部分が見えてくる。ここでは、このような報徳思想を現代の視点から再評価して、現在の福祉思想の新たな考察の材料としてみたい。

報徳思想は、その縁ある掛川市[28]では、町づくりのための思想に応用されるなど市民の福祉の向上につながっている。掛川市の市長を一九七七年から二〇〇五年まで務めた榛村純一は、「まちづくりは、普通、市税と国からの補助でやるが、掛川市では、このほかに新幹線の掛川駅をつくったり、東名高速道路の掛川インターチェンジをつくったりする大事業には、市民が尊徳の教えた推譲の精神で、お金を寄付してつくってきた。主なプロジェクトだけでも一〇事業あり、市民が税金以外に五五億円も推譲(29)してくれたおかげで、掛川市はこの二〇年、全国的に見て最も発展変貌を遂げたまちだといわれるまでになっている」（榛村 二〇〇三）と述べる。

井上友一も重視したように「推譲」の精神は報徳思想における重要な思想である。ここでは町づくりの例となっているように、二宮尊徳の互いに譲り合うという精神は助け合いだけでなく町の発展の思想としての意義がある。その思想は、物質的な発展のみならず、精神的な発展も含めて、福祉の町づくりのための思想としても考えることができる。

また、福祉や社会保障における分配の問題としても、積極的に譲り助け合うという原点を示しているものとも考えることができる。まずは、報徳思想についてその現代的意義を意識した考察をしてみたい。なぜならそこには、前項で取り上げた三人の社会事業家（渋沢栄一・田子一民・留岡幸助）の思想の源流とも呼べるものを見出すことができるからである。

まずはじめに報徳思想を生み出したその生い立ちを簡単にまとめよう。二宮尊徳は一七八七年に生まれた。四歳の時、洪水に遭い田畑が荒地となり、父母とともに苦難の道を歩むこととなる。一四歳で父を、一五歳で母を亡くし、その年の洪水が金次郎を襲うなど、幼少から苦労を重ねている。

このような生い立ちでも勤勉に励む姿が修身教育の題材にはふさわしく、積極的に取り上げられる一因である。孤児になった金次郎は、叔父の家に預けられるが、夜遅くまで行灯を使い読書をする金次郎は叱られる。そこで、自ら油菜の種を植え行灯用の油を作ることで、叔父が寝静まってから自分の好きな読書に励むことができた。

また一九歳の時、本家にわずかに残っていた竹を基に、本家の再興に努めた。読書のための油や本家再興のための竹など、わずかなものでも積み上げるという思想や、家の再興のため共に助け合うという思想が、後の報徳思想の原型となっている（二宮康裕 二〇〇八：三五）。

そしてまとまった報徳思想の基本となるものが報徳訓である。報徳訓には色々な種類があるが、最もわかりやすいものを参考までに考察しよう。報徳訓の基本は、生活の教訓を説いたものであるが、報徳訓には近年新しい解説が提示されている。[30] これを踏まえ、従来の日本福祉思想史でマイナスに応用されてきた見方を超えて現代に通じるような思想として考えてみたい。

報徳訓

父母根元在天地令名（父母の根元は、天地の命令にあり）
身体根元在父母生育（身体の根元は、父母の養育にあり）
子孫相続在夫婦丹精（子孫の相続は、夫婦の丹精にあり）
父母富貴在祖先勤功（父母の富貴は、祖先の勤勉にあり）
吾身富貴在父母積善（自己の富貴は、父母の善行にあり）
子孫富貴在自己勤労（子孫の富貴は、自己の勤労にあり）
身命長寿在衣食住三（身体の長命は、衣食住の三にあり）
衣食住三在田畠山林（衣食住の三は、田畠山林にあり）

田畠山林在人民勤耕（田畠山林の耕作は、勤耕にあり）
今年衣食在昨年産業（今年の衣食は、昨年の生産にあり）
来年衣食在今年艱難（来年の衣食は、今年の苦労にある）
年々歳々不可忘報徳（年々歳々、報徳を忘れるべからず）

報徳訓は、三句ごとに四連に分かれており、第一句ではあらゆるものの基盤となる事柄が説かれている。海村らの新しい解釈では、「人間と自然との哲学的相関関係を明らかにしたものである」（海村ら 二〇〇六：三三七）との解釈が提示され、自然を含めた天地の間に人間の連続を唱える新しい連帯感・福祉思想として考えることができる。第二句は「道徳と経済との哲学的相関関係を明らかにしたものである」（海村ら 二〇〇六：三三八）。ここでは経済を含めた生活の応用を説くことを通じて、人間の存在が内在的に連続したものだという思想と見ることができる。第三句は、「人間と自然との哲学的相関関係を具現化にしたものである」（海村ら 二〇〇六：三三八）。生活の基礎・衣食住と、体の健康長寿を説き、衣食住の基本が自然・田畑にあり、人間と自然の調和によって生活が成り立つとの福祉思想が読み取れる。第四句は、「道徳と経済との哲学的相関関係を具現化にしたものである」（海村ら 二〇〇六：三三八）。これは、自然と人間の生活、道徳と経済との均衡が重要との総合的な福祉思想である。

報徳思想の基本的思想「推譲」・譲り合いの精神は、本来人間と自然との関わり、道徳と経済という関わりの中で考えるべきものが、先の「風化行政」の問題は家族を基本に地域共同体での相互扶助といった狭い意味に限定されたことである。しかし、三人の社会事業家に即して本章でここまで展開してきた議論の視点あるいは文脈において新たな再評価を行うならば、二宮尊徳の報徳思想は、これまで考察してきた渋沢栄一の思想・道徳と経済の調和という考え方と呼応し、また田子一民の連帯を根底から支えるものであり、さらに留岡幸助が重視した自然の意義を包摂的にとらえているという特徴がある。報徳思想は、「自然を含めた連帯」という新たな福祉思想の可能性を持っているといっても不可能ではない。このような可能性についてさらに考察していきたい。

二宮尊徳の子孫にあたる二宮康裕によれば、報徳思想の原型となる『三才報徳金毛録』が著された時期は、桜町仕法[31]が行われていた時期だという。「仕法」とは財政的立て直しや、荒地の開墾計画のようなもので、広義にとらえ現代的にいえば福祉政策ともいうことができる。

仕法の中で重要になるものが「分度」であり[32]、復興が困難な天保の飢饉の時期に藩主と取り分の折り合いをつけることで、農民の勤労意識を伸ばしていく。勤労者には表彰を行うなど、農民の荒廃した心をまず改革する「自発的開発」(二宮康裕 二〇〇八:九六)を行う[33]。これは、「安民」策を推進し、結果として「富国」をもたらす「富国安民」思想・仕法と呼ばれる(二宮康裕 二〇〇八:三二三)。報徳思想は本来、公私ともに危機を乗り越えるための思想であり、自分の耕作物を積極的に分け合う「推譲」の原理をつくり、実践へ導くという原理である。

それでは、徳の概念を用いて報徳思想の根本的な現代的意義を考察したい。藩主に「報徳」を指摘された二宮尊徳は、その概念について独自の思想を作り上げる。『二宮尊徳全集』に収録された「報徳訓」の中でそのことがわかる箇所を抜き出してみよう(二宮尊徳 一九七七:五五五)。

> 徳根元悟勤苦發、徳消滅悟遊楽終、勤苦積本来徳成。
> 徳異名恩謂、恩根本徳也、徳根本勤苦也。

徳報者徳報依、而富貴受得安楽住、勤苦爲徳報、物爲如不。(34)

はじめに徳の概念が説明されている。当時の飢饉や荒廃、荒地の散乱などを解決するための規範として出されたとも考えられ、時代的背景を抜きに考えることはできないが、本来の福祉が人間同士の関係性を根底に維持するという福祉制度には今、最も必要な福祉思想である。
(35)
報徳思想は、井上友一などの報徳会では福祉政策の抑制という方面に打ち出されたが報徳思想本来の思想に沿うならば、積極的に福祉政策を打ち出しながら、家族や共同体を超えた連帯、自然を通じた連帯を実感させるような福祉が実現する可能性を持っていたのである。

その根拠として、

一物有一徳爲　一徳有一恩有　二物有二徳爲　二徳有二恩有
三物有三徳爲　三徳有三恩有　四物有四徳爲　四徳有四恩有
五物有五徳爲　五徳有五恩有（二宮尊徳　一九七七：五五五）

と徳の性質が述べられているように、一物あれば徳があり、徳が一つあれば恩が一つある、というように、あらゆるものに必ず徳が備わっているという思想が基になっている。このような思想は、あらゆる人それぞれに徳を見出し働きかける福祉の基本的思想・ノーマライゼーションの先取りとして考えることもできる。報徳思想における徳の特徴は、個人それぞれに徳という価値を与え、これに報いる必要性を説くことから、現代社会において切り離された個人を世代を超えて助け合う方向へつなげることもでき、共同体に

表4-3 渋沢・田子・留岡及び二宮をめぐる全体的な構造

	立 場	特徴的な主張	軸となる理念	関連する主な次元	二宮との接点
渋沢栄一	民間営利 【私】	道徳と経済の一致 親切心	慈善・忠恕	共同体	富国安民思想 道徳門経済門
田子一民	政 府 【公】	幸福追求としての社会事業	(社会)連帯	個 人	推譲・支え合い
留岡幸助	民間非営利【共】	自然の価値の重視	自 然	自 然	法則とすべきは天地の道

ある個人についてはその個人そのものの徳・価値を引き出すものであり、水平に助け合うという思想として機能することである。

徳に働きかけそれを実現していくとは、「この価値を創造することが報徳」(宮西 一九六九:三八)であるというように、二宮尊徳の徳概念は自然あるいは生命を広く包含するものであるから、共に社会で不自由を取り除く努力・勤苦をするという田子一民の思想へも通じ、自然の価値を重視する留岡幸助にも含まれ、かつ地域経済全体の立て直しと一体に徳を進めるという点において渋沢栄一の思想にも通じるものであるといえる。このように前項で取り上げた近代の三人の社会事業家の思想の源流をなすとともに、一人ひとりの価値を認め実現していくというような、これからの時代の福祉思想として展開しうる可能性を秘めた思想である。ここで、これまでの三人の社会事業家と二宮尊徳の思想をまとめると、表4-3及び図4-1として表すことができる。

表4-3及び図4-1では、人々が生活する世界で、共同体をベースに「慈善」ないし「忠恕」といった概念に示される、相互扶助とそこでの価値原理がまずあり、これに対し田子はその「社会」「連帯」あるいは「幸福追求」といった鍵概念に示されるような、より近代的、独立した個人を基盤とする福祉ないし社会保障のあり方の追求がある。一方、留岡の場合は、むしろそうした「共同体」や「個人」の次元の最も根底

図4-1　福祉思想をめぐる次元と4人の関係性

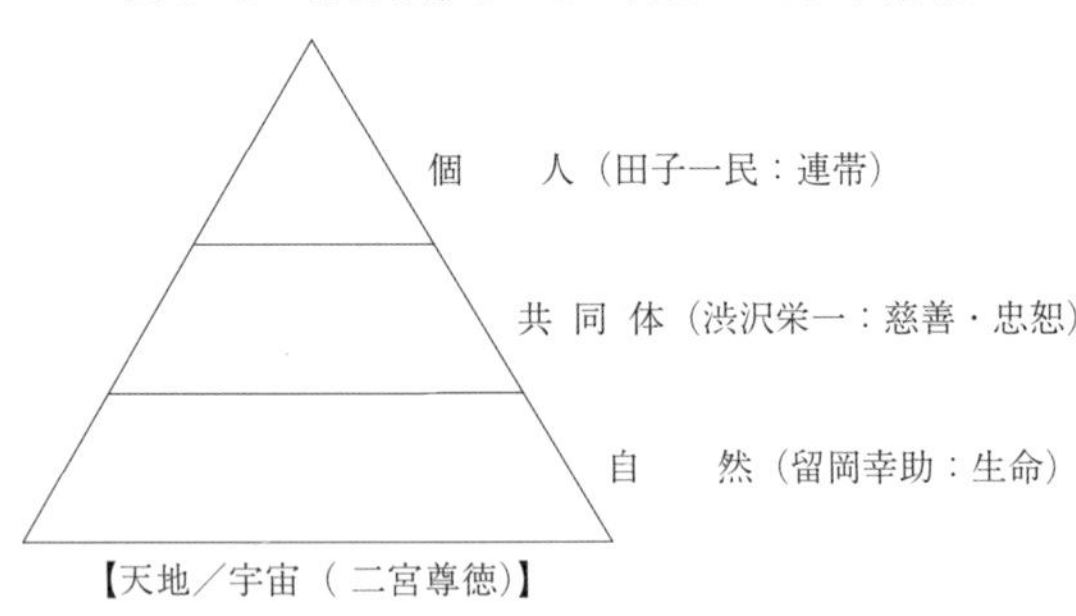

にある、「自然」の次元に中心的な関心を向け、それを基盤とする福祉的活動の展開を示すことができる。

そして、二宮の場合は、その「天地」や「宇宙」に関する思想に示されるように、これらの諸次元の最も根底にあるものに関心を向け、またそこから派生して「推譲」や独自の「徳」概念を発展させ、それらを基盤とした諸事業を行ったといえる。この場合、二宮には、田子が展開しようとした近代的な個人をベースとする社会連帯といった思想は希薄であるが、しかし以上のような「個人—共同体—自然」をめぐる全体的な構造において、三人の社会事業家の思想と二宮のそれは深いレベルで関連性を持ち、またその思想を現代的な視点において再構成・再評価する中で、三人の思想の根底的な土台を提供する意義や可能性をもっていると考えられる。こうしたテーマについて、より広い視座から次節においてさらに考えていくこととしたい。

3　「生活モデル」から「生命モデル」へ——自己組織的生命観に基づく「福祉の哲学」

(1) 福祉思想と生命

これまで、日本を中心に福祉思想について考察をしてきたが、以上を踏まえてこれからの時代の福祉思想を考えていくにあたり、それぞれの福祉思想が一つにまとめられるような根底的な次元において福祉思想を考えていきたい。それは、社会の次元から個人の次元を経て、自然ないし生命という新たな対象までをも包含する福祉思想であり、言い換えれば、社会・個人・共同体での福祉思想から包摂的かつ根本的に福祉思想を考えると、連帯（や幸福）の究極的な根拠として見出せるものに「生命」という概念がある。

すなわち、前節までの考察において、道徳と経済の調和、事業は慈善を伴わなければならないと忠恕を唱えた渋沢、そのような慈善から進んで連帯という福祉のあり方を提示した田子、さらにそれを包摂的に自然という価値から福祉を唱えた留岡があり、そしてこれらの根底ないし源流に報徳思想を見出すことができるという議論をし、前節の最後において若干の整理を行ったが、以上の全体を踏まえると、人間そして生命ないし自然の全体に備わった徳を引き出していくという思想の可能性や現代的意義が浮かび上がってくるのではないか。

つまり、福祉の根底には自然があり、これを現代的な福祉思想として考察することで、新たな福祉思想の原理としての生命という概念を見出してみたい。

①　福祉思想とパラダイム

今、「生命」という概念についてのより包括的な理解を得るために、議論の射程を一回り広げ、科学思想上の生命観と関連づけた新たな考察をしていく。

はじめに、科学と福祉思想というものの関連性について、トマス・クーンのパラダイム（paradigm）理論を用いて考えてみよう。

クーンの提唱したパラダイムという言葉は、科学史だけでなく分野を超えてさまざまに適用された概念である。それが提唱された『科学革命の構造』では、科学革命の生じるきっかけとして、危機が挙げられている。クーンは、科学を通常科学（normal science）と異常科学（abnormal science）に分ける。正常な科

表4-4　ソーシャルワークにおける人間観の変遷

年代	福祉における人間観	福祉思想	主な理論的背景	代表的研究者
1800	道徳の欠如	友人的施し	道　徳	リッチモンド
1920	心の病気	環境適応の強化	精神分析学	フロイト
1930	機能・主体性の欠如	側面的支援	意思心理学	ランク
1950	状況の中の個人	心理社会的総合的支援	社会学	ホリス
1960	環境と相互作用する個人	環境改善	生態学	ジャーメイン

学としての通常科学は、ある枠組みの中でパズルを解くように進められ、あらかじめ正解が決められている。しかし、次第にそのような枠組みの中では説明のつかないような現象が生じるなど、だんだん通常科学が不安定になってくると、そこで行われている科学のことを異常科学と呼ぶ。このような危機の中で、新しい枠組みの設定が完了すると革命が生じたという。

彼は当初、パラダイムという概念を「たんなる模範的な例題解答（exemplary problem solutions)」（クーン 一九八七：序二〇）と考えていた。しかし、パラダイムという語は受容された諸例題が最初に現れる古典的な書物を指すようになり、さらには特定の科学者集団の成員が共有する完全で包括的な一連の立場を指すようになったと述べている。

一般的にパラダイム転換が求められているという時のパラダイムの意味は、再広義に考えられるようになった意味を指している。そして今、福祉の分野においてもパラダイム転換が求められており、いまだ共有する枠組みを模索している途上にある。

現在の福祉の危機的な状況は、いかに新しい通常科学へ移行するのかということが問われているが、パラダイム理論の特徴は、革命の前と後の通常科学では、同一の基準で測れないものが生じるという点である。

福祉思想は、第1節で見たように、古代の慈善事業における慈悲の思想など仏教思想から、国家による恩恵や救済としての救済事業、社会連帯思想の流入に伴って出現した社会事業、現在まで発展した社会福祉事業というような事業の変遷とともに思想の変化がある（山口 一九九五：一五三）。これは、福祉思想がこれまでいくつかのパラダイム転換を経てきたと言い換えられる。

またこの中で変化してきたことは、福祉の給付を受けることに対する（権利）思想である。慈善事業では心から発する慈悲や同情であったものが、そういった慈善を受け取ることは恥ずかしいという思想に変わり、貧困や救貧は社会全体で取り組む問題であり連帯して共に助け合うべきだという思想を作り上げるまでの変容がある。そうであるために、このようなかつての福祉思想は、それぞれのパラダイムの下ではまったく両立しない思想でもある。

今、新たな福祉思想の枠組みが求められているとすれば、自然の根底にある法則や秩序を下に構築することではないだろうか。これまで見てきた福祉思想――経済と倫理の一体性（渋沢）や個人と社会の全体性（田子）、自然や個人の主体性（留岡）そして自然との連帯や一人ひとりの価値（二宮尊徳）という要素――は新しい形で、人間と人間及び環境や自然との一体性を構築しようとしていることに特徴がある。以降ではこのような関心とともに「生命」を考察しよう。

② 生命思想の変遷

これから福祉思想の基本理念として「生命」という概念を位置づける可能性について考察していきたいが、まずここでは主に近代以降の生命観の概観から始めたい（伊東編 一九七一参照）。

今日一般的に考えられているような生命観が出現したのは一七世紀のデカルトに始まり[36]、人間の生命とは機械同様に説明ができると考えることに原点がある[37]（月沢 一九八〇：六七）。同様の主張が、ラ・メトリーによって『人間機械論』においてなされた。このように、人間の生命は、機械のように必然的な法則の下で動いているとの主張は、機械論的生命観と呼ばれ、それまでの神話的な世界観で、人間の生命を魂と考えていた思想から根本的な転回を見せている。

一方、機械論的生命観が支配的になってくるにつれて、機械論では説明ができない、生命固有のロジックや実体があるとする「生気論（vitalism）」が出現する。一つの全体をそれぞれの部分に分割して説明しつくせるという機械論的な生命観に対して、この生気論的な生命観は、「部分をもった全体という還元不可能な概念が存在する」（ドリーシュ 二〇〇七：一九三）、「すべての要素が全体を作る能力を同等に持っている」（ドリーシュ 二〇〇七：一九七）というように主張する。この生気論的生命観を主張するドリーシュは、その概念を「エンテレキー」と名づけた。しかしながら、エンテレキーは見たり観察したりすることが不可能であり、ともすれば非科学的な実体とされ機械論的生命観ほど重要視されるということはなかった。

デカルトに始まった生命を機械の仕組み同様に考える思想は、それまでに存在していた（アリストテレスや中世における）目的論的生命観に対立する形で出現したものである。目的論的生命観では、人間の目的や、神の目的に従って生命が考えられる。これに対して、因果的な法則によって生命をとらえ直したものが機械論である。目的論的生命観は、前もって決められた目的に到達するために活動するものが生命だというのに対し、原因と結果によって説明するのが適切とする新たな生命観が機械論的生命観と呼ばれる。

このような対立の中、ベルグソンによって創造性や自由な活動を持つ生命観が仮定される。『創造的進化』におけるベルグソンの生命観はまず、「意識ある生物には、存在することは変化することであり、変化することは成熟することであり、成熟することは限りなく自己を創造することになるを知る」（ベルグソン 一九五三：一〇）と、生命の進化が述べられる。その後、「生命は成育した有機体の媒介によって胚から胚へ移りゆく流れのようなものである。さながら有機体そのものは無用の瘤にすぎず、旧い胚が新しい胚のうちに永続しようとして出させた芽にすぎないかのように思われる。大切なのは無限に続く進歩の連続であり、個々の眼にみえる有機体が束の間の生存を許されて宿している見えざる進歩の連続である」(ベルグソン 一九五三:二二四)と生命の進歩の連続を唱える。そして、個々の生物はどんな瞬間にも気づかれずに生まれていると生命の連続を強調し、「生命も絶えず何ものかを創造している」(ベルグソン 一九五三:二二五)と表現する。これによって、決められた目的通りに活動する目的論も、何も生み出すことのできない機械論も超越する生命観が目指された。このようなベルグソンの生命観は創造的生命観とでも呼ぶことができる。

一方、先のドリーシュのように超自然的な力が生物体の中で働いているという説に対し、エントロピー(熱力学の基本概念の一つで、事象の無秩序さの度合いを示すもの)によって生命を説明しようとした人物に物理学者のシュレディンガーがいる。

シュレディンガーはまず、生きている生物体が崩壊せずにいられるのは、ものを食べたり、飲んだり、呼吸をしたり、物質代謝していることを挙げる。この物質代謝とはもともと変化や交換という意味があることを述べ、生命の新しい交換概念を提示する。それは、生きているものはたえずエントロピーを作り出すということに着目して論じられている。このような考えでは、生物はエントロピー最大の状態となる死に近づいていくだけである。しかし、「生物がそのような状態にならないようにする、すなわちいきているための唯一の方法は、周囲の環境から負エントロピーを絶えずとりいれること」(シュレディンガー 一九五一:一二五)であると、新たな生命観を述べる。そしてシュレディンガーは負のエントロピーという概念を創り出す。負のエントロピーとは、生物が生きるために取り入れているものであるといい、生物との関係を、「物質代謝の本質は、生物体が生きているときにはどうしてもつくり出さざるをえないエントロピーを全部うまい具合に外へ棄てるということにある」（シュレディンガー 一九五一：一二五）と論じ、エントロピー増大に逆らって、無秩序なものから秩序を構築するものとして生命をとらえた。

以上のように、生命をめぐって目的論的な世界観を抜け出し機械論的な生命観でほぼ説明がつくとされると、ドリーシュのような生気論的な生命観が出現することで機械論的生命観との対立関係が起こった。しかし（ベルグソンのような）両者を統合・超越するような世界観も登場し、また他方で、エントロピーに基づく生命観が現れることで新たな展開も起こった。これが生命観をめぐる一七世紀から二〇世紀半ばまでの大きな流れといえる。

ちょうどこの頃、オパーリンによって『生命の起源』に関する研究が出される。オパーリンは生命の起源を研究し、進化論的視点を強調し今日のような生命がある時突然発生したのではなく、さまざまな段階を経ることで次第に生命が形成されてきたのだと主張した。そして、このような生命観は今日の通説となっている（横山 一九八〇：一一九）。

さらにその後、二〇世紀半ばから後半に至ると、サイバネティックス（一九四八年）[38]の確立によって、生物は再び機械論的世界観の下に置かれることとなる。そして、生物の進化は単なる偶然によって引き起こされてきたものだと主張するジャック・モノーが『偶然と必然』を出版し、人間を機械に引き付けて考える傾向が強まっている。モノーは、人間とは無根拠な存在であり、生物とは分子的・細胞的・生理学的・力学的機械であるというように主張する（長野 一九七九：一五七）。

しかし、人間の完全な機械化を目指すのではなく、（サイバネティックスにおける）情報概念に基づく生命理解を基本に、新たに「システム」という概念を設定して、さらに生物の目的性や相互作用を追究した人物にベルタランフィがいる。彼は、機械論的生命観と生気論的生命観のどちらでもない有機体論的生命観を提唱する。

「因果法則で支配される原子の無目的なふるまいが，無生物，生物，心的なものを問わず現象を生み出した目標指向性，秩序，目的などの入りこむ余地はなかった。生物の世界もランダムな突然変異と淘汰（選択）の無意味なつみかさねによる偶然の産物と考えられた。心の世界は物質的なできごとへの奇妙でなにやらわけのわからない付帯現象とされた。」（ベルタランフィ 一九七三：四一）

彼の提唱したシステムとは，たがいに作用し合う要素からなるものであり，機械論的に一方的な因果関係の下で作用するととらえる科学では不十分と考えていたことが述べられている。それは，「適応性，合目的性，目標指向性その他類似の言葉でさまざまに，かなりいいかげんに呼ばれるものを考えにいれずには，行動や人間社会はいうまでもなく，生きた生物体を考えることも，できるものではない」（ベルタランフィ 一九七三：四二）と表現されている。行き過ぎた機械論の影響で，生命が機械のように考えられるようになってしまった当時，本当に生物を考えようとするならば，科学ではとらえきれないものまでも考慮しなければならないとベルタランフィは考えた。しかしながら，このように言う彼も，その生命を定義すると「生きている生物体とは，開放系の階層構造を示し，そのシステムの条件にもとづいて構成部分の交代をおこなうところのものである」（ベルタランフィ 一九七四：一三六）と，あくまでも機械論的生命観の延長上にシステム論を加えたような定義となっている。そして，次のように言う。

「生命とはその《内的本質》においていかなるものかと尋ねてみても，答を期待することはできまい。認識がさらにすすんだ場合にも生物学者はただ次のような問題に対して、以前よりもっと明確に答えられるようになるだけだ――私達の前に《生きている生体》として現われるところの現象を支配しているのはどんな法則であるのかという問いに。」（ベルタランフィ 一九七四：二一八）

システム論を構築したベルタランフィの生命は、その本質が何であるのかということよりも、そのシステムがどのようになっているのか、ということを重要視している。そして、機械論的生命と生気論的生命の対立の問題を、システムの概念によってある意味で解決しようとしたという点にこの意義を見出すことができる。

③ 生命の自己組織性

そして生命に関する最も現代的な展開としては、自然における自己組織性に注目した生命観がある。そうした代表的論者で、ノーベル化学賞を受賞したイリヤ・プリゴジンによる『混沌からの秩序』（一九八七年）は、自然界において不安定な状態が発生すると、このゆらぎを通じて自ら秩序が作り出されるという自己組織化の現象を提示している。自己組織化とは、混沌や無秩序な状態から自己組織化という現象を通じて秩序や組織が自発的に生じてくることである（プリゴジン・スタンジェール 一九八七：八）。

プリゴジンの理論は「散逸構造論」といい、熱力学における不可逆性を論じたものとなっている。[39] 自然界における不可逆的変化を法則化したものは、熱力学の第二法則と呼ばれ、（シュレディンガーが着目した）エントロピー増大の法則（エントロピーが増大する一方で減ることはない）である。自然界では、低温と高温の液体を接触させると全体の温度は一定に向かい、熱の移動がなくなって熱平衡という安定した状態になる。こうした平衡状態の安定したものを扱ってきたのがこれまでの科学である。しかし、プリゴジンは不安定だと考えられてきた非平衡状態に着目した。これまでの科学が対象としてきたものは、安定した物理化学系であり、平衡状態という秩序ある存在からでなければ秩序は生み出されないという前提がある。

こうした常識をくつがえし、ある系が他の系との間で物質やエネルギーの交換を行うという条件（開放系）を満たせば、非平衡状態においても秩序が生み出されるということをプリゴジンは示した。これが「散逸構造」と呼ばれている(40)。

自然界の変化と秩序を踏まえるこうした理論が重要なのは、従来の安定した閉鎖系の理論では考えることができなかった（動的で開放系という性質を持つ）生命を考えることができるようになったからである（石川 一九八七：五六）。

散逸構造論でもう一つ重要な用語は「ゆらぎ」といい、「不安定性の存在はゆらぎの結果と見ることができる」（プリゴジン・スタンジェール 一九八七：二四三）ものだ。この「ゆらぎは当初、系の一小部分に局在しているが、次第に系全体に広がり、ついに新しい巨視的状態をつくるのだ」（プリゴジン・スタンジェール 一九八七：二四三）という役割がある。この非平衡状態の系で見られるゆらぎが重要なのは、安定した閉鎖系でゆらぎが生じても系そのものには影響を及ぼさないからである(41)。閉鎖系では無視されるゆらぎが開放系において重要とするのは、「ゆらぎを通じての秩序」（プリゴジン・スタンジェール 一九八七：二四四）を引き起こすからである。

散逸構造論・自己組織化論にはこうした広がりがあり、福祉思想を考える新たな枠組みでもあり、生命を本質的にとらえる理論として最も注目されている理論である。このような新しい自然観を提示したプリゴジンの理論では、「存在物は相互作用でき、生まれたり死んだりもできる。そのような世界観のもとで、今日、物理学と形而上学はたしかに接近しつつある」（プリゴジン・スタンジェール 一九八七：三九一）と、従来までの科学が存在のみを扱っていたのに対して生成までもが考慮されている（プリゴジン・スタンジェール　一九八七：四〇一）。

そして、プリゴジンのいう自然の最も大きな特徴は、自然を自律的で自己形成的なものととらえることである（伊東　一九九九：一一八）。従来の機械論的生命観では、「自然＝機械」という発想であったが、ここから発展し、自然をシステムと考え環境との相互作用の下で、自己保存や自己形成も可能であるととらえるものである。こうした点を伊東俊太郎は次のように述べている。

「宇宙の形成から生命の進化を経て人間の成立にいたるまで、さらには文化の形成をも含めて、自然を自己組織系の発展として捉える新たな世界観がうまれつつある。それは従来の能動性をまったく欠いた他律的で決定論的な機械論的自然観とは真っ向から対立するもので、生命を失った死せる自然――『時計モデル』の自然観を超え出る、有機的な『生命システム』をモデルとする自然観である。」（伊東　一九九九：一一九）

今、このような新しい生命観が生まれつつある。プリゴジンは新しい自然観の背景として、人口爆発や人間社会の構造やその科学的概念が変化し、「人間と自然の間、および人間と人間の間に、新しい関係が必要になった」（プリゴジン・スタンジェール　一九八七：四〇三）ためであるという。伊東俊太郎も同じように述べる。

「それというのも生命体こそ自己形成的なものであるからである。この意味では、人間や生物はお

表4-5 生命観の変遷

生命観	主な人物	自然観，主要な概念	背景・危機
機械論的生命	デカルト	機 械	宗教的対立
生気論的生命	ドリーシュ	エンテレキー	機械論への対抗
創造的生命	ベルグソン	創 造	機械と生気の対立
熱力学的生命	シュレディンガー	負エントロピー	無秩序への不可逆性
有機体論的生命	ベルタランフィ	システム	生命の法則追求
自己組織的生命	プリゴジン	自己組織性	社会，科学の危機

ろか、宇宙も、地球も生きている。生きて生成発展している。人間とは実のところ、こうした宇宙の自己形成的生命体の一環にほかならないのだ。」（伊東 一九九九：一一九）

生命を理解するために、機械論があらゆるものをそれぞれの要素に還元してとらえてきたことに対して、自己組織化論は自然界という全体の中で相互に影響し合う存在としての生命観を促す。このような自己組織性こそが、現代のさまざまな問題解決のためにも重要な概念となりつつある。ここで、以上見てきた科学思想における生命観の変遷をまとめたものが表4-5である。

これまで述べてきたように、福祉思想は今日大きな転換を迎えようとしている。何度も危機を迎える中で、転換を図り危機を乗り越えてきたように、今新たな生命観とともに福祉思想の基本原理を再構築していくことが求められている。その基本原理は、変遷発展を経て新たな自然観の下で提示された生命観ではないだろうか。

（2）日本の生命思想——二宮尊徳の生命観と社会事業家の福祉思想との関連性

ここで目を転じて、また前節までの議論に立ち返りながら、福祉思想の基盤となる日本の生命観として、二宮尊徳の生命観を下にまとめてみたい。

一般に現代における通常の生命理解においては、複製する能力があることと情報を伝える機能があることを生命の定義とするように（野田 一九八一：五）、生命に主体性や多様性を考えないことが、これまでの見解であった。

けれども、日本では、自由という価値を追求するものとして生命を考える見解もある（渡辺 一九八〇：一九八）。こうした、生命に何らかの主体的な価値を考える思想が日本には見られるが、その源流の一つとして改めて二宮尊徳の生命観を取り上げてみたい。

すでに述べたように二宮尊徳の主著であり、ある意味で生命論ともいえる著は一八三四年に完成した『三才報徳金毛録』[42]である。この著は、宇宙の根元を「大極」で表し、次のように論じられる（『二宮尊徳 一九七七：二二』）。

大極の図[43]

萬物化生[44]、大極以元爲不莫。[45]傳曰、天地未剖不分陰陽、渾沌鶏子如云[46]。
（万物の化生は、大極を以て元と爲さざると云ふことなし。傳に曰く天地未だ剖れず、陰陽剖れざる時は、混沌鶏子の如しと云ふ。）

二宮尊徳は、大極をあらゆるものの根源とし、万物の生成発展の源であり混沌と表現している。その中でも「生死来住天命の円」（二宮尊徳 一九七三：一八）には、「生者生にあらず、死者死にあらず、陰陽来往して止まざるなり。佛に之を有無と曰ふ[47]」と、生と死を陰と陽に対応させ、さらに有と無を関連させ生命を説いている。

このように、混沌を基本に据えた上で生と死の連続性を考えるなど、存在と生成を相補的に考えるのは、プリゴジンの「散逸構造論」「混沌からの秩序」に通じる生命観であるともいえるのではないだろうか。

これまで論じてきた、現代における生命の自己組織性と結びついた福祉思想は、二宮尊徳を含め日本における伝統的な生命観・自然観となじみやすい側面を持っている。二宮尊徳の一人ひとりの徳（生命）を大切にし、それが後に社会・国家の安寧につながる（二宮尊徳 一九七三：三三）とする「富国安民仕法」は、二宮の没後も継承しようと努力された経緯がある（趙 二〇〇七：三八）。

二宮が亡くなって一二年後に明治維新を迎えたが、彼が行っていた仕法が中止されていく中でそれを廃止しないように活動をしていた一人が、他でもない渋沢栄一であった（渋沢 一九九二：一六〇）。前節で見たように渋沢は「経済と倫理」の統合を唱えたが、これは独自の福祉思想と一体的に当時の農村を中心とする地域経済の再生を図ろうとした二宮尊徳の考えや実践と通ずるものがある。そして慈善事業という、社会における弱い立場にある人を助ける活動を精力的に行った渋沢には、どのような生命も重要に考えるという思想を見出すことができる。またそれは、国家の安寧、豊饒は仁にたどりつく（二宮尊徳 一九七三：三二）と考える二宮の思想に重なるように、それぞれの生命が互いに親切を実践し譲り合い発展していくという福祉の組織化として考えることができる。

また、田子一民に見られるような、人間の幸福における精神的な要素を重視し、またそれぞれの人が社会で役割を見出していくことを課題としていた福祉思想は、その現代的な意義とともに、二宮尊徳のいうようなそれぞれの人に徳がある、勤苦をもって徳に報いる、という思想に通じる。そして、二宮尊徳の新しい報徳訓解釈にもあるように、人間と人間、そして自然との望ましい関係を実現するという人間観・生命観は、留岡幸助の福祉思想そのものでもある。

以上に示される、前節で取り上げた日本における三人の社会事業家たちの福祉思想と、その源流に位置すると考えられる二宮尊徳の人間観・生命観が提起するように、人間と人間・経済・道徳・自然それぞれが一体的に自己組織化を通じて発展していくという展望は、これからの時代における福祉社会のあり方とその基盤となる思想のあり方にとって示唆的である。

福祉の問題は、経済の低迷や人間との関わり、倫理性、（自然を含めた）環境という問題にまで及んでいる。前項で提起した、生命の自己組織性を原理とする福祉思想は、これまでの日本社会の混乱期、あるいは人が人を助けようとする活動の中で生じた、二宮・渋沢・田子・留岡などの思想が現代的な形で生まれ変わったものともいえるのではないか。

今、このような新たな福祉思想を提起することは、現在の福祉の問題解決において何らかの意義を持つものではないだろうか。

① 福祉思想の基盤としての生命

ここまで福祉思想の新たな可能性として、科学思想の領域や日本の福祉思想との関わりを含め、生命をめぐるテーマについて議論を行ってきたが、最後にソーシャルワークにおける人間観の変遷とともに生命を考察してみたい。

一六〇〇年代から機械論的生命観が主流となってから、福祉制度の文脈では、エリザベス救貧法、新救貧法（イギリス）、社会保険の試み（ドイツ）、画期的な社会保障法（アメリカ）というように、制度によって個人の貧困を救うという試みが始まる。しかし、イギリスでは劣等処遇の原則によって、福祉の給付を受けることができても人間としての尊厳をもって生きていくことはできないものにとどまっていた。ドイツでも社会民主主義運動の弾圧により人間のニーズに対する積極的な制度とはならず、労働者へのわずかな保障にとどまるものであった。そしてアメリカの制度は、医療保障が含まれないという決定的な欠点を持つものであった。

このような時代における福祉の展開は、生命思想が機械論的生命観を主流にしていたことと深いところで関係しているのではないだろうか。つまり、人間の生命が単に機械のように動いていればよいと、社会を個人という部品からなる機械と見立て、社会の秩序を優先して守るという発想が見て取れる。それは社会の中で、あまりに困窮するほどの生活に陥った人だけに、最低限の保障を行うという性格のものであったからである。

しかしこの時代、社会的な次元で福祉制度が不十分であったことから、これを補うためにも臨床的次元でソーシャルワークが発達している。特に、第二次世界大戦後の後遺症が問題となったアメリカでは、医学・精神医学を理論的な背景としながら身体や精神的な病気の治療に取り組んでいた。この「医学モデル」の文脈では、病気になった後にその原因を特定し手術や薬を使って治療することが主な内容となる。これは機械論的生命観と連動しており、機械という人体の故障している部分を修理すればよいという発想である。加えてこのような医学モデルでは、患者個人のみを対象にしており、家族や生活している地域、患者を取り巻く自然環境などはまったくの対象外と考えられた。

「医学モデル」から発展した現在の「生活モデル」という観点から考えると不十分な点が浮かび上がってくるが、感染症や食糧等の欠乏が問題であったこの時代においては、こうしたモデルは一定の有効性を持っていたように、危機の時代にわずかながらでも秩序を作るという自己組織化の理論は、こうしたところにも見出すことができる。

しかしこれまで見たように、一九〇〇年代に入ると人間の生命を機械論的に説明することの限界が自覚され、さまざまな生命論が出現するように、機械論的な生命観に基づいたソーシャルワークも同様に行き詰まりが生じた。一方的に治療を受けるだけでなく、自分で問題を解決していける機能を持つことが重要であるという思想の生成である。

このような転換は、臨床的な次元から社会制度の次元にも波及した。特に一九四二年の「ベヴァリッジ報告」のように、救貧法から給付の拡大を図る社会保障制度の設計が試みられ、一九四〇年代から総合的な社会制度としての取り組みが始まる。社会の最下層のみに給付をするのではなく、（無知や疾病などと合わせて）ナショナルミニマムの対策を採るように、より肯定的・積極的な理念が設定される。

そして、一九六〇年頃に入ると、ソーシャルワークは個人の病気や精神的な苦痛から、心理状態とともに社会的な状況を考慮した治療・ケアが望ましいという原則に変化する。これはちょうど、生命思想の流れにおいて、ウィーナーによるサイバネティックスやベルタランフィの有機体的な生命観が確立した頃にあたる（表4-6参照）。

こうした考え方によって、従来までの患者と医師のように閉鎖的な人間関係だけでなく、社会システムの中に組み込まれた個人として、開放的に環境を含めて人間を理解するようになる。ベルタランフィが提示した、機械論と生気論を超えた生命観の普及とともに、ソーシャルワークの原則が環境との相互作用・生態学的な視点を積極的に取り込んでいく。これによって、個人を要素還元主義的かつ直線的にとらえ、一方的な治療を主な内容としていた医学モデルを超えたモデルが構想される。

それは、個人の生活や環境の全体を視野に入れた生活モデル（あるいはエコロジカル・モデル）であり、全体論的で人間を交互作用的に環境をもとらえる。まさに、科学思想において機械論から有機体論へ発展してきたことと、ソーシャルワークにおいて医学モデルから生活モデルへと転換が起きたことは、生命観

表4-6 生命思想と福祉思想の展開と比較――これまでの流れを概括したもの

科学・生命思想の展開	福祉思想・制度の展開
	1601 エリザベス救貧法（英）
1628 ハーヴィ『動物の心臓ならびに血液の運動に関する解剖学的研究』	
1637 デカルト『方法序説』	
1748 ラ・メトリー『人間機械論』	1834 新救貧法（英）
1866 ヘッケル『一般形態学』	1874 恤救規則（日本）
	1883 疾病保険（独）
1907 ベルグソン『創造的進化』	1898 留岡幸助『慈善問題』
	1912 井上友一『救済制度要義』
1914 ドリーシュ『生気論の歴史と理論』	1917 リッチモンド『社会診断』
	1918 フロイト『精神分析入門』
	1922 田子一民『社会事業』
	1927 渋沢栄一『論語と算盤』
	1929 救護法（日本）
1936 オパーリン『地球上における生命の起源』	1935 社会保障法（米）
	1940 ハミルトン『ケースワークの理論と実際』
1944 シュレディンガー『生命とは何か』	1942 ベヴァリッジ「社会保険及び関連サービス」
1945 ニーダム『中国の科学』	
1948 ウィーナー『サイバネティックス』	1948 世界人権宣言
1954 ベルタランフィ『生命』	1955 ロス『コミュニティ・オーガニゼーション』
	1960 ホリス『心理社会療法』
1968 ベルタランフィ『一般システム理論』	1968 糸賀一雄『福祉の思想』
1970 モノー『偶然と必然』	1978 バートレット『社会福祉実践の共通基盤』
	1980 ジャーメイン『エコロジカルソーシャルワーク』，スペクト・ヴィッケリー『社会福祉実践方法の統合化』
1984 プリゴジン『混沌からの秩序』	
	1998 ギデンズ『第三の道』

表４－７　生命観と福祉の人間観の変遷

年代	生命観	福祉の人間観	加えられた新たな視点
1600	機械論的生命	労働能力が欠如している	労働の提供
1800	生気論的生命	道徳性が欠如している	倫理性に基づく福祉の実践
1900	創造的生命	心に病を抱えている	内面の病を改善する必要性
1930	熱力学的生命	主体性が欠如している	人間本来の姿を取り戻す
1950	有機体論的生命	状況の中にいる個人	社会との関わり，個人の視点
1960	システム論的生命	相互作用する個人	交互的に作用しあう人間観
1980	自己組織的生命	【内発性を持つ個人】	【生命の内発性を引き出す福祉】

の流れを軸にして重なっているのである。

このように、ソーシャルワークなどの臨床的な次元における福祉の人間観や、社会的な次元における福祉制度の展開を総合的に考えると、それらは個人に対する消極的・事後的な処遇から、より積極的な支援をする方向に発展してきたことがわかる。しかも福祉の人間観は、自然科学や思想・哲学の領域で把握されてきた「生命」の概念ないし生命観の変遷の影響を受けながら発展してきた。このことをまとめたのが表４－７である。なお、本章にて付け加えたものが、一番下の段にある「内発性を持つ個人」という福祉の人間観と「生命の内発性を引き出す福祉」という視点である。

②　福祉思想としての生命と自己組織性

このような流れを踏まえて、最も新しい生命観である自己組織性という考え方をベースにした福祉観を考察してみたい。すでに見てきたように、イリヤ・プリゴジンによる自己組織化論は、自然という最も根底にある次元から生命をとらえる。しかもそこでは、自然や生命は自己組織性という内発的な力を持つものとして把握される。このような生命観に立つと、人間と環境の相互作用という「生活モデル」を超えて、自然環境と一体となった人間観という新たな視点を持つことが可能となる。

「生活モデル」で新たに加えられた視点は、個人が自分自身で問題解決できる能力を支援していくことであったが、自己組織化する生命観を背景に福祉の思想を考えると、自ら新しい秩序を作っていく存在として、個人をより深い次元からとらえることができるのではないだろうか。

しかも、そこで考えられている生命とは、自然界全体から包摂されるものであるため、生命を人間固有のものと考える立場や、人間の個体を強調してとらえる立場に対して、より包括的な生命観となる。このような生命観で強調されるのは、個人ないし生命の主体性あるいは「内発性」とでも呼べるものである(48)。こうした臨床や生活の場面を通じて、今福祉制度に求められていることは、人間の最も根底にある生命の主体性や内発性を根本原理として位置づけ、それを基盤とする制度に転換することではないだろうか。この場合、制度がただ存在していればよいのではなく、臨床の次元にソーシャルワークなどがあるように、個々の主体の具体的な状況に応じた保障や支援が行われる必要がある。これからの福祉思想の基本原理として、最も根底の次元から生命の価値を考えることは、それが具体的なサービスという形で提供される臨床の次元につながり、かつそれを社会全体で保障するという制度の次元に結びつけることを通じて、臨床レベルから制度のレベルに至る統一的な理念へとつながる。さらに具体的に臨床の次元で考えると、これまでの生活モデルを超えて、「生命モデル」とでも呼べるような新たな枠組みを構築していくことが展望されるだろう。

しかもそれは、日本におけるいくつかの福祉思想やそこでの生命観が有する現代的な可能性と共鳴する性格を持っている。

歴史の大きな分水嶺にある現在、自己組織性の考えと結びついた「生命」という価値は、福祉思想の新たな基本原理となるのではないだろうか。

注

(1) 新たな転換期に立っている現在、より積極的な福祉の構築を考える手がかりの一つに、ポジティブ・ウェルフェアの理念がある。これを提唱したアンソニー・ギデンズは、福祉国家の新たな道として、金銭給付よりも、教育や職業訓練などを通じて人的資本に投資することが重要であると言い、ポジティブ・ウェルフェアと呼んでいる。この理念は、福祉国家が主に病気や無知など消極的な対応にとどまっていた反省から、健康や教育といった積極的な対策を促進させようとするものである。ギデンズは「経済的な給付という面だけに、話を限定してはならない」（ギデンズ 一九九九：一九九）として、人に投資することが必要だとし、「私たちが直面する大きな変化の中で、市民一人ひとりが自ら道を切り開いていく営みを支援すること」（ギデンズ 一九九九：一一五）だという。これからの福祉の姿として主張するポジティブ・ウェルフェアでは、「個人ならびに非政府組織が、富を創造するポジティブ・ウェルフェアの主役」（ギデンズ 一九九九：一九五）となり、教育への投資が重視され、「可能性の再分配」（ギデンズ 一九九九：一八四）が重要な目的となる。ギデンズは、「労働の再分配の可否を問う必要はない。なぜなら、現にそれは広範に進行しつつあるからである。したがって、むしろ、そのポジティブな側面を、いかにして政府が支援するのかが問われなければならない」（ギデンズ 一九九九：二一一）とする。このような第三の道では、従来の社会民主主義の批判を柱の一つとするため、政府の役割について十分強調していないという欠点がある。公的な社会保障の規模が小さい日本の文脈で考えると、非政府組織や個人に加え、こうしたポジティブ・ウェルフェアを政策化し・実現するためにも、政府の役割も市民の実践と並んで重要な課題といえる。

(2) 発達保障とは知的に障害があってもその能力に合わせるのではなく、年齢に合わせた相応の対応を行う必要があるという考えのこと。

(3) 協同組合方式による助け合い。

(4) 行政と住民の自立と連帯、信頼と互酬、協同による問題解決方法。

(5) 「憲法一三条、二五条等に規定された基本的人権を前提にして成り立つ平和と民主主義社会をつくりあげるために、歴史的にも、社会的にも疎外されてきた社会福祉問題を素材として学習することであり、それらとの切り結びをとおして社会福祉制度・活動への関心と理解をすすめ、自らの人間形成をはかりつつ、社会福祉サービスを受給している人びとを社会から、地域から疎外することなく、共に手をたずさえて豊かにいきていく力、社会福祉問題を解決する実践力を身につけることを目的に行われる意図的な活動」（大橋 一九九一：一一三）。

（6）「貧困者、病人、青少年犯罪者等を救済、指導、教化して、健全な社会を形成しようとする事業のこと。慈善事業という言葉に代わり、一九二〇年代以降から使われはじめた。慈善事業との概念上の違いは、社会事業が国家や公私の団体など、組織化された社会的基盤のもとに行われる点である。第二次大戦以降、社会福祉という言葉が普及・一般化している」（中央法規出版編 二〇一二：二三六）。

（7）幼名は市三郎、その後、伯父の命名で「栄二」となる。

（8）現在では「近代日本資本主義の父」といわれるようになった渋沢栄一であるが、本人は資本主義という言葉を用いず、事業の方法や組織を語る時は、「共力合本法」や「合本法」と表現した。公益の追求を事業の目的として掲げ、その目的に賛同する人から資金を集め、事業を実施する組織を創立する。一八七一年にその立ち上げ方法などの手順や規則を解説した『立会略則』を大蔵省から出版している。

（9）社会福祉の領域においても倫理性を高めていく意義は、単に経済的給付のやり取りだけでなく、仁に則った支援（思いやりなどの精神的な支え）も合わせて提供することの必要性と重なっている。

（10）寛政の改革によって設けられた現在でいう相互扶助制度。天保の凶作では一一〇万人が餓死したといわれ、飢饉や天災、疾病や犯罪が増加していたため町費（消防、水道、祭礼費など）を節約し、その七分を積み立てて町民の救済費に当てるための制度。

（11）外国の皇族が日本を訪問する際、東京市内の物乞いや浮浪児（当時の言葉）を収容し食を与えるために養育院が造られた（渋沢栄一〔一九二八〕「社会事業子爵渋沢栄一氏を中心とする座談会」七頁）。

（12）先行研究の少ない渋沢の養育院での活動について、社会福祉研究者の見解がある。「渋沢氏はたいへん人情の厚い人でしたが、なにしろ、貧しい人々に対する保護でも援助でもなく、社会から引き離して隠してしまうというのが政府の考え方だった時代です。『幸せを求める機会や条件の平等』という考え方など影もありませんでした。ですから、その渋沢氏でさえ、『恵まれた人々が恵まれない人々に何かを与える』という考え方をこえることはありませんでした」（一番ヶ瀬・河畠編 二〇〇一）。ここではこうした見方を含めながらも、渋沢は社会全体で助け合う慈善を目指していたと考えていきたい。

(13) このような発想は今日の福祉では、（年金、医療、児童福祉、高齢者福祉など）さまざまな機関が独立して行ってきたものを、連携・調整して支援にあたるという（たとえば近年提唱されているパーソナル・サポート・サービス）方向と重なり、渋沢の思想の中から、福祉の基本には全体的・総合的な視点がなければならないという現代に通じる福祉思想を見出すことができる。

(14) ただしアメリカ独立宣言などの「幸福追求権」に近い。

(15) こうした理想の実現のために社会改良機関を考案し、その役割を背負うものとして、学校と寺院を挙げている（田子 一九二〇）。

(16) そのために「公民教育」（田子 一九七〇）の提唱も行っている。

(17) 子どもの出生について、都市については「産院、母親相談所」、郡村では「無料産婆」の支援と分けて考えている。当時（一九一九年の調査）公営のものが少なく、料金の負担が大きかったためである（田子 一九二二：六八）。

(18) 児童が労働に就いて教育を受ける機会を失うことを「一生の不幸」（田子 一九二二：八二）であると考えるためである。

(19) 田子は「この意味に於て、各個人も社會も、宗教、藝術、美術、音樂の如き積極的施設を望ましく思はれる」（田子 一九二二：二七六）と言い、精神の幸福のために宗教が心の友であることや、音楽を普及させ社会化することが重要だとしている。

(20) 社会事業家の養成機関として、政府が直接、社会事業家養成の機関を設立すること、富裕層あるいは宗教団体などの財源によって設立することが合理的であると述べる（田子 一九一九）。

(21) 教化事業には、「善隣事業または隣保事業」(田子 一九二二：二七八)、「免囚保護事業」(田子 一九二二：二八〇) が挙げられ、矯風事業は、「賣笑婦の取締と、之に伴ふ酒場の減少」(田子 一九二二：二八三) となっている。
(22) 留岡は他に渓谷にも名前をつけ、誠の谷・感謝の谷・恵の谷・生命の谷・平和の谷・望の谷・喜の谷・働の谷・末広の谷などとし、自然と親しんだ (高瀬 一九八五)。
(23) 大橋は中央慈善協会 (現・全社協、渋沢栄一に始まる) について報徳会の補佐として設置されたとし、その関連性も着目している。中央慈善協会のメンバーが留岡幸助、渋沢栄一、井上友一などであることから国家行政の代替的性格があったと分析する。
(24) 井上は救貧事業と防貧事業を考えており、前者を実質的救済事業といい、後者を風気的救済事業という。井上が力を入れたのは後者である。
(25) 井上は報徳会から「報徳の本義」「地方與新の三基石」などを出している。
(26) 一九四七年、神奈川県小田原市栢山、二宮本家に生まれる。
(27) この書の考察は第3節で行う。
(28) 掛川市には日本報徳社があり、入り口には経済門と道徳門があり渋沢の思想に通じる面がある (兪 二〇〇四)。
(29) 現代的には積立金という意味合い。
(30) 海村ら (二〇〇六)。書き下し文もこれを参照。
(31) 小田原藩主大久保忠真の分家、宇津釩之助の領地。桜町の荒廃に悩んでいた藩主が二宮尊徳に委任して仕法が始まる。
(32) 分度とはもともと領主の取り分を指す言葉。分限を定めなければ、農民に荒地の開墾をさせても、取れた分だけ貢米が増える一方で農民の暮らしが豊かにならない。そのために領主の取り分を固定して働いた分だけ農民が豊かになるようにした (二宮康裕 二〇〇八：九二)。

(33) このような方法を、藩主から「汝の道は、徳をもって徳に報いるやり方である」といわれたことから、「報徳」というようになった（二宮康裕 二〇〇八：九八）。

(34) 徳の根元を悟れば勤苦に発する、徳の消滅を悟れば遊楽に終わる、勤苦を積んで徳を成す。徳は「恩」ともいい、その「恩」の根本も徳である、徳の根本は勤苦である。徳に報いる者は徳に依って安楽に住むことができる、勤苦をなし徳に報いるは、物をつくるに如かず（二宮尊徳 一九七七）。

(35) このような理念を再確認しなくてはならないのは（たとえば年金のように）福祉制度が次第に個人で完結してしまうような理念で普及してしまったからである。

(36) ハーヴィの血液循環理論が基になっているといわれている。

(37) 彼はまた、人間は神に創られた一つの機械と表現した。

(38) 機械と動物の間において、情報や通信と制御の次元で共通するものがあると考える理論。

(39) 自然界では、熱が高温から低温になる一方で反対の変化が生じないという変化の一方向性を示すもの。

(40) たとえば、人口の安定している（出生と死亡率が等しい）系は平衡であるが、平衡から離れた非平衡という系は、現在の少子高齢社会もあてはまる。こうした不安定な社会でいかに秩序を作っていくかという点でも、散逸構造論と福祉思想は対応している面をもつ。

(41) たとえば、人口の安定している社会で、ある町の出生率がわずかに下降しても何も問題は生じない。しかし、社会全体が不安定で出生率の多い県や少なすぎる県に偏っている状況で出生率の低下が生じると人口流出や過疎というような影響がでてくる。

(42) 三才というのは天・地・人の三者を指している。

(43) 二宮尊徳の大極は、当時学問の主流であった朱子学からきている。しかし、朱子学の「太極」ではなく文字を変え「大極」として区別したといわれている（二宮尊徳 一九七三：一〇）。

(44) 新しいものが生まれること。

(45) ここでは『日本書紀』を指す。二宮は儒教と神道を一体に考えている。

(46) 卵黄と卵白が一つのようであること、混沌の説明をしている。
(47) 生は陽であり、有である。死とは陰であり無に帰す。円の中においては、生まれたものは死へ、死んだ者は生まれるというように陰陽が来往して止まないのである。有は無に、無は有に、生は死に、死は生に、生死無限の世界である。
(48) 医学では、「自己治癒力」(川村 一九九八:五)と呼ばれているものに近い。これは、人間が生まれながらに持つ病気を治す力であり、治療不可能な病さえも回復していくという力でもある。このような力を発揮させるには、本来の自分を取り戻して自分らしく生き、家族、社会、自然の中に生かされている自分として、まわりとの調和の中で生きることが重要なことである(川村 一九九八:五一)。これは、エコロジカル・アプローチの中で生命力を引き出していくという働きかけともいえる。特に心の治癒力を引き出す場合にも、「周囲の人たちは、苦しんでいる人に対して価値を見出してあげるということが大事」(川村 一九九八:一四一)である。

参考文献

阿部志郎(二〇〇八)『福祉の哲学 改訂版』誠信書房。

阿部志郎・河幹夫(二〇〇八)『人と社会――福祉の心と哲学の丘』中央法規出版。

海村惟一ら(二〇〇六)「21世紀の哲学としての一円融合思想」国際二宮尊徳思想学会編『報徳思想研究の過去と未来』学苑出版社。

石川光男(一九八七)「東洋思想と散逸構造論の自然観」竹本忠雄・伊東俊太郎・池見酉次郎編『ニューサイエンスと東洋――橋を架ける人々』誠信書房。

一番ヶ瀬康子・河畠修編(二〇〇二)『福祉のこころ』旬報社。

伊東俊太郎編(一九七一)『現代科学思想辞典』講談社現代新書。

伊東俊太郎(一九九九)『自然』三省堂。

糸賀一雄著作集刊行会(一九八三)『糸賀一雄著作集Ⅲ』日本放送出版協会。

井上友一（一九〇七a）「報徳の本義」『報徳の研究』報徳会。

井上友一（一九〇七b）「地方興新の三基石」『報徳の研究』報徳会。

井上友一（一九〇九）『救済制度要義』博文館。

大谷まこと（一九八九）『渋沢栄一』大空社。

大谷まこと（二〇一一）『渋沢栄一の福祉思想――英国との対比からその特質を探る』ミネルヴァ書房。

大橋謙策（一九九一）『地域福祉の展開と福祉教育』全国社会福祉協議会。

大橋謙策（二〇〇八）『社会福祉入門』放送大学教育振興会。

兼田麗子（二〇〇三）『福祉実践にかけた先駆者たち――留岡幸助と大原孫三郎』藤原書店。

川村則行（一九九八）『自己治癒力を高める――人体の驚くべき潜在能力』講談社。

ギデンズ、アンソニー／佐和隆光訳（一九九九）『第三の道――効率と公正の新たな同盟』日本経済新聞社。

クーン、トーマス／安孫子誠也・佐野正博訳（一九八七）『本質的緊張――科学における伝統と革新〈2〉』みすず書房。

渋沢栄一（一九〇七）「竜門雑誌」渋沢栄一伝記資料刊行会『渋沢栄一伝記資料　第二四巻』渋沢青洲記念財団竜門社。

渋沢栄一（一九〇九）「竜門雑誌」渋沢栄一伝記資料刊行会『渋沢栄一伝記資料　第二四巻』渋沢青洲記念財団竜門社。

渋沢栄一（一九一八）「東京市養育院月報　看護学卒業証書授与式に臨みて」渋沢栄一伝記資料刊行会『渋沢栄一伝記資料　第三〇巻』渋沢青洲記念財団竜門社。

渋沢栄一（一九二二）「東京市養育院月報　看護学講習生卒業式訓話」渋沢栄一伝記資料刊行会『渋沢栄一伝記資料　第三〇巻』渋沢青洲記念財団竜門社。

渋沢栄一（一九二六）「東京市養育院月報　看護学並産婆学講習生卒業証書授与式に於ける訓諭」渋沢栄一伝記資料刊行会『渋沢栄一伝記資料　第三〇巻』渋沢青洲記念財団竜門社。

渋沢栄一(一九二七)「東京市養育院月報 本院看護学並産婆学講習生卒業証書授与式に於ける訓諭」渋沢栄一伝記資料刊行会『渋沢栄一伝記資料 第三〇巻』渋沢青洲記念財団竜門社。

渋沢栄一(一九二八)「社会事業」渋沢栄一伝記資料刊行会『渋沢栄一伝記資料 第二四巻』渋沢青洲記念財団竜門社。

渋沢栄一(一九九二)『論語と算盤』大和出版(原著・一九二七年)。

渋沢栄一記念財団編(二〇一二)『渋沢栄一を知る辞典』東京堂出版。

島田昌和(二〇一一)『渋沢栄一——社会企業家の先駆者』岩波新書。

シュレディンガー、エルヴィン/岡小天・鎮目恭夫共訳(一九五一)『生命とは何か——物理学者のみた生細胞』岩波新書。

田子一民(一九一九)「社會診察の必要と社會事業家養成機関設立の急務」小川利夫編『社会教育基本文献資料集成』大空社。

高瀬善夫(一九八五)『一路白頭ニ到ル——留岡幸助の生涯』岩波新書。

棒村純一(二〇〇三)「尊徳思想の現代的解釈とその意義」劉金才・草山昭主編『報徳思想と中国文化』学苑出版社。

田子一民(一九二〇)『学校寺院を原動力とする社会改良』白水社。

田子一民(一九二二)『社会事業』白水社。

田子一民(一九七〇)『田子一民』白水社。

中央法規出版編(二〇一二)『六訂 社会福祉用語辞典』中央法規出版。

趙美玲(二〇〇七)「二宮尊徳の報徳理念及び日本的経営理念への影響について」国際二宮尊徳思想学会編『報徳学』報徳文庫。

月沢美代子(一九八〇)「ハーヴィとデカルト」村上陽一郎編『生命思想の系譜』朝倉書店。

東京都養育院(一九九五)『養育院百二十年史』東京都養育院。

留岡幸助(一八九七)「慈善の害」同志社大学人文社会科学研究所編『留岡幸助著作集 第一巻』同朋舎。

留岡幸助（一九〇一 a）『家庭学校』同志社大学人文社会科学研究所編『留岡幸助著作集 第一巻』同朋舎。

留岡幸助（一九〇一 b）「感化教育」同志社大学人文社会科学研究所編『留岡幸助著作集 第一巻』同朋舎。

留岡幸助（一九〇一 c）「我が国の慈善問題」同志社大学人文社会科学研究所編『留岡幸助著作集 第一巻』同朋舎。

留岡幸助（一九一七）「人間あっての経済」同志社大学人文社会科学研究所編『留岡幸助著作集 第三巻』同朋舎。

留岡幸助（一九二四 a）『自然と児童の教養』警醒社書店。

留岡幸助（一九二四 b）『自然と児童の教養』同志社大学人文社会科学研究所編『留岡幸助著作集 第四巻』同朋舎。

留岡幸助（一九二七）『自然と児童の教養 序』同志社大学人文社会科学研究所編『留岡幸助著作集 第四巻』同朋舎。

留岡幸助（一九二八）「予を語る」同志社大学人文社会科学研究所編『留岡幸助著作集 第四巻』同朋舎。

ドリーシュ、ハンス／米本昌平訳（二〇〇七）『生気論の歴史と理論』書籍工房早山。

長野敬（一九七九）「機械的生体観の意義と限界」村上陽一郎編『医学思想と人間』朝倉書店。

仲村優一（二〇〇三）『社会福祉の原理』旬報社。

二宮尊徳／奈良本辰也・中井信彦校注（一九七三）「三才報徳金毛録」『二宮尊徳　大原幽学』岩波書店（原著・一八三四年）。

二宮尊徳（一九七七）『二宮尊徳全集 第一巻』龍溪書舎。

二宮康裕（二〇〇八）『日記・書簡・仕法書・著作から見た　二宮金次郎の人生と思想』麗澤大学出版会。

野田春彦（一九八一）『物質と生命』培風館。

バートレット、H・M・／小松源助訳（一九八九）『社会福祉実践の共通基盤』ミネルヴァ書房。

プリゴジン、イリヤ・スタンジェール、イザベル／伏見康治・伏見譲・松枝秀明訳（一九八七）『混沌からの秩序』みすず書房。

ベルグソン、アンリ／松浦孝作・桝田啓三郎訳（一九五三）『世界大思想全集〔第一期〕第16〔哲学・文芸思想篇第16〕』河出書房。

ベルタランフィ、ルートヴィッヒ・フォン／長野敬・太田邦昌訳（一九七三）『一般システム理論』理想社。

ベルタランフィ、ルートヴィッヒ・フォン／長野敬・飯島衛訳（一九七四）『生命――有機体論の考察』みすず書房。

宮西一積（一九六九）『二宮哲學の研究』理想社。

山口正（一九九五）『社会事業史』日本図書センター編『戦前期　社会事業基本文献集①』。

兪慰剛（二〇〇四）「尊徳精神と都市精神文明との比較研究」国際二宮尊徳思想学会編『報徳学』報徳文庫。

横山輝雄（一九八〇）「自然発生説の歴史」村上陽一郎編『生命思想の系譜』朝倉書店。

吉田久一（一九七一）『人物でつづる近代社会事業の歩み』全国社会福祉協議会。

吉田久一（一九七四）『社会事業理論の歴史』一粒社。

吉田久一（一九八九）『日本社会福祉思想史』川島書店。

吉田久一（一九九三）『社会福祉・宗教論集――同時代史を語る』川島書店。

吉田久一（二〇〇三）『社会福祉と日本の宗教思想――仏教・儒教・キリスト教の福祉思想』勁草書房。

吉田久一・岡田英己子（二〇〇〇）『社会福祉思想史入門』勁草書房。

ラ・メトリー（一七四八）／杉捷夫訳『人間機械論』岩波書店。

渡辺慧（一九八〇）『生命と自由』岩波新書。

あとがき

一般に日本では、「福祉」という言葉はどちらかというとやや特殊でマイナーな分野というニュアンスが現在でも残っており、加えて、それは現実的な課題への対処が中心で、あまり「哲学」や「思想」といったものとは関わりのない領域と考えられてきた面が大きい。さらに、そこにはいささかマイナスのイメージが付加されており、積極的ないしポジティブな営みとして福祉が語られることは概して少なかったと言える。

そうした「福祉」をめぐる状況が、いま根本から大きく変わる時代を迎えているというのが、本書の著者全員に共通している基本認識であり、それが本書の執筆そして刊行に至った背景ないし動機づけでもある。

すなわち第一に、超高齢化の進展や、格差あるいは貧困をめぐるテーマが近年ではごく日常的な話題となり、資本主義のありようといった話題とも結びつきながら、福祉は広く社会全体に関わる領域となっている。第二に、そうしたテーマを考えていくと、それは平等とは何か、望ましい社会とは何か、そもそも人間とは何か等々といった哲学的ないし原理的な問いと自ずと不可分のものとなる。第三に、（「福祉」という言葉自体の最広義の意味が「幸福」であることともつながるが）一人ひとりがもっている潜在的な可能性がポジティブに開花していくよう支援すること、あるいは開花していくことそれ自体が「福祉」であるという考え方が徐々に広まりつつある。

このように「福祉」をめぐる構造は根底から変化しつつあり、まさにいま「福祉の哲学」が求められる時代となっているのではないか。

以上のような認識は、前述のように本書の著者四名が共通にもつ関心と言えるものであり、本書は著者らが研究会など様々な場を通じて交流し議論を重ねていく中で、もともとある程度共有していた問題意識を各人がさらに発展させ、論考としてまとめていった成果である。福祉と「幸福」の関わり、「公共性」、宗教との関係性、コミュニティ、生命や科学との関わり等といった本書でのテーマ群は、福祉を考える文脈でこれまで十分に論じられてきていない話題だが、著者らがいずれも固有の関心をもつものであり、それぞれが独自の思考を自由に展開していった内容が本書の各章となっている。

なお、著者の一人である松葉ひろ美の京都大学こころの未来研究センターでの研究活動については、公益財団法人上廣倫理財団の研究助成をいただいていることに謝意を表したい。また最後になったが、本書の刊行にあたっては、企画の段階からミネルヴァ書房編集部の音田潔氏に大変お世話になり、内容に関わる鋭く貴重な示唆を多くいただいた。この場を借りて感謝申し上げる次第である。

二〇一六年一二月

著者一同

ら　行

わ　行

欧　文

ま　行

や　行

た　行

な　行

は　行

さ　行

索　　引

（＊は人名）

執筆者紹介（執筆順，所属，執筆分担，＊は編者）

＊広井良典（ひろい よしのり）（編著者紹介参照：第1章）

小林正弥（こばやし まさや）（千葉大学大学院人文社会科学研究科教授：第2章）

稲垣久和（いながき ひさかず）（東京基督教大学大学院神学研究科教授：第3章）

松葉ひろ美（まつば ひろみ）（京都大学こころの未来研究センター連携研究員〔上廣倫理財団寄付研究部門〕：第4章）

編著者紹介

広井良典（ひろい・よしのり）

1961年生まれ。

1984年　東京大学教養学部（科学史・科学哲学専攻）卒業。

現　在　京都大学こころの未来研究センター教授。

主　著　『日本の社会保障』岩波書店，1999年。

『定常型社会――新しい「豊かさ」の構想』岩波書店，2001年。

『コミュニティを問いなおす――つながり・都市・日本社会の未来』筑摩書房，2009年。

『ケアとは何だろうか』（編著）ミネルヴァ書房，2013年。

『ポスト資本主義――科学・人間・社会の未来』岩波書店，2015年。

福祉の哲学とは何か
――ポスト成長時代の幸福・価値・社会構想――

2017年３月20日　初版第１刷発行　〈検印省略〉

定価はカバーに
表示しています

編著者　広　井　良　典
発行者　杉　田　啓　三
印刷者　江　戸　孝　典

発行所　株式会社　ミネルヴァ書房

607-8494 京都市山科区日ノ岡堤谷町１
電話代表（075）581-5191
振替口座 01020-0-8076

©広井良典ほか，2017

共同印刷工業・新生製本

ISBN978-4-623-07788-5
Printed in Japan

福祉の経済哲学
後藤玲子著
A5判四〇八頁
本体四五〇〇円

福祉哲学の継承と再生
中村　剛著
A5判五八四頁
本体八〇〇〇円

社会福祉の思想入門
秋山智久著
A5判二二四頁
本体二八〇〇円

ソーシャルデザインで
社会的孤立を防ぐ
藤本健太郎編著
A5判二七二頁
本体三二〇〇円

社会福祉実践における主体性を
尊重した対等な関わりは可能か
児島亜紀子編著
A5判二八八頁
本体五〇〇〇円

ミネルヴァ書房

http://www.minervashobo.co.jp/